PASSPORT パスポート

倫理問題集 最新版

清水書院

はじめに

　本書を手にした皆さんのなかには，これまで一度や二度「学習がなぜ必要なのか」とか「今している勉強が社会に出て何の役に立つのか」といった疑問を持たれたことがある方もいるでしょう。それはむしろ当然で，青年期における人間の成長は，真理への限りない追求にあったり，事実への疑問であったり，批判だったりします。そして，その知的欲求が強ければ強いほど，人としての成熟の度合いも大きくなります。

　ところで，公民科「倫理」とはどんな内容の科目なのでしょう。「倫理」では古今東西の哲学や思想，宗教や芸術，さらには現代社会における諸課題まで，様々なジャンルから幅広く先哲の知恵を紹介しています。皆さんにはそれら先哲の知恵に触れながら，「**人間としてのあり方・生き方**」を学んでほしいのです。そして，自分が目指す理想の人間像や人生観・世界観を確立してほしいのです。

　そこで，編者は本書を編集するにあたり，これまで出版された多くの書籍の経験を生かしつつ，皆さんが「倫理」という科目を「より身近に感じる」をコンセプトに，重要事項や用語の整理に配慮しました。1つのテーマにつき，見開き2ページで構成し，思想家の思想が一目でわかるように＜要点整理・スケッチ＞を作成しました。また，進学受験や就職にも十分対応できるよう実力養成のための【発展学習問題】や【記述問題演習】も配列しました。さらに，人物や事象にからめたエピソードを『閑話休題』としてコラム風にまとめ，ちょっとしたその時々の，あるいは場面場面の喜怒哀楽にも触れてもらえるよう工夫しました。また，巻末には【資料読解問題～共通テスト対策】を付けました。読解力の養成に活用してください。

　締めくくりに，本書を執筆，編集，出版するにあたっては，高等学校で現役教諭として教壇にたっておられる多くの先生方の執筆協力と一年以上にわたる編集の積み重ねがあります。出版にあたっては清水書院編集スタッフの皆さんの多大なご尽力があります。本書が「倫理」を学習する際のよき相談相手となり，「学習がなぜ必要なのか」，「今している勉強が社会に出て何の役に立つのか」といった疑問に対する答えのきっかけづくりになるよう希望します。

編者

1　本書の構成

　　本書では，「倫理」の44単元を，原則として，１単元見開き２ページにまとめています。

　　＜重要事項チェック＞や**＜要点整理・スケッチ＞**は，授業の整理や復習に最適で，基本的な学習事項をしっかり定着させることに役立ちます。さらに，**【発展学習問題】**や**【記述問題演習】**を解くことで，定期考査試験や「**大学入学共通テスト**」（以下，「共通テスト」とします。）にも十分対応できる力を身に付けることができます。

2　本書の使い方

(1)　学習のねらい

　　各単元のはじめに，学習のねらいや学習上の留意点を記載しています。各単元の学習をする際に，このねらいなどを頭において学習すると，より一層，学習効果が高まります。

(2)　重要事項チェック

　　重要事項をコンパクトに整理しているページです。その中の空欄に，基本的事項や重要語句を直接書き込むことで，学習内容とその重要事項を整理・確認できます。このページに出てくる基本的事項や重要語句，用語解説は，教科書はもちろん，過去のセンター試験や「試行調査（プレテスト）」（以下，「試行テスト」とします。）の問題等に基づいて精選していますので，授業の予習・復習・整理・確認と同時に，共通テスト対策として有効です。

(3)　メモ欄

　　この欄に，自分で調べた詳細な学習事項や用語の説明，授業で分かったことや気づいたこと，覚えておきたいことなどを書き込んで，**頑張った自分がそこにいる，自分だけのオリジナルな問題集**を作り上げてください。

(4)　閑話休題

　　このコラムには，思想家のエピソードや用語解説など，あなたの理解を深める補足的な事項を載せています。ちょっと一息入れながら，学習内容の理解の深化に役立てましょう。

(5)　要点整理・スケッチ

　　各単元の基本的重要な学習内容を，図表などで，視覚的にわかりやすくまとめています。「重要事項チェック」の整理や，その内容の理解と定着に役立ちます。

(6)　発展学習問題

　　過去のセンター試験や試行テストの問題等をもとに，**共通テストの傾向**に配慮しながら，各単元に関連した基本的な問題を作成しました。それらを実際に解いてみることで，＜重要事項チェック＞で学習した内容の理解を確実なものにして，実践力を培いましょう。また，この問題には，問いに関連した事項以外にも多くの人名や用語が記載されていますので，そうした事項についても，自分で調べて，知識の幅を広げ，深い教養を身に付けてください。**大学に入ってからも大いに役立つ**はずです。

(7)　記述問題演習

　　この演習は，学習理解を確実なものにするため，教科書や＜重要事項チェック＞の重要事項・用語解説を活用して解答を作成できる記述型の問題としています。定期考査試験対策やアクティブ・ラーニングの学習活動等に役立ててください。

(8)　用語の整理・チェック

　　単元を５つのグループに分け，「１〜５編」としました。その各編末には「用語の整理・チェック」という見開きのページを置きました。一問一答形式で，基礎・基本的事項を確認でき

るようにしています。完全に習得できるよう，繰り返し解いてください。

(9) 資料読解問題〜共通テスト対策

　　共通テストでは資料読解力が求められています。各分野の重要な文献資料から読解力を問うています。

(10) 解答・解説

　　解答・解説編には，詳細な解答・解説をつけています。問題と解答・解説を繰り返し学習することで，理解度は飛躍的に高まります。

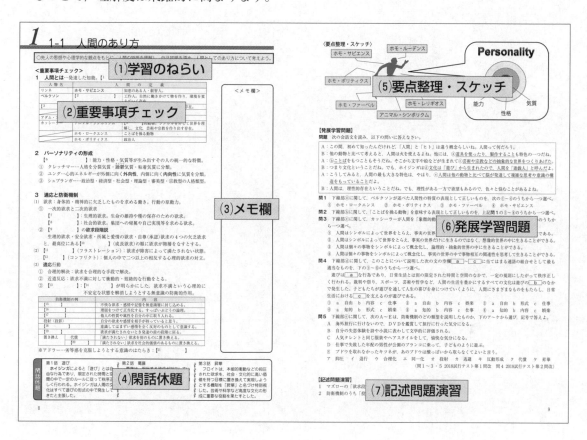

Passport 『パスポート倫理問題集』 目次

はじめに………………………………………………3

本書の構成と使い方………………………………4

1編

1－1 人間のあり方………………………………8

1－2 青年期の特質と課題………………………10

1－3 心と行動についての探究…………………12

〈1編〉用語の整理 チェック✓……………14

2編

1－1 自然哲学・ソフィスト……………………16

1－2 ソクラテス…………………………………18

1－3 プラトン……………………………………20

1－4 アリストテレス……………………………22

1－5 ストア派とエピクロス派…………………24

2－1 ユダヤ教とイエスの思想…………………26

2－2 キリスト教の展開と
　　　イスラーム（教）………………………28

3－1 バラモン教と仏陀の思想(1)……………30

3－2 仏陀の思想(2)と仏教の展開……………32

4－1 諸子百家と孔子……………………………34

4－2 儒家思想の展開……………………………36

4－3 老荘思想・墨家……………………………38

〈2編〉用語の整理 チェック✓……………40

3編

1－1 日本の風土と古代日本人の思想…………42

2－1 日本における仏教の受容…………………44

2－2 仏教の日本的展開(1)……………………46

2－3 仏教の日本的展開(2)……………………48

3－1 日本における儒教の受容…………………50

3－2 儒教の日本的展開…………………………52

4－1 国学と民衆の思想…………………………54

5－1 西洋文化との接触と啓蒙思想……………56

5－2 キリスト教の受容と
　　　国家主義・社会主義……………………58

5－3 近代的自我の確立と
　　　大正期の思潮……………………………60

5－4 近代日本哲学の成立と
　　　昭和期の思想……………………………62

〈3編〉用語の整理 チェック✓……………64

4編

1－1 ルネサンス…………………………………66

1－2 宗教改革・モラリスト……………………68

1－3 経験論と合理論……………………………70

1－4 社会契約説…………………………………72

1－5 カント………………………………………74

2－1 ヘーゲル……………………………………76

2－2 功利主義……………………………………78

2－3 プラグマティズムと進化論………………80

2－4 マルクス……………………………………82

3－1 実存主義(1)………………………………84

3－2 実存主義(2)と現象学……………………86

4－1 現代のヒューマニズムと
　　　現代の思想(1)…………………………88

4－2 現代の思想(2)……………………………90

4－3 現代の思想(3)……………………………92

4－4 現代の思想(4)……………………………94

〈4編〉用語の整理 チェック✓……………96

5編

1－1・2 生命倫理と環境倫理…………………98

2－1・2 家族・地域社会と
　　　　情報社会………………………………100

3－1・2 異文化理解と人類の福祉……………102

〈5編〉用語の整理 チェック✓……………104

資料読解問題～共通テスト対策……………………106

1　1-1　人間のあり方

○先人の思想や心理学的な観点をもとに，人間の特徴を理解し，自己認識を深め，人間としてのあり方について考えよう。

<重要事項チェック>

1　人間とは…発達した知能。【1　　】的存在。

人物名	人　間　の　定　義	
リンネ	ホモ・サピエンス	知恵のある人・叡智人。
ベルクソン	【2　　　　　　　】	工作人。自然に働きかけて物を作り，環境を変えていく存在。
【3　　　　　】	ホモ・ルーデンス	遊戯人。遊びの中で文化を創造する存在。
	ホモ・レリギオス	宗教人。
アダム・スミス	【4　　　　　　　】	経済人。
カッシーラー	アニマル・シンボリクム	【5　　　】的動物。シンボルを介して世界を理解し，文化，芸術や宗教を作り出す存在。
	ホモ・ロークエンス	ことばを操る動物
	ホモ・ポリティクス	政治人

<メモ欄>

2　パーソナリティの形成

【6　　　　　　　　　】：能力・性格・気質等が生み出すその人の統一的な特徴。
① クレッチマー…人格を分裂気質・躁鬱気質・粘着気質に分類。
② ユング…心的エネルギーが外側に向く**外向性**，内側に向く**内向性**に気質を分類。
③ シュプランガー…政治型・経済型・社会型・理論型・審美型・宗教型の人格類型。

3　適応と防衛機制

(1) 欲求：身体的・精神的に欠乏したものを求める働き。行動の原動力。
　① 一次的欲求と二次的欲求
　　【7　　　　　】：生理的欲求。生命の維持や種の保存のための欲求。
　　【8　　　　　】：社会的欲求。集団への帰属や自己実現等を求める欲求。
　② 【9　　　　　　】の欲求段階説
　　　生理的欲求・安全欲求・所属と愛情の欲求・自尊(承認)欲求の４つの欠乏欲求と，最高位にある【10　　　　　】(成長欲求)の順に欲求が階層をなすとする。
(2) 【11　　　　　　】（フラストレーション）：欲求が障害によって満たされない状態。
　　【12　　　　】（コンフリクト）：個人の中で二つ以上の相反する心理的欲求の対立。
(3) 適応行動
　① 合理的解決：欲求を合理的な手段で解決。
　② 近道反応：欲求不満に対して衝動的・短絡的な行動をとる。
　③ 【13　　　】：【14　　　　】が明らかにした，欲求不満という心理的に
　　　　　　　　　不安定な状態を解消しようとする無意識の防衛的作用。

防衛機制の例		内　容
【15　　　】		不快な欲求・感情や記憶を無意識層に封じ込める。
【16　　　】		理屈をつけて正当化する。すっぱいぶどうの論理。
【17　　　】		他人の性質や属性を自分の中に取り入れる。
投射（投影）		自分の欲求や感情を相手が持っていると思う。
【18　　　】		意識してはまずい感情を全く反対のものとして意識する。
【19　　　】		欲求が満たされないとき発達の前の段階に戻る。
置き換え	代償	「満たされない」欲求を別のものに置き換える。
	【20　　　】	「満たされない」欲求を社会的価値のあるものに置き換える。

※アドラー…劣等感を克服しようとする意識のはたらき：【21　　　　　　　】

閑話休題

第1話　遊び
　ホイジンガによると「遊び」とは自由な行為であり，限定された時間と空間の中で一定のルールに従って秩序正しく行われる。ホイジンガは人間の文化はすべて遊びの形式の中で発生してきたと主張した。

第2話　葛藤
　葛藤は，相反する欲求が対立している状態をいう。レヴィンは，葛藤を「**接近－接近**」，「**回避－回避**」，「**接近－回避**」に分類した。

第3話　昇華
　フロイトは，本能的衝動などの抑圧された欲求を，社会・文化的に高い価値を持つ目標に置き換えて実現しようとする機制を「昇華」と名づけ特別視した。芸術や科学など高度な文化の形成に重要な役割を果たすとした。

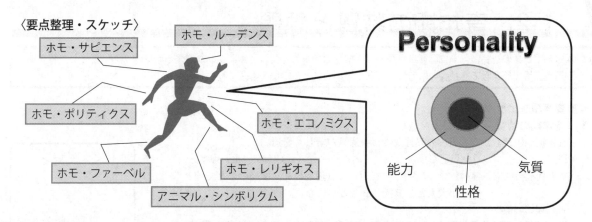

〈要点整理・スケッチ〉

ホモ・ルーデンス
ホモ・サピエンス
ホモ・ポリティクス
ホモ・エコノミクス
ホモ・ファーベル
ホモ・レリギオス
アニマル・シンボリクム

Personality

能力　気質　性格

【発展学習問題】

問題　次の会話文を読み，以下の問いに答えなさい。

A：この間，初めて知ったんだけれど，「人間」と「ヒト」は違う概念らしいね。人間って何だろう。
B：他の動物と比べて考えると，人間は火を使えるよね。他には，ⓐ道具を使ったり，製作することも特色の一つだね。
A：ⓑことばをもつこともそうだね。そこから文字や絵などが生まれてⓒ芸術や宗教などの抽象的な世界をつくりあげた。
B：つまり文化ということだね。でも，ホイジンガはⓓ文化は「遊び」から生まれたので，人間を「遊戯人」と呼んだよ。
A：こうしてみると，人間の最も大きな特色は，やはり，ⓔ人間は他の動物と比べて脳が発達して複雑な思考や意識の構造をもっていることだよ。
B：人間は，理性的存在ということだね。でも，理性がある一方で欲望もあるので，色々と悩むことがあるよね。

問1　下線部ⓐに関して，ベルクソンが述べた人間性の特質の表現として正しいものを，次の①～④のうちから一つ選べ。
①　ホモ・ロークエンス　　②　ホモ・ポリティクス　　③　ホモ・ファーベル　　④　ホモ・サピエンス

問2　下線部ⓑに関して，「ことばを操る動物」を意味する表現として正しいものを，上記問1の①～④のうちから一つ選べ。

問3　下線部ⓒに関して，カッシーラーが人間を「象徴的動物」とした説明として最も適当なものを，次の①～④のうちから一つ選べ。
①　人間はシンボルによって世界をとらえ，事実の世界を否定し，理想の世界だけに生きることを求める存在である。
②　人間はシンボルによって世界をとらえ，事実の世界だけに生きるのではなく，想像的世界の中に生きることができる。
③　人間は個々の事物をシンボルによって概念化し，論理的・抽象的世界の中に生きることができる。
④　人間は個々の事物をシンボルによって概念化し，事実の世界の中で事物相互の関連性を思考して生きることができる。

問4　下線部ⓓに関して，このことについて説明した次の文の空欄　a　～　c　に当てはまる適語の組合せとして最も適当なものを，下の①～⑥のうちから一つ選べ。

　　遊びは　a　な行為であり，日常生活とは別の限定された時間と空間のなかで，一定の規則にしたがって秩序正しく行われる。裁判や祭り，スポーツ，芸術や哲学など，人間の生活を豊かにするすべての文化は遊びの　b　のなかで発生した。子どもたちが遊びを通して人生の喜びを身につけていくように，人間にさまざまなものをもたらし，日常生活における　c　を支えるのが遊びである。

①　a　自由　b　内容　c　仕事　　②　a　自由　b　内容　c　娯楽　　③　a　自由　b　形式　c　仕事
④　a　知的　b　形式　c　娯楽　　⑤　a　知的　b　内容　c　仕事　　⑥　a　知的　b　内容　c　娯楽

問5　下線部ⓔに関して，次のA～Eは，防衛機制のどの類型を説明したものか，下のア～ケから選び，記号で答えよ。
A　海外旅行に行けないので，ＤＶＤを鑑賞して旅行に行った気分になる。
B　自分の失恋体験を詩や小説に表わして文学的に評価される。
C　人気タレントと同じ服装やヘアスタイルをして，愉快な気分になる。
D　仕事で失敗した年配の男性が公園のブランコに乗って，子どものように遊ぶ。
E　ブドウを取れなかったキツネが，あのブドウは酸っぱいから取らなくてよいと言う。
ア　抑圧　　イ　退行　　ウ　合理化　　エ　同一化　　オ　投射　　カ　逃避　　キ　反動形成　　ク　代償　　ケ　昇華

（問1～3・5　2018試行テスト第1問改　　問4　2018試行テスト第2問改）

【記述問題演習】

1　マズローの「欲求段階説」とはどのような考えか説明しなさい。
2　防衛機制のうち「投影（投射）」について具体例を用いて説明しなさい。

1 1-2 青年期の特質と課題

○青年期は心身の成長に伴い自己意識が高まり，様々な欲求の発生とともに悩みが増える時期である。こうした青年期の課題を克服する過程で，社会の中で大人となっていくことについて考えてみよう。

＜重要事項チェック＞

1 青年期の特質

(1) 青年期…子どもから大人への移行期。自我意識が著しく発達。

【1　　　　　　　】→自己形成，セルフ・エスティーム（self-esteem，自尊感情）

※近代社会成立以前…【2　　　　　　　】（通過儀礼）を経ることで子ども
　　　　　　　　　　が大人として扱われるようになる。

(2) 青年期の特徴

青年期の特徴	人物名	意　味・内　容
第二次性徴		青年期における急激な身体的変化や性的成熟をいう。
【3　　　　　】		自我の目ざめとともに自己主張が強くなり，無理解で抑圧的な大人に対して反抗するようになること。
【4　　　　　】	【5　　　　】	『エミール』…「われわれはいわば二度生まれる。一度目は生存するために。二度目は生きるために。」
【6　　　　　】	ホリングワース	親や大人から精神的な自立をはかろうとすること。
【7　　　　　】 （境界人）	【8　　　　】	子どもの集団にも大人の集団にも属することができず，大人と子どもの中間的な存在であること。

2 青年期の課題

(1) E. H. エリクソン（1902 - 94　米）

【9　　　　　　　　】

　人生には誕生から死に至るまで8段階の周期があり，その周期に応じて自我が発達していくとした。

【10　　　　　】

　ライフサイクルにおけるそれぞれの段階において達成すべき課題。

⇩

青年期の発達課題

　① 【11　　　　　　　　　　】の確立

　　アイデンティティ：自我同一性。自分が自分であること。

　② 【12　　　　　　　　　　】：自分を見失い精神的に不安定になること。

　③ 【13　　　　　　　】：実社会に参加して社会人としての義務や責任を負う
　　　　　　　　　　　　　ことが心理的・社会的に猶予されること。

(2) 脱アイデンティティの時代

青年期に必ずしもアイデンティティの確立を目指さない時代

→モラトリアム人間

3 生きる意味

(1) 【14　　　　　　　】…ハンセン病患者の治療に生涯を捧げる。（『生きがいについて』）

人間の中で最も**生きがい**を感じている人とは，使命感に生きている人とする。

(2) 【15　　　　　　　】…アウシュヴィッツ強制収容所で過酷な極限状況を体験。

意味への意志：自己の生の意味づけを通して，尊厳のある生き方を追求する。

「人生から何をわれわれはまだ期待できるかが問題なのではなくて，むしろ人生が何をわれわれから期待しているかが問題なのである。」（『夜と霧』）

＜メモ欄＞

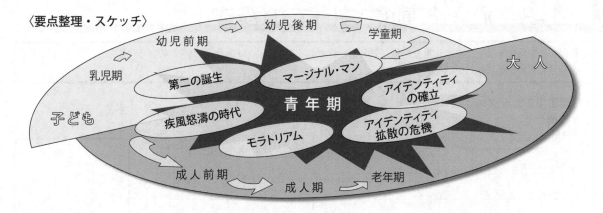

〈要点整理・スケッチ〉

【発展学習問題】
問題　次の会話文を読み，以下の問いに答えなさい。

> Ａ：僕たちも高校２年生だ。「今が楽しければそれでいい」じゃなくて，自分のことを真剣に考えた生き方が大切だよね。
> Ｂ：うん。いつまでも子どもじゃいられないからね。でも，社会に出るのは不安だよ。
> Ａ：そうなると，益々，おとなになりたくなくなるよ。僕はまだ，自分の⒜性格についてもよく分かってない気がする。君は，⒝自分の将来のことを考えてる？
> Ｂ：具体的なことは考えていないけれど，大学は受験するよ。⒞仕事の方は，苦しんでいる人や困っている人のために何かできることはないかなって思うんだ。

問１　下線部⒜に関して，次の性格やパーソナリティについての考え方の説明ア・イと，その提唱者の組合せとして最も適当なものを，下の①～④のうちから一つ選べ。

ア　私は，その人が人生の目的を何に求めるかによって分類した。Ｃ君は奉仕活動や福祉の仕事に就くことを望んでいるので「社会型」，Ｄ君は教会に通い，神への信仰に自分の拠り所を求めているので「宗教型」であると思う。

イ　私は，人間を類型化することには反対の立場をとっている。個々人の行動の傾向に注目すべきであって，内向性・外向性などの向性と，神経症傾向が行動傾向を特徴づける基本的な特性であると考える。

①　ア　ユング　　　　　　　　イ　ミシェル　　　　②　ア　ユング　　　　　　　　イ　アイゼンク
③　ア　シュプランガー　　　　イ　ミシェル　　　　④　ア　シュプランガー　　　　イ　アイゼンク

問２　下線部⒝に関連して，次のア・イは，自己の発達についてエリクソンが提示した，ライフサイクルの各段階における課題の説明である。その正誤の組合せとして正しいものを，下の①～④のうちから一つ選べ。

ア　青年期以前には，自発性や勤勉性を獲得することが目指され，青年期には，「自分らしさ」を模索するなかで，一貫した自己を確立することが課題である。

イ　成人期には，完全に統合した自己を獲得することが課題であり，老年期には，孤立や人生の停滞に向き合い，「自分とは何か」という問いへの最終的な答えを見いだすことが目指される。

①　ア　正　イ　正　　　②　ア　正　イ　誤　　　③　ア　誤　イ　正　　　④　ア　誤　イ　誤

問３　下線部⒞に関して，職業選択に関する次の具体例ア～ウと，それぞれの例にあてはまる人格形成に関する記述Ａ～Ｃの組合せとして正しいものを，下の①～⑥のうちから一つ選べ。

ア　私は，就職活動で不採用の経験が重なって，自分の価値が分からなくなり，社会から孤立しているように感じた。
イ　私は，就業体験に行ったことで，生涯にわたって打ち込める仕事をじっくり探すことが大切だと考えるようになった。
ウ　私は，最近は仕事に慣れてきて，自分の働きぶりを上司や同僚から認めてもらいたいと思うようになった。
Ａ　オルポートが挙げた，成熟した人格の特徴。
Ｂ　マズローの理論における，欲求の階層構造。
Ｃ　エリクソンが述べた，自我同一性の拡散。

①　ア－Ａ　イ－Ｂ　ウ－Ｃ　　②　ア－Ａ　イ－Ｃ　ウ－Ｂ　　③　ア－Ｂ　イ－Ａ　ウ－Ｃ
④　ア－Ｂ　イ－Ｃ　ウ－Ａ　　⑤　ア－Ｃ　イ－Ａ　ウ－Ｂ　　⑥　ア－Ｃ　イ－Ｂ　ウ－Ａ

（問１・２ 2019追試験第１問改　第３ 2014本試験第１問改）

【記述問題演習】
1　レヴィンの「マージナル・マン」とはどのようなことか説明しなさい。
2　エリクソンによる青年期の発達課題とは何か述べなさい。

1 1-3 心と行動についての探究

○ものごとを認知するためには知覚や記憶，思考の働きが必要である。われわれは何をどのように感じ，どのような情報を利用して物事を判断しているのか考えよう。

＜重要事項チェック＞
1 感情
(1) 感情の生起

【1　　】 （ジェームズ・ランゲ説）	身体の末梢部で起こる身体反応が脳に伝わり，感情が発生する。
【2　　】 （キャノン・バード説）	脳の一部で起きた感情が身体の末梢部に伝わることで，身体反応が生じる。
【3　　】 （シャクター・シンガー説）	身体的反応と，その原因の解釈によって感情が生じる。

(2) 【4　　　　】の基本感情説：喜び，悲しみ，怒り，驚き，嫌悪，恐怖の基本的な情動は普遍的だと主張。

　　【5　　　　】の円環モデル：「快 - 不快」，「覚醒 - 非覚醒」の二次元からなる円環の周囲に感情を位置づける。

2 認知
(1) 【6　　　】：感覚器官が受け取った情報を解釈，判断すること。

　　【7　　　　　　】：感覚器官が受け取る刺激が変化しても知覚は安定。

　　【8　　　】：感覚器官に異常がみられなくても，実際と異なる知覚をする。

(2) 【9　　　】…記銘・符号化（覚える）→貯蔵・保持（覚えておく）→想起・検索（思い出す）の過程からなる。

　　【10　　　】：感覚器官から受け取った情報が瞬間的に保持される記憶

　　【11　　　】：数秒から数十秒，限られた情報を保持される記憶

　　【12　　　】：短期記憶から送られ，半永久的で無限に保持される記憶

　　【13　　　　　】：自転車の乗り方など言葉で表現することが難しい記憶

　　【14　　　　】：【15　　　　　　　】は，思い出など特定の経験の記憶
　　　　　　　　　　　【16　　　　　】は，知識や事実としての記憶

(3) 思考

　推論：既に知っている事項に基づいて，新しい情報を導くこと

　　一般的な前提から結論を導く【17　　　　】推論と，複数の事実から結論を導く

　　【18　　　】推論がある。

　問題解決：【19　　　　　　】：手順に従えば問題解決が必ずできる方法。

　　　　　　　【20　　　　　　　】：簡略化して問題解決を判断する方法。

3 発達
(1) 【21　　　　】：思考の発達を分類。

感覚運動期（0～2歳頃）	自分と自分以外の物を区別できるようになる。
前操作期（2～7歳頃）	自分の視点から世界を捉える自己中心性がみられる。
具体的操作期（7～12歳頃）	他者の視点から客観的に物事を捉える脱中心化がみられる。
形式的操作期（12歳以降）	大人と同様に，抽象的・論理的な思考をする。

(2) 【22　　　　　　】：道徳的判断の発達について，前慣習的水準，慣習的水準，脱慣習的水準の3段階を提唱

閑話休題

第1話 動機づけ
　動機づけとはモチベーションのことで，褒められたいから，お小遣いがほしいからなど，賞賛や報酬を得る手段としての外発的動機づけと，好きだから努力するなど行動そのものが目的となる内発的動機づけがある。

第2話 認知の歪み
　認知の歪みとは，物事の捉え方に歪みがあることを指す。たとえば，典型的で固定化されたイメージをステレオタイプといい，「女だから気遣いができるはず」などと決めつけ，偏見や差別の原因になることもある。

第3話 保存の概念
　ピアジェによると，前操作期の子どもは，コップの水を別の容器に移し替えると，見た目に惑わされ，水の量を増えたり減ったりすると判断する。保存の概念を獲得するのは具体的操作期になってからである。

＜メモ欄＞

〈要点整理・スケッチ〉

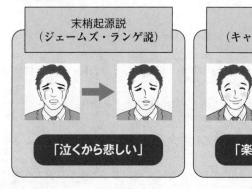

末梢起源説
（ジェームズ・ランゲ説）

「泣くから悲しい」

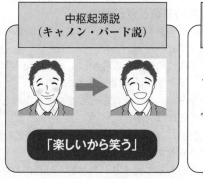

中枢起源説
（キャノン・バード説）

「楽しいから笑う」

二要因説
（シャクター・シンガー説）

ドキドキする（怖い）

【発展学習問題】

問題 次の会話文を読み，以下の問いに答えなさい。

> X：試験勉強をしているのだけど，ⓐなかなか覚えられないよ。
> Y：何かやる気になる方法があるといいのかもしれないね。ⓑ良い点数を取ったらご褒美をもらうとか。
> X：ご褒美をもらうために勉強をするのは本来的ではない気がする。何のために勉強するのかを考えないとね。
> Y：そうだね。「ⓒ人間は生涯発達する」と先生も言っていたし。私も勉強頑張るよ。

問1 下線部ⓐに関連して，記憶についての説明として最も適当なものを，次の①〜④のうちから一つ選べ。

① 宣言的記憶には，意味記憶と手続き記憶がある。

② 運動技能に関する記憶は，意味記憶に分類される。

③ 記憶は，検索，貯蔵，符号化の順からなる過程である。

④ 注意を向けた情報を数秒から数十秒ほど保持するのは，短期記憶である。

問2 下線部ⓑに関連して，次のA〜Dの生徒のうち，内発的動機づけによる学習をしている者は誰か，次の①〜④のうちから一つ選べ。

A 倫理に興味があり自ら進んで学習するが，テストのために勉強することが嫌いである。

B テストで良い点を取るために勉強するが，学習内容には関心がない。

C 何事に対しても優れた成果を出すために努力し，学習に取り組む時間が長い。

D 親や教師に叱られることを避けるために勉強することが多く，学習が楽しいと思ったことはない。

① A ② B ③ C ④ D

問3 下線部ⓒに関して，コールバーグは，成長に伴い道徳的判断の理由付けが変化していくことを指摘し，その変化を，次の表に示す3つのレベルに区分した。彼によると，各々のレベルに達してはじめて獲得される道徳的視点がある。この表に基づくと，「なぜ盗んではいけないか」という問いに対してどのような回答がなされると想定できるか。レベルと，そのレベルに適合する回答例の組合せとして最も適当なものを，後の①〜④のうちから一つ選べ。

レベル	そのレベルではじめて獲得される道徳的視点	時期の目安
レベル1： 前慣習的道徳性	単純な快不快に影響される。罰を避けるためや，具体的な見返り（他者からの好意や報酬）を得ようとするために，指示や規則に従う。	青年期より前
レベル2： 慣習的道徳性	他者の期待を満足させたり，社会的な役割を果たしたり，秩序を守ったりすることを重視して，既存の権威や規則に従順に従う。	青年前期
レベル3： 脱慣習的道徳性	慣習的な規則や法を改善することも考慮しつつ，幸福増進や個人の尊厳など，皆に受け入れ可能で自らの良心にもかなう原理に従う。	青年後期以降

①レベル2：盗みをすると，相手の幸せを脅かし，誰でも認めるはずの普遍的な道理に逆らうことになるから

②レベル2：盗みをすると，親に厳しく叱られて，自分が嫌な思いをすることになるから

③レベル3：盗みをすると，警察に逮捕され，刑務所に入れられてしまうかもしれないから

④レベル3：盗みをすると，所有者を人として尊重していないことになり，自らの内面的な正義の基準に反するから

（問2　2018年第1回公認心理師試験問145改　問3　2022本試験第4問）

【記述問題演習】

1 錯覚とはどのようなことか説明しなさい。

2 宣言的記憶について説明しなさい。

＜解答欄＞

1　青年期の意義と自己形成

(1) スウェーデンの生物学者リンネによる，「知恵のある人，賢い人」という意味の学問上の人間の名称を何というか。

(2) すべての事物に積極的に働きかけ，それらを作りかえていくことが人間の基本的性格であるとして，ベルクソンは人間を何とよんだか。

(3) カッシーラーが，シンボルを介して世界を理解し，芸術や宗教を作り出す存在として人間を定義したことばは何か。

(4) 「人間の文化は，遊びのなかにおいて，遊びとして成立し，発展してきた」とするホイジンガの人間の定義を何というか。

(5) 身体的成長をもって始まり，精神的・社会的自立をもって終わる子どもから大人への移行期間を何というか。

(6) 青年期に見られ，性的な成熟を伴う身体的変化を何というか。

(7) 青年を大人と子どもの中間の存在と位置づけ，青年期の若者を境界人とよんだのは誰か。

(8) 青年が自己を形成していくために，親や大人から自立をはかろうとする心理的過程を何というか。

(9) 生理的欲求，安全欲求，所属と愛情の欲求，自尊欲求，そして自己実現欲求の順で欲求が階層をなし，低次の欲求が満たされては次の欲求が生じると考えたのは誰か。

(10) 二つ以上の相反する欲求が対立している状況を何というか。

(11) 欲求不満の原因となった問題を取り除くことにはならないが，欲求不満から生じる不安や緊張から自我を守ろうとする無意識の心の働きを何というか。

(12) 仕事の関係で海外に赴任したAさんは，早く日本に帰りたいという欲求を無意識の世界に閉じ込め，日本のニュースにも関心を示さず，仕事に打ち込んだ。このように，自分にとって受け入れがたい観念や欲望を意識から追い出し，無意識の中に閉じ込めておこうとすることを何というか。

(13) 外国に留学したBさんは，心の奥ではその国の文化や習慣に反発を感じていたが，その国の文化を積極的に日本に紹介した。このように，憎悪など意識にのぼらせておくことが望ましくない感情を抑えるために，愛情などその反対のものをことさら強調することを何というか。

(14) 仕事の関係で日本に赴任して来たCさんは，自分の不注意から大きなミスを犯してしまったが，これは日本の国の制度が整っていないためだと思った。このように，自己の欠点や失敗を他人や制度のせいにするなど，もっともらしい理由をつけることを何というか。

(15) 自分に対する先輩からの扱いを不満に感じているDさんは，厳しく後輩を指導する同級生を見て強い怒りを感じている。このように自分の考えを相手が持っているとする心の働きを何というか。

(16) 就職活動がうまくいっていない大学生のEさんは，3～4歳のころに大好きだった絵本を繰り返して眺めている。このように，より以前の発達段階まで逆戻りすることを何というか。

(17) 失恋した高校生のFさんは，広く社会に関心を向けて，ボランティア活動に打ち込んだ。このように，性的欲求や攻撃性などの欲求を社会的に認められる，より高次の目的に転換することを何というか。

(18) 日本語を学びたいと思い日本に留学したGさんは，勉強があまりうまく進まなかったため，自分の部屋に閉じこもって自国語のラジオ放送を聞きふけった。このように，欲求が満たされないとき，その問題を解決しようとせず，自分の中に閉じこもってしまうことを何というか。

(19) フロイトの弟子で，人格の成長に劣等感が欠かせないものであるとし，劣等感を克服しようとする意識を補償とよんだのは誰か。

(20) 性格・気質・能力など，その人の全体的・統一的・持続的な特徴を何というか。

(21) 青年期の課題として自我同一性の確立を提唱し，『幼児期と社会』では，その基礎となる乳幼児期の親子関係の重要性を指摘したのは誰か。

⑵　エリクソンは人生を8つの発達段階に分け，人間はそれぞれの発達段階において，他者や社会とのかかわりを重視しながら課題を達成し成長を続けるとしたが，これを何というか。

⑵　ドイツの精神科医で，性格が人間の体型に関係しているとして，やせ型は分裂気質，肥満型は躁うつ気質，筋骨型は粘着性気質と分類したのは誰か。

⒁　ドイツの哲学者・心理学者で，人間の性格を，追求する価値により，理論型・経済型・審美型・社会型・権力型・宗教型の6つに分類したのは誰か。

⒂　自分が何者であるかを知り，他人と異なる存在として自分が自分であると確信することを，エリクソンは何とよんだか。

⒃　自我を確立すべき青年期に特有の現象であり，自分が何者であるのかわからないという状況を何というか。

⒄　人間が幼児期から成人期までのそれぞれの発達段階において，次の段階に成長するために達成すべき課題を何というか。

⒅　七五三，成人式，結婚式など，人が成長して次の成長段階へと移行するとき，節目や区切りとして行われる儀式・儀礼を何というか。

⒆　もともとは経済用語だが，実社会に参加して社会人としての義務や責任を負うことを心理的・社会的に猶予されることをエリクソンは何と言ったか。

⒇　現代において，人々の生き方が多様化したためにいつまでも自分の進路を決定せずにいる青年のことを小此木啓吾は何といったか。

㉛　「成熟した人格の条件」として「自己意識の拡大」「他者との温かいつながり」「情緒的安定」「現実的な認知と感覚」「自己の客観視」「統一的な人生観や価値観」の6つをあげたのは誰か。

㉜　オーストリアの精神医学者で，人生に期待できるものは何もないという絶望と闘うためには，人生の意味についての見方を変える必要があると説いたのは誰か。

㉝　『生きがいについて』で，自分の存在が誰かのため何かのために必要だと自覚することで，張り合いをもって生活できると述べたのは誰か。

㉞　人間の心理的発達において，児童期を他人や社会との関係の中で自己中心性を脱却していく重要な段階として位置づけたのは誰か。

㉟　イギリスで活躍した心理学者で，向性（外向・内向）や神経症傾向（安定・不安定）が人の行動傾向を特徴づける特性であるとして，それらの組み合わせによりパーソナリティが形成されるとする特性論を説いた人物は誰か。

㊱　アメリカの心理学者で，異なる社会や文化で生きている人にも共通する6つの基本的感情（恐れ・怒り・悲しみ・驚き・嫌悪・幸福）があると説いた人物は誰か。

㊲　アメリカの心理学者で，感情の特性を二次元（「快-不快」「活性-不活性」）からなる円環モデルとしてとらえた人物は誰か。

㊳　アメリカの心理学者，プラグマティズムの哲学者で，「悲しいから泣くのではなく，泣くから悲しいのだ」と述べ，感情の末梢起源説を説いた人物は誰か。

㊴　外界からの情報を取り入れ，知識を蓄え，それを利用して適切な判断を導き出す活動の全体を何というか。

㊵　事物や現象などの対象がある程度変化しても，知覚がそれを同一の対象として認識することを何というか。

㊶　同じ長さの線分でも矢印の向きにより同じ長さに見えないという錯視の事例を何というか。

㊷　反転図形の事例で，大きな壺にも向かい合った二人の顔にも見える図を何というか。

㊸　問題解決にあたり，定められた手続きにしたがい着実に進める方法を何というか。

㊹　問題解決にあたり，事例の思いつき易さに基づいて判断するような，簡略化された方法を何というか。

㊺　アメリカの心理学者で，ピアジェの発達段階を発展させ，道徳的判断に関する6つの発達段階を提唱した人物はだれか。

㊻　コールバーグが説いた道徳的判断の発達段階における3つの水準とは何か。

⑵	
⑵	
⒁	
⒂	
⒃	
⒄	
⒅	
⒆	
⒇	
㉛	
㉜	
㉝	
㉞	
㉟	
㊱	
㊲	
㊳	
㊴	
㊵	
㊶	
㊷	
㊸	
㊹	
㊺	
㊻	

○ギリシャ思想の流れは，神話の世界から自然哲学へ，さらにはその関心が社会や人へ向けられ，ソフィストの登場へと展開する。ギリシャ人の，合理的な態度で自然と社会のあり方を探究した姿から，愛知の精神について考えよう。

<重要事項チェック>
1　神話から哲学へ
(1)　ポリスの誕生

ポリス（都市国家）形成（前8世紀頃）。

共通の言語，宗教，オリンピアの祭典等による民族の自覚。

(2)　神話的世界観…ミュトス（神話）により世界の事象を説明。

① 【1　　　　　】…『イリアス』『オデュッセイア』

② 【2　　　　　　　】…『神統記』『労働と日々』

(3)　哲学の誕生（前6世紀以降）…「ミュトス（神話）からロゴス（理性）へ」

【3　　　　　】にもとづき合理的思考によって真理を見いだそうとする。

⇩

【4　　　　　　】：実用的なものから離れて純粋に真理を知ろうとする知的態度。

【5　　　　　　　】（愛知）の精神の誕生。

<メモ欄>

2　自然哲学…それまでの神話的世界観にもとづく自然の説明を否定。

万物の根源【6　　　　　】を探究。

学　派	哲　学　者	思　想　等
ミレトス学派	【7　　　　】	自然哲学の祖。 「万物の根源は【8　　　】である」
	【9　　　　　　　】	万物の根源を「無限なもの」（ト・アペイロン）とする。
	【10　　　　　　】	万物の根源を「空気」とする。
エフェソス派	【11　　　　　　】	「【12　　　　　　　　　　　】」（パンタ・レイ） 流転する万物の根源は，永遠の生命をもつ「火」。
ピュタゴラス教団	【13　　　　　】	万物の根本原理を「調和」と秩序の象徴としての 「【14　　　】」に求め，また人間の幸福は肉体という 牢獄からの魂の解放として，禁欲的な教団設立。
エレア派	クセノパネス	ホメロスやヘシオドスの擬人的な神を批判。
	【15　　　　　　】	万有は一にして不動・永遠として，事物の生成や消 滅を否定。「有るものは有り，無いものは無い」
	【16　　】（エレアの【16　　】）	アキレスと亀，ゼノンの矢などのパラドックス。
多元論	アナクサゴラス	「無数の無限種類の種子（スペルマタ）」が「知性（ヌ ース）」の働きで秩序ある世界に。
	【17　　　　　　】	万物の根源を「土・水・火・空気」とする。
原子論	【18　　　　　】	分割できない【19　（　　　）】が空虚（ケノン） において運動し離合集散することで万物形成。

3　ソフィストの登場
(1)　アテネ古代民主制完成…市民の政治参加で社会的知識・弁論術の重要性が高まる。

自然（ピュシス）よりも人間や社会など（ノモス）に目を向けるようになる。

(2)　ソフィスト：「知者」の意。謝金をとる職業教師として弁論術や一般教養を教える。

① 【20　　　　　　　】…「人間は万物の尺度である」

【21　　　　　　】：あらゆる物事の判断基準は判断する個人それぞれにある。

② ゴルギアス…「何ものもあらぬ。あるにしても，何ものも知りえない」（懐疑論）

〈要点整理・スケッチ〉

神話的世界観 → **自然哲学の登場** → **ソフィストの登場**

自然現象➡神の仕業

ヘラクレイトス「火」　タレス「水」　万物の根源（アルケー）の探究　アナクシメネス「空気」　ピュタゴラス「数」　デモクリトス「原子」

「人間は万物の尺度である」（プロタゴラス）

【発展学習問題】
問題1　ギリシャの風土に関する生徒のレポートを読み，以下の問いに答えなさい。

　ギリシャの気候は，典型的な地中海性気候で夏は高温乾燥，冬は温暖湿潤で過ごしやすい。こうした風土は彼らを明るく，朗らかにさせ，ⓐ自然を客観的に観察し，　Ａ　を追究する姿勢をつくりあげたようです。その拠り所となったのが，ロゴスです。ⓑロゴスは理性以外のいくつかの意味をもちますが，のちに西洋では理性こそ人間の特徴とされました。ギリシア思想の特色は理性ですが，人間と自然についてのさまざまな事象や事柄を神の意思によるものと考え，神託を信じていました。しかし，ⓒその神はキリスト教で説かれるような神ではありません。ⓓギリシャの神話は，全体に受ける印象が明るく絵画的で，劇的ですから昔から文学や美術，映画の恰好の題材になっています。

問1　下線部ⓐに関連する精神的態度を何というか，次の①〜④のうちから一つ選べ。
　①　コスモス　　　②　テオリア　　　③　レトリケー　　　④　スコレー
問2　空欄　Ａ　に当てはまる語として正しいものを，次の①〜④のうちから一つ選べ。
　①　現象の根底にある原理　　　　　　②　現象の背後にある神の意思
　③　感覚的認識の根底にある本質　　　④　感覚的認識の背後にある霊的存在
問3　下線部ⓑに関して，ロゴスの意味に**当てはまらない**ものを，次の①〜④のうちから一つ選べ。
　①　ことば　　　②　論理　　　③　臆見　　　④　理法
問4　下線部ⓒに関して，次の資料は神に関する生徒のノートである。キリスト教と比較したギリシャの神の特色　ア　・　イ　に当てはまるものを，下の①〜⑤のうちから選べ。

キリスト教の神	唯一神　・　道徳的完全　・　絶対愛
ギリシャの神	多神　・　ア　・　イ

　①　律法　　　②　人間的傾向　　　③　善悪清濁　　　④　創造主　　　⑤　規範的
問5　下線部ⓓに関して，次の文中の　a　・　b　に入る組合わせとして最も適当なものを，下の①〜④のうちから一つ選べ。

　　ギリシャ神話には神の定めた運命にしたがいながらも，自己に課せられた　a　を意志的に果たそうとする人間が描かれている。神話はその後，文学作品の題材になったほか，広くギリシャ人の　b　の基礎とされた。

　①　a　権利　b　習俗　　②　a　権利　b　教養　　③　a　義務　b　習俗　　④　a　義務　b　教養
問題2　次のア〜ウは，万物の変化について考えた古代ギリシャの哲学者たちの説明であるが，それぞれ誰のものか。その組合せとして最も適当なものを，下の①〜④のうちから一つ選べ。
　ア　自然界における万物には，根源（アルケー）があり，生命の源となる水がそれであると考えた。
　イ　万物は，それ以上に分割することのできない原子（アトム）から成り，原子は空虚のなかを運動すると考えた。
　ウ　客観的な真理や価値は存在せず，人間は真理やあらゆる価値について主観的判断をなしうる存在である。
　①　ア　ヘラクレイトス　　イ　デモクリトス　　ウ　エンペドクレス
　②　ア　ヘラクレイトス　　イ　ピュタゴラス　　ウ　エンペドクレス
　③　ア　タレス　　　　　　イ　デモクリトス　　ウ　プロタゴラス
　④　ア　タレス　　　　　　イ　ピュタゴラス　　ウ　プロタゴラス

（問題1　2018試行テスト第1問改　問題2　2018追試験第2問改）

【記述問題演習】
1　テオリアとはどのような態度を意味するのか説明しなさい。
2　プロタゴラスの相対主義とはどのような考えか説明しなさい。

2　1-2　ソクラテス

○道徳意識がゆらぎ堕落したアテネの人々を，どのようにしてソクラテスは救おうとしたのかを理解し，ソクラテスの考え方や生き方から，善く生きることとはどういうことなのかを考えよう。

＜重要事項チェック＞

1　ソクラテスの時代のアテネ

デマゴーゴスの横行。ペロポネソス戦争によるアテネの衰退。

【¹　　　　　　　】たちの，論争に打ち勝つための【²　　　　　】。

アテネの民主政治の危機。

2　ソクラテス（前470？－前399）

(1)　【³　　　　　　】

「【⁴　　　　　　　　　　　　　】」…ソクラテスの友人が受けたアポロンの神託。

　　　　⇩

神託の真意を確かめるため，世間で知者といわれている人たちと問答。

　　　　⇩

人間にとって最も大切な善美の事柄について，相手は知らないのに知っていると思い込んでいるのに対し，自分は知らないことを自覚している。＝【³　　　　　】

(2)　【⁵　　　　　　　】（フィロソフィア）

自己の無知を自覚し，真の知を愛し求めることを重視…絶対的真理の探究。

(3)　「【⁶　　　　　　　】」…アポロン神殿の警句を無知の自覚を促すことばと解す。

【⁷　　　　　】（助産術・産婆術）

自らは見解を提出せず，問答による吟味を通して相手に自分の無知を自覚させる「【⁸
（　　　）】」。

　　　　⇩

人々を自分自身についての思い込みから解放し，無知の自覚に根ざした真実の自己と向き合わせることに尽力。

(4)　「【⁹　　　　　　】」：【¹⁰　（　　　）】がすぐれたものになるよう配慮すべき。

「【¹¹　　　　　　　　　　　　　　　　　　　　　　　】」

(5)　人間の徳（【¹²　　　　　】）：すぐれていること。優秀性・卓越性。

【¹³　　　　　　】：徳は知にほかならず，真の知が魂をすぐれたものにする。

「徳は知なり」…魂の徳が何であるかを知ることなく徳を持つことはできない。

【¹⁴　　　　　】：善悪について真に知れば，人間は必ず善き行いをする。

【¹⁵　　　　　】：徳のあることがより善く生きることであり，幸福である。

(6)　ソクラテスの死

「国家の認める神を認めず，新しい鬼神（【¹⁶　　　　　　】）を祀っている」・「青年たちに害悪を及ぼしている」として告訴され，裁判にかけられる（『【¹⁷　　　　　】』）。

　　　　⇩

自己の信念にもとづき堂々と弁明，最終的に死刑判決…弁明が市民の反発を招く。

　　　　⇩

友人らがソクラテスの脱獄・国外逃亡を計画（『【¹⁸　　　　　】』）。

　　　　⇩

脱獄という不正を犯すことを退け，ポリスの法に従い毒杯をあおぐ。

「ただ生きるのではなく，善く生きる」ことを実践。

＜メモ欄＞

閑話休題

第1話　裸足の哲学者
　ソクラテスは彫刻師の父，助産婦の母の間にアテネに生まれた。戦場では勇敢で知られたが，日常はボロボロの衣服を着て，夏の焼けるような石の上，冬の凍るような道の上も裸足で歩いていたといわれている。

第2話　約60票差の有罪判決
　ソクラテスには著作がなく，プラトンの『ソクラテスの弁明』が法廷での彼の弁論の様子を伝えている。500人（一説には501人）の陪審員により，約60票差で有罪判決，さらに360対140で死刑判決が下った。

第3話　悪妻クサンチッペ
　ソクラテスの妻は悪妻として名高い。問答にあけくれて帰ってきたソクラテスに小言を言うだけではなく，水をぶっかけた。彼は，「クサンチッペがガミガミ言い出したら，雨を降らせるぞ」と言ったという。

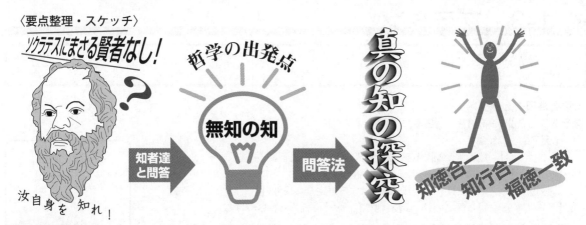

〈要点整理・スケッチ〉

ソクラテスにまさる賢者なし！

汝自身を知れ！

哲学の出発点

無知の知

知者達と問答 → 問答法 →

真の知の探究

知徳合一 知行合一 福徳一致

【発展学習問題】

問題 魂の配慮に関して，次の資料文（プラトン『ソクラテスの弁明』）を読み，以下の問いに答えなさい。

> アテナイ人諸君よ，君たちに対して切実な愛情をいだいている。しかし君たちに服するよりはむしろ神に服するだろう。すなわち，わたしの息のつづくかぎり，けっして知を愛し求めることはやめないだろう。……世にもすぐれた人よ，君はアテナイという，知力においても武力においても最も評判の高い偉大な国都の人でありながら，ただ金銭をできるだけ多く自分のものにしたいというようなことにばかり気をつかっていて，恥ずかしくないのか。評判や地位のことは気にしても思慮や真実のことは気にかけず，魂をできるだけすぐれたものにするということに気をつかわず心配もしていないとは。

問1 この文章の内容に合致する文として**適当でないもの**を，次の①～④のうちから一つ選べ。

① ソクラテスは，アテナイ市民を知力においても武力においても優れた人と呼びかけた。だからこそ，思慮や真実のことに目をそむけてはならないと唱えた。

② ソクラテスは，アテナイとその市民を誇りとしていた。だからこそ，堕落している彼らを批判し，魂のあり方に関心を持つべきだと説いた。

③ ソクラテスは，アテナイ市民を知力においても武力においても優れた人と呼びかけた。だからこそ，堕落した彼らを叱責し，実利的復興をうながした。

④ ソクラテスは，アテナイとその市民を誇りとしていた。だからこそ，地位や名誉に関心を払うのではなく，ともに知を愛し求めることを呼びかけた。

問2 ソクラテスの思想の説明として最も適当なものを，次の①～④のうちから一つ選べ。

① 人間にとってのあるべき生き方とは，理性に基づいた倫理よりも，各人がそれぞれの幸福を求めて，精神的な快楽を実現することであると説いた。

② 人間にとってのあるべき生き方とは，善美の事柄について知らないということを思索の出発点として真の知を愛し求めることであると説いた。

③ 人間にとってのあるべき生き方とは，旧来の伝統や習慣から脱却し，各人が各人の判断によりそれぞれの真理を求めることであると説いた。

④ 人間にとってのあるべき生き方とは，各人が社会の中で生きている存在であることを自覚し，個人よりも組織の方針を優先すべきであると説いた。

問3 ソクラテスの問答に関して，知徳合一・知行合一を説明するため，次の**ア～ク**を論理的順序に従って順番に並べ替えるとした場合，**第4番目**にくるものはどれか，記号で答えよ。

ア　そこで，勇気について考えてみることにした。

イ　勇気を知らずして勇気をもつことはできないからである。

ウ　ある人が自分は勇気ある人間だと述べたとしよう。

エ　真の知とは実践へと向かうもので，行為がともなうからである。

オ　勇気の徳をもつためには，勇気について知らなくてはならない。

カ　つまり，勇気をもっているとは，勇気を知っておりかつ勇気ある行いができることである。

キ　では，勇気を知っているとはどういうことか。

ク　勇気ある行為ができるということである。

（問1 2009本試験第2問改　問2 2012本試験第2問改　問3 2018試行テスト第4問改）

【記述問題演習】

1　ソクラテスは「汝自身を知れ」というアポロン神殿の格言をどのような意味にとらえたのか説明しなさい。

2　ソクラテスの「問答法」とはどのようなものか述べなさい。

○普遍的真理を求めたソクラテスの精神を，プラトンはどのように受け継ぎ，どのように発展・展開させていったかを考えよう。

＜重要事項チェック＞

プラトン（前427 - 前347）…『国家』『饗宴』『パイドン』

(1) **イデア論**…二元論

【1　　　】：絶えず変動する感覚的世界を超えた永遠不変の存在。

【2　　　】によってとらえられる真の存在（真実在）。

　　感覚がとらえる現実は【1　　】を原型とする不完全な模像，【1　　】の影とする。

【3　　　】：最高の【1　　】。他の【1　　】を統一し秩序づける。

イデア界	真 実 在	永遠不滅	完 全
【4　　　】	模像(影)	生滅変化	不完全

(2) **アナムネーシスとエロース**

　　理性の座である人間の魂も元来はイデア界にあった。

　　現在は【4　　　】の肉体に閉じ込められている。

　　　　　　⇩

① 【5　　　　　　】（想起）：感覚を手がかりにイデアを思い出すこと。

　　真理を認識できるのは，魂がこの世の肉体に宿る前に見ていたものを想い起こすから。

② 【6　　　　】：不変なイデアの世界を思慕する愛。魂がイデアに憧れること。

　　【6　　　】が人間をフィロソフィア（【7　　　】）に向かわせる。

(3) **四元徳と理想国家**

魂の三部分		四元徳		国家の三階級
理性	⇨	【10　　　】	⇦	【14　　　】階級
【8　　　】	⇨	【11　　　】	⇦	【15　　　】階級
【9　　　】	⇨	【12　　　】	⇦	【16　　　】階級
		⇩ 調和		
		【13　　　】		

① 魂の三部分：人間の魂を「理性」「気概」「欲望」の三部分からなるものとする。

② 【17　　　】…人間がもつべき4つの徳

「【10　　】」・「【11　　　】」・「【12　　】」

「【13　　】」…理性が気概・欲望を統御，それらが秩序と調和を保って発揮される。

③ 【18　　　】

　　魂の三部分に対応して，国家を「統治」「防衛」「生産」を担う三階級に分類。

　　三つの階級がそれぞれの徳を発揮し相互に調和し合うことによって，国家に正義が実現される。

(4) 【19　　　　】

　　知恵の徳を備えた【20　　　】が，善のイデアを基準にして国家を正しく治めることにより，理想国家が実現されるとする。

　　「【20　　】が統治者になるか，あるいは統治者が【20　　】になるか」

<メモ欄>

第1話　洞窟の比喩

　プラトンは，感覚されたものを実在だと思い込むのは，洞窟の壁に向かってつながれている囚人が，壁に映った背後の事物の影を実物だと思い込むようなものであると，現実界とイデア界の関係を説明した。

第2話　理想と現実の間で

　プラトンは生涯の間に3度シチリア島を訪れている。いずれもシラクサの王から招かれたもので，プラトンは，「哲人政治」によりシチリアに理想国家をつくろうとしたが，3回とも王との関係が悪化して帰国した。

第3話　哲学の基礎は数学？

　プラトンが創設したアカデメイアの入口には「幾何学を知らざるもの入るべからず」と書かれていたという。学問は文系・理系には分けられておらず，両者は「真理」を目指す方法として同様と考えられていた。

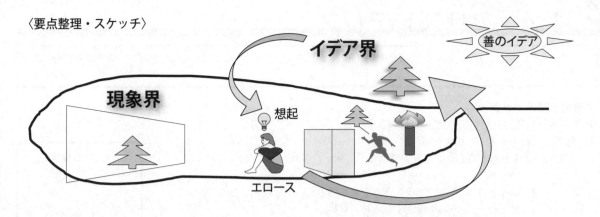

【発展学習問題】

問題1 イデアと魂の関連を説明した次の文の **ア**・**イ** に当てはまる語句の組合せとして最も適当なものを，下の①〜④のうちから一つ選べ。

> 元来，魂はイデア界に住んでいた。しかし，現実界に肉体をもって生まれたことによって，魂は肉体に閉じ込められ，イデアを忘れてしまった。しかし，魂は現実界における日常生活のなかで，イデアを想起することがある。このことを **ア** という。例えば，美しい花をみると，かつていたイデア界を思い出す。イデアを思い出した魂は，現実の虚しさや愚かさを知り，一刻も早くイデア界に戻りたいと願うようになる。イデアにあこがれる魂のこの働きを **イ** という。

① **ア** アナムネーシス **イ** プシュケー　②　**ア** アナムネーシス **イ** エロース

③ **ア** エロース **イ** プシュケー　④　**ア** エロース **イ** アナムネーシス

問題2 四元徳と理想国家に関して，次の資料は授業の板書事項をまとめた生徒のノートである。以下の問いに答えよ。

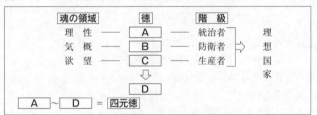

問1 プラトンが説いた理想国家の具体的形態を何というか，次の①〜④のうちから一つ選べ。

① 哲人政治　　② 王道政治　　③ 民主主義　　④ 法治主義

問2 生徒のノートの **A** 〜 **D** に当てはまる語句の組合せとして適当なものを，次の①〜④のうちから一つ選べ。

① A 思慮　B 勇気　C 謙譲　D 正義

② A 思慮　B 厳正　C 謙譲　D 友愛

③ A 知恵　B 勇気　C 節制　D 正義

④ A 知恵　B 厳正　C 節制　D 友愛

問3 プラトンの思想についての説明として最も適当なものを，次の①〜④のうちから一つ選べ。

① 人間は，理性をはたらかせることで，真実在に到達することができる。人間の魂は，もともと真実在の世界にいたのであり，真実在を知るとは，魂がそれを思い出すことである。

② 人間は，理性をはたらかせることで，真実在に到達することができる。そのためには，経験的な事実から出発して，自然界における現象の根本的な原理を探究しなければならない。

③ 人間は，万人が認める優れた統治者による社会においてのみ幸福が得られる。そのためには，地位や階級や社会的身分に関わらず，すべての人が平等に政治に参加できる国家体制が大切である。

④ 人間は，他者との適切な関係を保つことができる共同体においてのみ幸福を実現することができる。統治者はたとえどのような人物であれ，民衆からの支持を得た人でなければならない。

(問題1 2018試行テスト第2問改　問題2 2018試行テスト第1問改)

【記述問題演習】

1 プラトンは人間がどのようにすることで真理を認識可能になると考えたか述べなさい。

2 プラトンの「洞窟の比喩」とはどのようなものか説明しなさい。

2 1-4 アリストテレス

○アリストテレスは，プラトンの理想主義的な思想を，どのように継承し，乗り超え，現実を重視した思想を展開したのか考えよう。

＜重要事項チェック＞

アリストテレス（前384－前322）…『形而上学』『【1 　　　　】』

(1) **形相と質料**…イデアと現象を切り離したプラトンのイデア論を批判。

　　形相は事物から離れて存在するものではなく，個々の事物の中に内在している。

　　　　　　　⇩

　　【2 　　　】（**エイドス**）：事物の本質。その事物を他のものから区別するもの。

　　【3 　　　】（**ヒュレー**）：事物を構成する素材・材料。

　　　　　　　⇩

　　【4 　　　】（**デュナミス**）：形相が質料に可能性として秘められている状態。

　　【5 　　　】（**エネルゲイア**）：形相が現実化していき，完全に具現化された状態。

(2) 【6 　　　】

　　幸福を【6 　　　】とする。

　　　※プラトン：【6 　　　】は善のイデア。

　　【7 　　　】（**テオリア**）的生活

　　人間の最高の幸福は，【8 　　　】の純粋な活動によって個々の事物に内在する形相のあり方を観想すること。

(3) **知性的徳と倫理的徳**

　　人間の本性を理性とする。

　　　　　　　⇩

　① 【9 　　　　　】

　　　理性によって真理を認識する知恵や実践にかかわる【10 　　　】などの徳。

　② 【11 　　　】（【12 　　　　】）…幸福の実現には倫理的徳の習得が不可欠。

　　　理性に従って善き習慣づけにより身につける行動や態度にかかわる徳。

　　　　勇気，節制，友愛，正義など。

　　　【13 　　　】（**メソテース**）：過度と不足の両極端を避けること。

　　　習性的徳は思慮（フロネーシス）が示す【13 　　　】により形成される。

(4) **正義と友愛（フィリア）**

　　「【14 　　　　　　　　　　　　　　　　　　　　　　　　　】」

　　人間は社会生活を営む存在であり，社会を離れては人間の幸福は実現しない。

　　　　　　　⇩

　　人間の共同生活を結びつける原理として習性的徳の中でも特に正義と友愛を重視。

　① 【15 　　　】

　　　【16 　　　　　】：法的秩序を保ち，人間として正しい行為をすること。

　　　【17 　　　　　】：人々の間に公正を実現するもの。

　　　　【18 　　　　　　】：能力や業績などに応じて，それにふさわしい名誉や財産を振り当てること。

　　　　【19 　　　　　　】：取引や裁判などにおいて，各人の利害や得失の不均衡を，補償や処罰によって是正すること。

　② 【20 　　　】…内面的に人間を結びつけるものとして，正義以上に重視。相手にとっての善を相手のために願うことこそ，本当の友愛。

＜メモ欄＞

〈要点整理・スケッチ〉

【発展学習問題】

問題1 存在について述べた次の文章を読み，以下の問いに答えなさい。

　　　　アリストテレスは，事物のあり方について次のように述べている。

> 　すべての事物は，それが「何であるか」を規定するものが事物の素材のなかに【　X　】的に内在している。例えば，左の写真のヘルメス像は，青銅のかたまりのなかにヘルメス神の姿形があり，現実のヘルメス像はその【　X　】性が具体化されたものであると言える。

　　　　アリストテレスは，師であるプラトンのイデア論を批判し，事物の形成を事物を形づくり規定する形相と事物の素材・材料である質料とから論じた。上記のヘルメス像においては，質料にヘルメス像となる【　X　】態が含まれている。

問1 空欄【　X　】に入る語句について，生徒YとZが考えている次の会話文を読んで，あ～うに入る語句の組合せとして最も適当なものを，下の①～⑥のうちから一つ選べ。

Y：私はあだと思う。「【　X　】性が具体化されたもの」と矛盾しないからね。
Z：でも，「現実のヘルメス像」と対比するとどうかな。いの方が論理的だよ。
Y：「素材のなかにい的に内在している」とはどういうことだろうか。
Z：アリストテレスはプラトンのイデア論を批判しているけれど，イデアが個物に内在していることは否定していないよ。現実の反対はいだし。
Y：確かにそうだね。だったら，うはどうだろう。形相は事物のうだよ。
Z：なるほど，「う性が具体化されたもの」も「素材のなかにう的に内在している」も意味が通じるね。でもそれなら，「質料にヘルメス像となるう態が含まれている」はおかしな表現だ。
Y：うん。私もそう思う。やはりあが適当だね。

① あ 必然　い 理想　う 本質　　② あ 必然　い 理想　う 調和　　③ あ 必然　い 物体　う 本質
④ あ 可能　い 物体　う 調和　　⑤ あ 可能　い 理想　う 本質　　⑥ あ 可能　い 理想　う 調和

問2 下線部に関して，その具体例の記述として最も適当なものを，次の①～④のうちから一つ選べ。
① すべての花がもっている共通の美しさが形相であり，私の部屋の花瓶にある赤い花の「赤さ」は質料である。
② すべてのイスに共通する機能や構造が形相であり，私の部屋にある木のイスの「木材」は私のイスの質料である。
③ 水という物質が質料であり，水からできている自然現象としての雨や雪が形相である。
④ 大理石の彫像の素材である大理石が質料であり，その彫像を作成した彫刻家の道具や技術が形相である。

問題2 次の文章は，アリストテレスの思想についての生徒の発言である。ア～ウに当てはまる語の組合せとして最も適当なものを，下の①～⑥のうちから一つ選べ。

> 　私はア的徳に興味をもちました。これは魂の領域ではイに関わり，知性的徳により導かれる中庸の原理に基づき，具体的には教育や日常生活における躾などによりウとして形成されるもので，ウ的徳ともよばれます。アリストテレスは知性だけではなく，ウとなった徳も重視したのでした。

① ア 社会　イ 調和や秩序　ウ 習性　② ア 倫理　イ 意志や情欲　ウ 感性　③ ア 社会　イ 意志や情欲　ウ 習性
④ ア 倫理　イ 調和や秩序　ウ 習性　⑤ ア 社会　イ 調和や秩序　ウ 感性　⑥ ア 倫理　イ 意志や情欲　ウ 習性

（問1〜3 2018試行テスト第1問改）

【記述問題演習】
1　自然の事物に関するアリストテレスの考えを説明しなさい。
2　アリストテレスは倫理（習性）的徳はどのように身につくと考えたか，具体例を用いて説明しなさい。

○ポリスというよりどころを失った「世界市民」たちから生まれた，ストア派の禁欲主義とエピクロス派の快楽主義が主張した，心のあり方とはどのようなものだったのか考えよう。

＜重要事項チェック＞

1　ヘレニズム期

(1)　ヘレニズム期の思想

【1　　　　　　】文化の形成…ギリシャ文化とオリエント文化の融合。

ポリスの崩壊により，人々は【2　　　　　】としての新たな生き方を求められる。

⇩

【2　　　　】の内面に目を向け，人間の幸福は【3　　　　】の自由と平安にあるとする。

2　ストア派…【4　　　　　】（前335？－前263？）が創始。【5　　　　　　】。

(1)　人間の本性

人間は自然の本性である【6　　　　】の種子を持つ。

(2)　【7　　　　　　】…ストア派の理想の境地。アウタルケイア（自足）

「【8　　　　　　　　　　　　　　】」…ストア派のスローガン。

【9　　　】（パトス）に動かされることなく，【10　　　】に従って理性的に生きるべき。

⇩

【7　　　　　　　】：欲望や快苦に惑わされない心の平静な状態。

徳とは自然（理性）と一致して生きる魂の状態。

幸福とは生涯全体を通じて魂が自然（理性）と一致していること。

(3)　【11　　　　　　】（**コスモポリタニズム**）

理性を持っている人間は【12　　　　　　】（コスモポリテース）として平等。

(4)　ローマ時代のストア派哲学者

①　【13　　　　　】（前1？－65）…『幸福論』

②　【14　　　　　】（55？－135？）…「よく運命に従うもの，これぞ賢者」

③　マルクス・アウレリウス・アントニヌス（121－180）…『自省録』

3　エピクロス派

【15　　　　　　】（前341？－前270？）【15　　　　　　　】派を形成。

(1)　【16　　　　　】

幸福の追求が人生の目的であり，【17　　　　】が最高善とする。

享楽的な快楽ではなく，身体的に苦痛のないことと，魂に動揺のないことが快楽。

瞬間的・衝動的な快楽でなく永続的・精神的な快楽が真の幸福。

(2)　【18　　　　　　】

①　思慮（醒めた分別）による魂の動揺の回避。

デモクリトスの原子論を継承，死に対する恐怖を根拠のないものとする。

②　「【19　　　　　　　　】」…エピクロス派のスローガン

感情を乱す原因となる政治や公共生活への参加を避ける。

⇩

【18　　　　　　】：魂が永続的に安らかに保たれている境地。

4　新プラトン主義

【20　　　　　　　】（205-270）…新プラトン主義を確立する。

<メ モ 欄＞

閑話休題

第1話　ゼノンの最期

　ゼノンは自然に従った生き方を最高と考えた。老いた彼は柱廊から帰ろうとして，転倒，足の指を骨折したがこれを自然の理と考え，「いま行く，いま行く。どうして私を呼び出すのか」と帰宅後に自分で息を止めて死んだ。

第2話　エピクロスと原子論

　エピクロスは，デモクリトスの原子論を取り入れ，死はアトム（原子）の分解にすぎないとして，魂の死後の存続を否定した。また，死によって人間は感覚を失うのだから「死について恐れる必要はない」とも述べている。

第3話　新プラトン主義

　キリスト教に影響をあたえた新プラトン主義の創始者がプロティノス。彼は事物は神である「一者」を根拠として，そこから流出によって派生的に生成したのであり，人間は実在界と感覚世界の中間に位置するとした。

〈要点整理・スケッチ〉

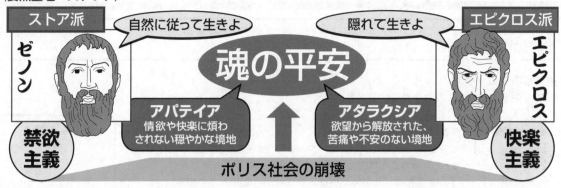

【発展学習問題】

問題　次の文は生徒AとBがゼノンとエピクロスについて考えてきたものである。この会話文を読み，以下の問いに答えなさい。

A：ゼノンとエピクロスについての説明だね。彼らの思想は，それまでのギリシャ哲学とは異なる倫理観を説いたことで知られているね。

B：二人を比べてどうだろう。ぼくは，ゼノンの禁欲主義の方が分かりやすいな。簡単に言えば　　A　　だよね。

A：そのとおりかも知れないね。ⓐ<u>ストア学派</u>はその後もたくさんの思想家を輩出しているし。でも，エピクロスの境地はすごいと思う。

B：うん。ぼくもはじめはⓑ<u>単なる快楽主義</u>かと思った。ところが違うんだよね。

A：あらゆるものに満足するというのは普通の人間ではできないよ。人間は，どちらかと言えば，何らかの不平や不満をもつよね。

B：だから，感情や欲望を抑える理性が重んじられる。ところがエピクロスは　　B　　を説いている。ゼノンは賢人だけれど，エピクロスは達人だね。

問1　文中の　　A　　に当てはまる語として最も適当なものを，次の①〜④のうちから一つ選べ。
　　①　規則にしたがうこと　　②　自己に正直になること　　③　自制心をもつこと　　④　他人に譲ること

問2　文中の　　B　　に当てはまる語として最も適当なものを，次の①〜④のうちから一つ選べ。
　　①　些細なことにも満足できる感情や喜びを見出す姿勢　　②　人生は元来，苦悩に満ちたものであるという諦念
　　③　どんなに辛い人生でもいつか幸運に出会うと思う希望　　④　幸せは他人から与えられるものではないという信念

問3　下線部ⓐに関して，ストア学派の思想的意義の記述として最も適当なものを，次の①〜④のうちから一つ選べ。
　　①　現代の科学万能主義への批判の先駆となった。　　②　現代の大衆社会における人間観の先駆となった。
　　③　近代の自然科学の実証主義的方法に影響を与えた。　　④　近代の自然法思想や人権思想に影響を与えた。

問4　下線部ⓑに関して，この「単なる快楽主義」について生徒Cは次のように説明した。文中の　　ア　　〜　　ウ　　に当てはまる語の組合せとして最も適当なものを，次の①〜⑧のうちから一つ選べ。

　「快楽」ということばは，本来は「快」即ち「心地よさ」と「楽」即ち「楽しさ」のことですが，しばしば，情欲や放蕩などをイメージさせます。したがって，B君は「快楽主義」が一般的には，　　ア　　的意味で捉えられているから，「単なる」という言葉をもちいて，エピクロスの思想における「快楽」それ自体は，決して　　ア　　されるものではないことを強調したのだと思います。重要なのは「快楽」の内容です。エピクロスが　　イ　　的で安定した快楽を求めたことをB君は言いたかったのだと思います。エピクロスは，　　ウ　　の大切さを提示したのではないでしょうか。さらに，私は，「快楽」の問題は善悪などの価値に関わることだと思います。

---

　①　ア　楽観　　イ　道徳　　ウ　心　　　　　　②　ア　楽観　　イ　道徳　　ウ　物
　③　ア　楽観　　イ　永続　　ウ　心　　　　　　④　ア　楽観　　イ　永続　　ウ　物
　⑤　ア　否定　　イ　道徳　　ウ　心　　　　　　⑥　ア　否定　　イ　道徳　　ウ　物
　⑦　ア　否定　　イ　永続　　ウ　心　　　　　　⑧　ア　否定　　イ　永続　　ウ　物

（問1〜4　2018試行テスト第1問改）

【記述問題演習】

1　ストア派のゼノンが理想としたアパテイアとはどのような境地か説明しなさい。
2　エピクロスが「隠れて生きよ」と述べた理由を説明しなさい。

2 2-1　ユダヤ教とイエスの思想

○キリスト教の母胎となったユダヤ教について，その一神教としての特色を知るとともに，イエスの思想を理解し，また彼の思想がなぜ多くの人々に受け入れられたのか考えよう。

<重要事項チェック>

1　ユダヤ教…聖典はキリスト教でいう『【1　　　　　】』。

(1)　神【2　　　　　】：唯一絶対の神として信仰（一神教）。【3　　　　】の神。

　　イスラエルの民と神との契約。

(2)　【4　　　　　】：イスラエルの民だけが神ヤハウェから選ばれたとする。

(3)　【5　　　　】（トーラー）：神のことばとしてイスラエルの民に与えられた戒律。

　　【6　　　　　　】：指導者モーセが神ヤハウェから授かった10ヵ条の戒律。

(4)　【7　　　　　】：イスラエル人が新バビロニアに強制移住させられ，隷属した。

(5)　【8　　　　】…異民族の支配等の人々の苦境に際し，神の意志を伝える者として現れる。

　　イザヤ，エレミヤ，エゼキエルら。

　①　【9　　　　　】：やがてこの世の終わりの日が訪れ，すべての人々（魂）は神に
　　　　　　　　　　　よる裁きを受けるとする。

　②　【10　　　　　】：やがてイスラエルに救い主（メシア）が現れるとする。

2　イエス（前4？－30？）

　『新約聖書』の4つの「【11　　　　　】」にイエスの生涯とことばが記されている。

(1)　イエスの生涯

　　誕生後，ナザレで育つ。

　　バプテスマのヨハネから洗礼を受け伝道活動開始…病人の治療なども行う。

　　　病者や貧者などの下層民の支持。一方でサドカイ派・パリサイ派などと対立。

　　エルサレムで捕らえられ，【12　　　　】刑に処される。

(2)　イエスの思想

　①　【13　　　　　】批判…律法の内面化。

　　「安息日は人のためにあるもので，人が安息日のためにあるのではない」

　　律法の形式的な遵守ではなく，その律法の背後にある精神を重視すべきとする。

　②　【14　　　　　】：あらゆる人間に平等に注がれる神の無償・無条件の愛。

　　神を【15　　　】の神として強調し，その愛の実践をわれわれ人間にも求める。

　　「敵を愛し，迫害する者のために祈れ」

　　　　　　⇩

　③　【16　　　　　】

　　「心を尽くし，精神を尽くし，思いを尽くして，主なるあなたの神を愛せよ」

　④　【17　　　　　】

　　「あなた自身を愛するようにあなたの隣人を愛せよ」

　※　キリスト教の【18　　　　　】

　　「人にしてもらいたいと思うことは，何でもあなたがたも人にしなさい」

　　　　　　⇩

　⑤　【19　　　　】：神の公平と正義が実現される世界。

　　「時は満ち，神の国は近づいた。悔い改めて【20　　　　　】を信じなさい」

　　「神の国は，見える形では来ない。『ここにある』『あそこにある』と言えるも
　のでもない。実に，神の国はあなたがたの間にある」

<メモ欄>

| 閑話休題 | 第1話　アブラハムとイサク　アブラハムは神のことばに従い我が子イサクを生贄にしようとする。祭壇を築きイサクを縛り刃物をとって殺そうとした瞬間，神がアブラハムを止める。ここに神に対する絶対的な信仰のあり方が極限的に示されている。 | 第2話　よきサマリア人　ある人が旅行中盗賊に襲われ，道に倒れていた。祭司やレビ人はその人を見捨てて立ち去ったが，サマリア人はその人を介抱し，宿屋に連れて行き費用まで支払った。この3人の中で誰が，盗賊に襲われた人の隣人なのだろうか。ルカの福音書にあるこの「よきサマリア人」は，隣人愛とは何かを如実に示す寓話であり，欧米では義務を超えた善行の典型とされる。ここには，相互性を超える見返りを求めない最大限の「愛の」倫理が示されているといえる。 |

【発展学習問題】

問題 次の文章を読み，以下の問いに答えなさい。

【先生からの課題】

> 　古来，哲学や思想は真理を探究しました。真理とは何か。先哲は，「人間はいかに生きるべきか」を問うことを一つの基点として探究しました。では，「生きる」とはどういうことか。先哲の営みを通して考えてみましょう。

【生徒Aの発表】

> 　真理には他者や社会との関わりにおいて求められたものがあります。日本においては伝統的に共同体のなかでの人間関係や秩序が重んじられ，伝統的な価値観や習俗が思考や行為の基準となり，それらは倫理や道徳に高められました。
> 　それに対し，人間を超えた存在から真理が導かれるという考え方もあります。例えば，ⓐユダヤ教では，神は真理そのものであり，それはⓑ律法に示されているとしました。その伝統を受けながらも，ⓒイエスは，神の本質は愛であると説き，この教えはキリスト教の根本となったのです。イエスによれば，真理とは愛であり，自分を愛するように他者を愛することが正しい生き方です。

問1 下線部ⓐに関して，次のア〜ウは，ユダヤ教についての説明である。その正誤の組合せとして正しいものを，下の①〜⑥のうちから一つ選べ。

ア　神が人間に与えた律法を厳しく守り唯一の神を信じて服従する者は，民族の違いや身分に関わりなく誰でも救われる。

イ　神は，イスラエルの人々に律法を与え，彼らを救うが，人間の罪を裁き，悪や不正を赦さない裁きの神でもある。

ウ　神が与えた律法には，宗教的な規定だけではなく，日常生活や家族についての倫理的規定もある。

①　ア　正　イ　誤　ウ　誤　　②　ア　正　イ　誤　ウ　正　　③　ア　正　イ　正　ウ　誤
④　ア　誤　イ　正　ウ　誤　　⑤　ア　誤　イ　誤　ウ　正　　⑥　ア　誤　イ　正　ウ　正

問2 下線部ⓑに関して，神が命じた律法として**適当でないもの**を，次の①〜④のうちから一つ選べ。

①　あなたは私のほかに，なにものをも神としてはならない。　　②　安息日を覚えて，これを聖とせよ。
③　敵を愛し，迫害する者のために祈れ。　　④　あなたは隣人の家をむさぼってはならない。

問3 下線部ⓒに関して，次のア〜ウは，イエスの教えについての説明である。その正誤の組合せとして正しいものを，下の①〜⑧のうちから一つ選べ。

ア　「時は満ちた。神の国は近づいた。悔い改めて福音を信ぜよ。」と述べ，神の愛によりイスラエルには地上の栄光がもたらされることを説いた。

イ　「安息日は人のためにあるのであり，人が安息日のためにあるのではない。」と述べ，律法にこめられた神の真意である愛の実践を説いた。

ウ　「何ごとでも人にしてもらいたいと思うことは，あなたがたも人にしてあげなさい。」と述べ，神の愛にならい，自らも隣人を愛することを説いた。

①　ア　正　イ　正　ウ　正　　②　ア　正　イ　正　ウ　誤　　③　ア　正　イ　誤　ウ　正
④　ア　正　イ　誤　ウ　誤　　⑤　ア　誤　イ　正　ウ　正　　⑥　ア　誤　イ　正　ウ　誤
⑦　ア　誤　イ　誤　ウ　正　　⑧　ア　誤　イ　誤　ウ　誤

（問1〜3 2018試行テスト第1問改）

【記述問題演習】

1　選民思想とはどのような考えか説明しなさい。

2　アガペーとはどのようなものか説明しなさい。

○キリスト教・イスラーム（教）それぞれが基本としている世界や人間のとらえ方，神と人間との関係を理解し，より善く生きるとはどのようなことか考えよう。

＜重要事項チェック＞
1　キリスト教の成立
(1) 【1　　　　　】の成立
　① イエスの復活を信仰，イエスを【2　　　　】（救世主）とする。
　　イエスによる【3　　　】：イエスは神の子であり人々の罪を贖うために遣わされ，十字架上で死んだとする。
　② イエスを神が遣わした救世主（メシア）と信じることによって人は救済される。
(2) 【4　　　　】（前？－64？）…イエスの最初の弟子であり十二使徒の筆頭。
(3) 【5　　　　】（？－60？）
　ユダヤ教パリサイ派から【6　　　　】。
　ローマ帝国内を伝道し，ユダヤ人以外に布教。『ローマ人への手紙』などを残す。
　① 【7　　　】：アダム以来，人間がその本性上背負わざるを得ない根源的な罪。
　② 信仰義認説：「人が義とされるのは律法の行いによるのではなく，信仰による」
　③ 【8　　　】・【9　　　】・【10　　　】…キリスト教の三元徳。

2　キリスト教の発展
(1) 【11　　　　　　】（354－430）…『告白』『神の国』
　　【12　　　　　】…プラトンなどギリシャ思想を利用してキリスト教の教義・神学を確立。
　① 原罪と【13　　　】：原罪のもとにある人間が救われるのは神の恩寵のみによる。
　　人は原罪ゆえに自ら善をなす自由を欠き，神の愛によってのみ救済される。
　② この世界は神への愛にもとづく「神の国」と自己愛にもとづく「地の国」の対立。
　③ 【14　　　】：「父なる神」と「子なるイエス」と「聖霊」とは一体である。
(2) 【15　　　　　】（1225？－74）…『神学大全』
　　【16　　　　】：教会や修道院の付属学校でキリスト教教義の体系化を研究。
　① キリスト教の信仰内容をアリストテレス哲学を用い理性的に説明しようとする。
　　神の光（信仰）と自然の光（理性）の調和を目指す。
　　【17　　　】…世界を支配する神の法を理性でとらえたものとする。

3　イスラーム（教）
(1) 【18　　　　】（570？－632）
　① 洞窟で唯一神【19　　　　】から啓示を受け，預言者として布教。
　② ムハンマドは最後にして最大の預言者であり，彼の後に預言者は出現しない。
　　神は，アブラハム，モーセ，イエスら一連の預言者の最後にムハンマドを送った。
　③ メディナへの【20　　】（622　ヒジュラ）と**ムスリム**（イスラーム信者）共同体形成。
(2) イスラームの教え
　『【21　　　　　　】』…ムハンマドが受けた神からの啓示を集めたもの。
　イスラーム法（シャリーア）の根拠でありムスリムの信仰から生活までを規律。
　① 【22　　　】：ムスリムが信じるべき6つのこと。
　　アッラー・天使・聖典・預言者・来世・天命
　② 【23　　　】：ムスリムが行うべき5つの行為。
　　信仰告白・礼拝・断食・喜捨・巡礼

＜メモ欄＞

| 閑話休題 | 第1話　アウグスティヌスの回心
　アウグスティヌスは青年時代マニ教やプラトンに傾倒しながらも各地で遊蕩生活を送っていた。32歳の夏ミラノで「取って読め」という歌声にひかれて聖書を開き回心。洗礼を受けキリスト教徒となった。 | 第2話　一神教
　ユダヤ教，キリスト教，イスラーム（教）は，同じ神を信仰する一神教である。最も後に成立したイスラームでは『新約・旧約聖書』も重視，ユダヤ教徒・キリスト教徒を「啓典の民」とし，イエスも預言者の一人とする。 | 第3話　アヴェロエス
　1126年，イベリア半島コルドバに生まれた最大のアラビア哲学者。彼のアリストテレス哲学の注釈はラテン語に翻訳され，中世ヨーロッパに多大な影響を与えた。ラッファエッロの『アテネの学堂』にも描かれている。 |

【発展学習問題】

問題1 パウロの思想について述べた次の文章を読み，文章中の ⬚a⬚・⬚b⬚ に入れる語の組合せとして最も適当なものを，下の①〜④のうちから一つ選べ。

> パウロは，ユダヤ教の ⬚a⬚ に疑問をもち，自らが望む善を行わず，望まない悪を行っているのは，人間がもつ内なる罪のゆえであり，イエスの十字架の死は ⬚b⬚ であると説いた。そして，⬚b⬚ こそが神の愛であり，神の愛を信じることによってのみ救いが得られるとした。

①　a 福音主義　　　　b 原罪　　　　②　a 律法主義　　　　b 原罪

③　a 福音主義　　　　b 贖罪　　　　④　a 律法主義　　　　b 贖罪

問題2 アウグスティヌスが論じた，または発展させた思想の説明として**適当でないもの**を，次の①〜④のうちから一つ選べ。

①　恩寵とは，人間が生まれながらにもつ根本的な罪を救う神のはたらきであり，救いに値しない人に対しても与えられる代償を求めない愛である。

②　自然の光とは，物事を認識する理性のはたらきのことであり，イエスをキリストと信じることにより誰もが救われるという信仰の真理である。

③　三元徳とは，人間がもつべき徳として『新約聖書』に記された信仰・希望・愛のことであり，その中で，最も大切なものは愛である。

④　三位一体説とは，神・キリスト・聖霊は本性上同一であり，父なる神はキリストとしてこの世に現れ，聖霊によって啓示を与えるという教えである。

問題3 スコラ哲学を代表するトマス・アクィナスの思想の説明として最も適当なものを，次の①〜④のうちから一つ選べ。

①　信仰も理性も等しい価値をもつが，信仰によって得られる真理と理性によって得られる真理とは異なると考え，両者を分離する二重真理説を説いた。

②　神が啓示した真理は，信仰によって受け入れられるものであり，この真理の理解には理性が必要であるため，信仰と理性は調和すると説いた。

③　救済のために最も重要なのは愛であるが，信仰も理性も等しく愛の働きを支えると考え，信仰・理性・愛の三つの徳をもって生きることを説いた。

④　人間の本性である理性と，万物を貫く理性は同一であるため，自然に従うことによって，その造り主である神への信仰にめざめると説いた。

問題4 イスラーム教の思想の説明として最も適当なものを，次の①〜④のうちから一つ選べ。

①　ムハンマドは，神が遣わした預言者であり，キリスト教における救世主ではなく，神の啓示を伝える存在である。

②　『クルアーン』は，唯一の聖典であり，ユダヤ教やキリスト教の『聖書』は異端の書として否定されている。

③　礼拝とは，すべてのムスリムの務めの一つで，ラマダーンの月にメッカの方向に身体を地に伏して祈ることである。

④　ウンマとは，ムハンマドの後継者で，宗教と政治が一体となったイスラーム教団の最高指導者のことである。

（問題1 2018試行テスト第2問改　問題2・4 2018試行テスト第1問改　問題3 2017追試験第2問改）

【記述問題演習】

1　アウグスティヌスは神の「恩寵」と「救い」についてどのように考えたか説明しなさい。

2　五行のうち「喜捨」とはどのようなものか説明しなさい。

2　3-1　バラモン教と仏陀の思想(1)

> ○古代インド社会において成立したバラモン教を発展させた仏陀が，どのように生きることの苦しみをとらえたかを，考えてみよう。

＜重要事項チェック＞

1　バラモン教

(1) アーリア人の侵入…前1500年頃からインドに侵入を開始，先住民を征服。

カースト制度…バラモン（司祭階級）・クシャトリヤ（王族・武士階級）・ヴァイ
シャ（庶民階級）・シュードラ（奴隷階級）

(2) 【1　　　　　　】…聖典『【2　　　　　　】』

『【3　　　　　　　　　　】』…『ヴェーダ』の末尾に付された奥義書。

① 【4　　　　　】（サンサーラ）：あらゆる生き物は無限に生死を繰り返す。

② 【5　　　　】（カルマ）：現世の行為により魂に付着，来世の姿を決定する。

③ 【6　　　　　】：輪廻の苦しみから解放され，永遠の安らぎを得ること。

　　　　⇧

④ 【7　　　　　】：ブラフマンとアートマンが同一であるということ。

【8　　　　　　】（梵）：宇宙の根本原理。宇宙の本体。

【9　　　　　　】（我）：自己の根底にある永遠不滅の本体。

この真理を直観・体得することで解脱できるとする。

2　六師外道（自由思想家）

(1) バラモン教の権威の衰え（前5世紀頃）…バラモン教の祭祀中心主義への批判。

沙門（バラモン以外で修行を行う者）の出現←クシャトリヤ・ヴァイシャの台頭。

(2) 【10　　　　　　】…【11　　　　　　　】（前549？－前477？　マハーヴィーラ）

【12　　　　】などの戒めの厳守と断食・禅定などの【13　　　　　】によって解脱を目指す。

3　ゴータマ・シッダッタ（前463？－前383？）…釈迦族の王子。

29歳の頃出家，6年間の苦行ののち悟りを開き，【14　　　　　】となる。

仏陀（ブッダ）：真理に目覚めた者。覚者。

(1) 苦

① 四苦八苦

　ⅰ 【15　　　　　】：人生で避けることのできない4つ（生・老・病・死）の苦しみ。

　ⅱ 八苦…四苦＋ ┌【16　　　　　】：愛する者と別れる苦しみ。
　　　　　　　　　├【17　　　　　】：憎む相手と会う苦しみ。
　　　　　　　　　├【18　　　　　】：求めるものが手に入らない苦しみ。
　　　　　　　　　└【19　　　　　】：五蘊（人間の身体・精神の活動）が生む苦しみ。

　　　　　⇧

② 【20　　　　　】：悩み煩うなど，自らの身心を乱す心の働き。**渇愛**。
　　　　　　苦しみの原因となる。

　　【21　　　　　】：**貪**（むさぼり）・**瞋**（怒り）・**癡**（愚かさ）。

③ 【22　　　　　】：自己や自己の所有物にとらわれ執着すること。煩悩の根源。

　　　　⇧

④ 【23　　　　　】：この世界の真理について無知であること。
　　　　　　煩悩を引き起こす根本原因となる。

＜メモ欄＞

閑話休題	第1話　カースト制度 　古代インドでは4つのヴァルナ（「色」の意）が成立したが，その後，血縁・出身地・職業などの区分であるジャーティ（「生まれ」の意）によって細分化が進み，全体で約3000ともいわれる階層に分化した。	第2話　アヒンサー（不殺生戒） 　生き物を殺したり害することを禁ずるジャイナ教などの行動規範。現代のヒューマニストであるガンディーが説いた非暴力主義は，この教義の影響を大きく受けた。	第3話　四門出遊 　ゴータマが王城の4つの門から外出するとき，老人，病人，死人に出会い，深い憂愁に陥った。しかし，最後に沙門（シュラマナ）と出会い，出家して解脱を求めるようになったと伝えられている。

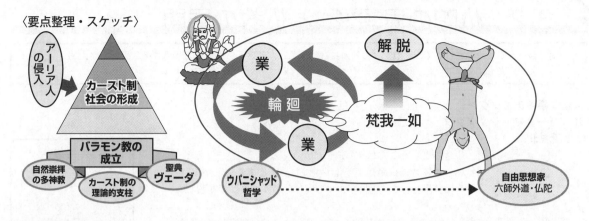

〈要点整理・スケッチ〉

【発展学習問題】

問題1 古代インドの思想の説明として最も適当なものを，次の①～④のうちから一つ選べ。

① 人間は，理性に従うことによって宇宙の理法と一体となり，自然にしたがって生きることにより何ものにも惑わされない不動心が生まれる。

② 万物は，その存在を成り立たせる根本的な原理である理と構成要素である気から成り立っており，人間にも理と気がそなわっている。

③ この世にあるあらゆるものは，永遠の生命のなかで無限に生と死を繰り返すが，何度でも人間として生まれ変わることが最高の幸福である。

④ この世で生死を繰り返す個体の根底には，それぞれに不変の本体があり，それが宇宙の原理と一体であることを悟れば苦悩からのがれられる。

問題2 バラモン教への批判が起こった時代の思想や宗教の説明として**適当でないもの**を，次の①～④のうちから一つ選べ。

① ヴァルダマーナがジャイナ教を開き，徹底した苦行と不殺生を説いた。

② バラモン教と先住民族の土着信仰が融合して，ヒンドゥー教が成立した。

③ 商工業の発達や都市の成立など社会変動により『ヴェーダ』の権威が失墜した。

④ ジャイナ教など，仏教の側からは六師外道とよばれる思想が登場した。

問題3 仏教について以下の問いに答えなさい。

問1 ブッダがあるべき生き方について述べた次の文章の ア ～ ウ に当てはまる語の組合せとして，最も適当なものを下の①～④のうちから一つ選べ。

> 仏教は，元来，真理を悟った人の教えという意味で，人生の苦悩を滅して永遠の安らぎを得ることが目的とされる。その教えの一つである ア は，「人生は苦しみであること」や「苦を滅すると悟りに至ること」などを示したもので，そのような真理についての無知を イ といい，それが苦悩の原因である。では，人はどのようにあるべきか。ブッダは真理と向き合い， ウ にとらわれることなく，慈悲を実践し，すべての生きとし生けるものを愛することを説いた。

| ① | ア | 三帰 | イ | 三毒 | ウ | 五蘊 | | ② | ア | 三帰 | イ | 無明 | ウ | 五蘊 |
| ③ | ア | 四諦 | イ | 三毒 | ウ | 我執 | | ④ | ア | 四諦 | イ | 無明 | ウ | 我執 |

問2 仏教の思想についての説明として最も適当なものを，次の①～④のうちから一つ選べ。

① 宇宙には普遍的原理があり，その原理は人間にも内在し，自己の本性とその原理が一体であることを自覚すれば迷いや苦しみから解放される。

② すべてのものは何らかの原因や条件があって存在するのであり，人間の迷いや苦しみもその原因や条件を滅することによりなくなる。

③ 人間存在は魂と身体とからなり，身体の呪縛によりこの世は苦しみや迷いに満ちており，戒律を守り苦行にいそしむことにより救われる。

④ この世に生命をもつすべての存在は永遠に生と死を繰り返し，願うべき人間への転生のためには，現世での善行が求められる。

（問題1・3 2018本試行テスト第1問改　問題2 2018試行テスト第2問改）

【記述問題演習】

1 バラモン教の「輪廻」と「業」について説明しなさい。

2 仏陀によると，人生の苦しみの原因はどのようなことか説明しなさい。

○人間の苦しみや悩みはどうして起こり，どうすればなくすことができるのか，仏陀の考え方を理解し，人間として正しいあり方や生き方について主体的に考えてみよう。

＜重要事項チェック＞

3　ゴータマ・シッダッタ

(2)　四法印

①【1　　　　】：生きるということは苦しみにほかならない。

②【2　　　　】：あらゆるものは絶えず変化・生滅し，とどまることがない。

③【3　　　　】：それ自体として独立に存在する実体というものは存在しない。

　　　　　　　　　⇧

　【4　　　】の法：この世のすべてのものは一定の原因や条件に依存して生起し，

　　　　　　　　　　相互に依存しあって成立しているということ。

④【5　　　　】：心が何事にもとらわれなくなった澄みきった平安な境地。

　【6　　（　　　　）】…真理を知り，我執を捨て煩悩の火を消すことで到達。

(3)【7　　　】と八正道

①【8　　　　】：人生は苦しみである。

②【9　　　　】：苦しみは煩悩によって起こる。

③【10　　　】：煩悩を滅することで苦しみのない悟りの境地に達する。

④【11　　　】：悟りの境地に至るための修行法は【12　　　　】である。

　【12　　　　】…苦行にも快楽にも偏らない【13　　　　】を歩む。

　　　　正見・正思・正語・正業・正命・正精進・正念・正定

(4)【14　　　】：**一切衆生**（生きとし生けるもの）を慈しみ，憐れむ心。

　　慈：他者に楽を与えようとする心　　**悲**：他者の苦を取り除こうとする心

4　仏教の成立と展開

(1)　原始仏教教団…ブッダの没後100年頃まで。

(2)　部派仏教…ブッダの没後100年頃，【15　　　　】と**大衆部**に分裂。その後18の部派成立。

(3)【16　　　　】…前1世紀頃に在家信者を中心に成立。上座部を小乗と批判。

	【15　　　　　】	【16　　　　　】
内容	仏陀の定めた戒律を厳守。 自利：自分の悟りを求める。 各人が修行により**阿羅漢**を目指す。	仏陀の慈悲の精神を重視。 **利他**：一切衆生の救済を目指す。 衆生の救済を目指した【17　　　】が理想。
伝播	スリランカ・東南アジアへ（南伝仏教）	西域を経て中国・朝鮮・日本へ（北伝仏教）

①【18　　　　　　　】：大乗仏教の思想を示すことば。すべての衆生は仏と

　　　　　　　　　　　なる本性を備えている。

②【19　　　】：菩薩が実践すべき徳行。布施・持戒・忍辱・精進・禅定・般若。

③【20　　】の理論…【21　　　】（150？－250？　**竜樹**）

　あらゆるものは固定的な実体を持たない（無自性）。←縁起の法

　「色即是空，空即是色」

④【22　　】の思想…【23　　　】（310？－390？　**無着**（著））

　　　　　　　　　　　【24　　　】（320？－400？　**世親**）

　すべての事物は，認識する心の働き（識）が生み出した表象にほかならない。

〈要点整理・スケッチ〉

四法印（悟りの内容）
涅槃寂静　諸法無我　諸行無常　一切皆苦
縁起

四諦（四つの真理）
苦諦　集諦　滅諦　道諦

中道
慈悲

八正道（実践方法）
正見・正思・正語・正業・
正命・正精進・正念・正定

【発展学習問題】

問題1　ブッダが説いた真理として伝えられる四法印についての説明として最も適当なものを，次の①〜④のうちから一つ選べ。

① 一切皆苦とは生きていること自体が苦しみであるという真理である。また，諸行無常とはあらゆるものはそれ自体では存在せず，固定的で不変な実体はないという真理である。

② 一切皆苦とはこの世のすべては苦しみであるという真理である。また，諸行無常とはあらゆる存在は絶えず生成と生滅を繰り返し，永遠不変するものは何一つないという真理である。

③ 諸法無我とはすべての事物や事象は互いに依存して存在し，それ自体で自立しているものはないという真理である。また，涅槃寂静とは苦しみも固定的に存在するものではないという真理である。

④ 諸法無我とは人間の意識に関わりなく事物や事象はそれ自体で存在するという真理である。また，涅槃寂静とは煩悩を滅するには快楽でも苦行でもない中道の実践が求められるという真理である。

問題2　仏教の修行法である八正道についての説明として最も適当なものを，次の①〜④のうちから一つ選べ。

① 快楽と苦行を避け，中道に生きるための修行法が八正道であり，その一つである正業とは，悪しき行為を避け，正しく行為することを指す。

② 快楽と苦行を避け，中道に生きるための修行法が八正道であり，その一つである正業とは，人の行為と輪廻の関係を正しく認識することを指す。

③ 六波羅蜜の教えに由来する修行法が八正道であり，その一つである正業とは，悪しき行為を避け，正しく行為することを指す。

④ 六波羅蜜の教えに由来する修行法が八正道であり，その一つである正業とは，人の行為と輪廻の関係を正しく認識することを指す。

問題3　大乗仏教の説明として最も適当なものを，次の①〜④のうちから一つ選べ。

① すべての人には仏性が備わっており，自己の悟りを完成させたのちに他者への慈しみ憐れみを施すことが求められる。

② すべての人には仏性が備わっており，自己の悟りよりも一切衆生を救うために他者に慈悲を施すことが理想とされる。

③ すべての人には仏性が備わっており，シャカの他にもブッダがいるが，シャカのみを信じることにより救われる。

④ すべての人には仏性が備わっており，出家して修行に励み，ブッダの定めた戒律の遵守により心の安らぎが得られる。

問題4　大乗仏教の思想家の思想の説明として最も適当なものを，次の①〜④のうちから一つ選べ。

① 無著は，真の知をもつことが人間のあるべきあり方であり，真実在について知ることそのものが真理であるとした。

② 竜樹は，人間の理性は有限であり，存在のあり方については知ることができないということが真理であるとした。

③ 世親は，外界の事物は固定的実在性をもち，心の働きは事物の表れをつくれず，不確実なものにすぎないとした。

④ 竜樹は，縁起や無我の教えを発展させて事物はそれ自体で固定的に存在しないと述べ，無自性を説いた。

（問題1・3 2018試行テスト第2問改　問題2 2018本試験第2問改　問題4 2018試行テスト第1問改）

【記述問題演習】

1　「菩薩」と「阿羅漢」についてそれぞれ説明しなさい。

2　慈悲とはどのようなものか説明しなさい。

○社会的・道徳的に混乱した激動の時代に，仁を内実として社会秩序としての礼を再生しようとした孔子の思想や生き方を学習することで，人間としてより善く生きるとはどういうことなのか考えよう。

＜重要事項チェック＞

1　諸子百家

学　派	思　想　家	思　想　内　容
【1　　　】	孔子・孟子・荀子	仁と礼。徳治主義を説く。
【2　　　】	老子・荘子	無為自然の道を説く。
【3　　　】	商鞅・【4　　　】・李斯	道徳よりも法律による支配を重んじる。始皇帝が採用した。
【5　　　】	墨子	兼愛説にもとづいて，**非攻**（戦争反対），**節用**（倹約）を唱えた。
名家	恵施・公孫竜	名辞と実体との分析を行い，弁論・説得の術を磨いた。
縦横家	蘇秦・張儀	合従連衡（軍事同盟策）を唱える外交派。
【6　　　】	孫子・呉子	用兵・戦略の道を説く。
陰陽家	鄒衍	陰陽五行説を説く。
【7　　　】	許行	労働を重んじ，国民皆農を主張した。

〈儒家〉

1　孔子（前551？－前479）…『【8　　　】』（孔子と弟子たちの言行録）
　礼にもとづく周の封建制度を理想とした。
(1)【9　　　】：人間相互の親愛の情。礼を支える内的規範。
　①【10　　　】：「樊遅，仁を問う。子曰く，人を愛す」
　②【11　　　】：親子の間の愛と兄弟の間の愛。
　　「孝悌なる者はそれ仁の本たるか」
　③　忠恕：「夫子（＝孔子）の道は忠恕のみ」
　　【12　　　】：おのれの誠をつくして，自分にうそ偽りのないこと。
　　【13　　　】：他人に対する思いやり。
　　　「それ恕か。おのれの欲せざるところは人に施すことなかれ」
　④【14　　　　　　】：一切の行為において，自分の私欲を抑え，客観的な規範である礼に従うこと。
　　　「己に克ちて礼に復るを仁となす」
(2)【15　　　】：人間の従うべき普遍的な決まり。
　①　もともとは，古代中国の身分秩序にのっとった行為の規範。
　②　孔子は，慣習的・形式的なものとしてでなく，仁という新しい精神を付与した。
(3)【16　　　】：仁と礼を身に備え，道を求め不断に修養する理想人。⇔小人
　①【17　　　】：君子が身につけるべき，偏りがない徳。
　②【18　　　　　】：自己を修養し確立して，それをもとにして他人に働きかけ，世の人々を治めること。「修身，斉家，治国，平天下」
(4)【19　　　　　】→【20　　　　　】を批判
　道徳を身に修めた君子が為政者となって，その徳をもって人民を教化指導し，天下に秩序と調和をもたらす理想的な政治のあり方。

＜メ　モ　欄＞

閑話休題

第1話　「諸子百家」争鳴す！
　春秋・戦国時代の戦乱の中で登場した多くの学者・学派のこと。周の封建制が崩れて諸侯が相争う変革の時代を背景に，時代に処するための様々な道を主張しあった状況は，百家争鳴の観があった。

第2話　現実主義・合理主義者孔子
　孔子は，死後の霊魂（鬼神）など不可知なものは考察の対象外とした。「怪力乱神を語らず」「未だ生を知らず，焉んぞ死を知らん」ということばからそのことが理解できる。

第3話　生涯修養の人
　孔子は一生涯修養し続けた人であった。（「吾れ十有五にして学に志す。三十にして立つ。四十にして惑わず。五十にして天命を知る。六十にして耳順う。七十にして心の欲するところに従って，矩を踰えず」）

〈要点整理・スケッチ〉

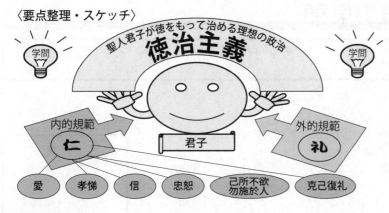

【発展学習問題】

問題　孔子の思想についての生徒の会話文を読み，以下の問いに答えなさい。

> 生徒A：授業で孔子の思想を勉強したけれど，孔子は道徳だけでなく日常生活の礼儀作法にも大きな影響を与えているよね。
> 生徒B：キリスト教や仏教に比べると身近に感じられるね。ⓐ『論語』は弟子たちとの言行録だから難解ではないし。
> 生徒A：孔子は　　ⅰ　　を目指したんだと思う。
> 生徒B：具体的にはどういうことかな。ⓑ孔子がどんな生き方を求めたかを考えてみなければならないね。
> 生徒A：孔子の思想の根本はⓒ「仁」だよ。『論語』には「愛」と記されている。
> 生徒B：でも「愛」の意味は難しいよ。「孝悌」が「仁」の根本だと習ったよね。　　ⅱ　　や年長者への恭順の念だ。
> 生徒A：資料の「恕」にも注目したいね。確か，曾子は「忠恕」と言っている。これは，　　ⅲ　　のことだね。
> 生徒B：うん。そうであれば，「愛」の意味もよくわかるよ。こうしてみると，「仁」は難解な徳目ではないね。

問1　下線部ⓐに関連して，『論語』の言葉として**適当でないもの**を，次の①～④のうちから一つ選べ。

①　己に克ちて礼に復るを仁となす。　　　　　②　己の欲せざるところ，人にほどこすことなかれ。
③　君子は和して同ぜず，小人は同じて和せず。　④　天下に水よりも柔弱なるはなし。

問2　下線部ⓑに関して，孔子が説いた思想として最も適当なものを，次の①～④のうちから一つ選べ。

①　人間は生まれながらに善の心をもっているが，社会秩序の維持のためには法と刑罰による制裁が不可欠であるとした。
②　学問の重要な目的は優れた為政者の育成であり，徳の修得と実践を不断に行う人格者の徳に基づく政治を理想とした。
③　統治者も人民も徳に基づく社会をめざしているが，その実現のためにはあるがままに生きることが大切であるとした。
④　人間としてのあるべきあり方は，家族間の親愛の情を超越した万人への慈しみや憐れみをもつことであるとした。

問3　下線部ⓒに関連して，孔子は「仁」とともに「礼」の重要性を説いた。孔子が説いた「礼」と「仁」についての説明として最も適当なものを，次の①～④のうちから一つ選べ。

①　「礼」は祖先を祀る宗教的な儀礼に由来し，やがて宗教的権威を超えて万人への普遍的愛である「仁」を意味することとなった。孔子は，その伝統を受け，国を治める者の資質としての「礼」を説いた。
②　「礼」は祖先を祀る祭礼における宗教的な儀礼に由来し，やがて集団の秩序を維持し個人の行為を定める規律となった。孔子はその伝統を受け，「礼」を個人の心のあり方である「仁」の具体的表現であると説いた。
③　「礼」は周代にまでさかのぼる血縁・地縁共同体の倫理であり，封建制度を解体した精神的基盤であった。孔子は個人の心のあり方である「仁」とその具体的行為である「礼」は表裏一体であると説いた。
④　「礼」は周代にまでさかのぼる血縁共同体の倫理であり，封建制度の精神的支柱となった。孔子は何よりも「礼」を重んじ，個人の心のあり方である「仁」を修めたのちに自ずから形成されると説いた。

問4　会話文中の　ⅰ　～　ⅲ　に入れる語句の組合せとして最も適当なものを，次の①～④のうちから一つ選べ。

	ⅰ	ⅱ	ⅲ
①	禁欲と節制	宗教的儀礼から生じた秩序	慈しみと憐れみ
②	禁欲と節制	親子や肉親間の自然な情愛	真心と思いやり
③	人格の向上	宗教的儀礼から生じた秩序	慈しみと憐れみ
④	人格の向上	親子や肉親間の自然な情愛	真心と思いやり

（問1～4　2018試行テスト第1問改）

【記述問題演習】

1　諸子百家が登場した社会的背景について述べなさい。
2　孔子が説いた「仁」と「礼」の関係とはどのようなものか述べなさい。

○孔子の思想を受け継いだ儒家の思想家たちは，人間や世界をどのように見つめ，どうすることがよい生き方・よい社会につながるとしたか考えてみよう。

＜重要事項チェック＞

1　孟子（前372？－前289？）…『**孟子**』（弟子たちがまとめる）

(1)【1　　　】：天があたえた人間の生まれながらの本性は善であるとする。

(2) **四端**（4つの徳の端緒，芽生え）と**四徳**

① 【2　　　】の心：人の不幸を見過ごしにできない心。　⇨　【6　　　】の徳

② 【3　　　】の心：自分の悪を恥じ他人の悪を憎む心。　⇨　【7　　　】の徳

③ 【4　　　】の心：へりくだり他人に譲る心。　　　　　⇨　【8　　　】の徳

④ 【5　　　】の心：善悪・正不正を見分ける心。　　　　⇨　【9　　　】の徳

(3) 浩然の気と大丈夫

【10　　　　】：四徳を身につける中で，天地に満ちる雄大な気を受けて，心が
　　　　　　　　何ものにも屈しないおおらかな力強さに満ちあふれてくる境地。

【11　　　　】：常に義を行い，浩然の気を養う人物。

(4)【12　　　】…5つの基本的な人間関係に対するそのあり方。

父子…**親**　　　君臣…**義**　　　夫婦…**別**　　　長幼…**序**　　　朋友…**信**

(5) 王道…孔子の徳治主義を継承。

【13　　　】：**仁義**にもとづいて民衆の幸福をはかる政治。

【14　　　　】の思想：王が徳に反する政治を行うなら，民衆の支持を失い，
天命が別の者に移る（王朝交代）という考え。

2　荀子（前298？－前235？）…『**荀子**』

(1)【15　　　】：人間の生まれつきの本性は悪であるとする。

「人の性は悪にして，その善なるものは偽（人為）なり」

(2) 礼治主義：礼によって人民を治めようとする。

【16　　】：人間の社会生活を規制する社会規範。

⇩

人の性質を礼の修得や教育などによって矯正する必要性を説く。

3　朱子学と陽明学…儒学の成立。

	朱子学	陽明学
人物	**朱熹**（朱子）（1130－1200　宋代）	**王陽明**（1472－1528　明代）
内　容	【17　　　　　】 理：宇宙の根本原理。 気：万物の物質的素材となる。 性即理：心を性（人間の本性）と情に分け， 　　　　性に理を見いだす。	【21　　　　】：性・情をあわせた心そのものが理にほかならない。
	【18　　　　】：情（欲）を抑制し，理に従う。 【19　　　　】：万物に宿る理を窮める。 　　　⇩ 【20　　　　　】：事物の理を窮めることで知を高めていく。	**良知**：心の本性として，生まれながらに備わる善悪を判断する能力。 【22　　　　】：良知を十分に発揮させる。 　　　⇩ 【23　　　　】：真に知るということは行うことと一体。

第1話　「天」の思想

　中国思想をつらぬく重要な概念が「天」である。天は自然現象や万物の法則，人間の本質などと多義的にとらえられているが，特に儒教では，政治や道徳とのかかわりが注目されてきた。子思・孟子は，人の行為が天と連動しているとする天人合一を説き，前漢の董仲舒は君主が間違った行いをすれば天が災いをなすという天人相関説を唱えている。他方，荀子は，天道と人道とを区別（天人分離）し，人事に尽力することを説いた。

第2話　「格物致知」　～　朱子 vs 王陽明　～

　儒教の教義を簡潔かつ体系的に述べた『大学』にある八条目「格物・致知・誠意・正心・修身・斉家・治国・平天下」の「格物致知」を，朱子は，物事に格り理を窮め知を推し開いていくことと解釈した。それに対し，王陽明は，外在的な物ではなく心の中に内在する事物を格し，善悪を判断する先天的な能力である良知を十全に発揮することこそ，人格の完成と理想社会実現の要となる「格物致知」にほかならないと説いた。

〈要点整理・スケッチ〉

【発展学習問題】

問題 次の文章は，儒家についての生徒のレポートである。これを読み，以下の問いに答えなさい。

紀元前6世紀に登場した孔子の教えは，その後も@後継者たちによりさまざまに解釈され，政治や道徳の分野で展開し，多くの学派が成立しました。儒教は日本では江戸時代に儒学として発達しました。儒学は中国の漢代に成立し，ⓑ宋代の朱子学とⓒ明代の陽明学が江戸時代に広く学ばれ，特に朱子学は幕藩体制の理論的支柱として事実上の官学となり，武士から庶民に至るまでの道徳の基礎となりました。その徳目は現代にも受け継がれています。

問1 下線部@に関連して，次の文章は儒家思想を発展させた代表的人物の一人である荀子についての記述である。 a ・ b に入れる語句の組合わせとして正しいものを，下の①～④のうちから一つ選べ。

儒家の思想は，人としていかに生きるべきかを根本的課題とし，人間とは何かという基本的な立場から出発して，人間としてのあり方が求められた。例えば，荀子は孔子が唱えた徳について探究し「 a 」と述べ，徳を修めるには人間の本質を見つめ，まず b を教え，人が本性的にもつ欲望や利己心を抑え，よい教育環境を形成することが求められると説いた。

① a 修身・斉家・治国・平天下 b 天命 ② a 修身・斉家・治国・平天下 b 規範
③ a 人の性は悪にして，善なるものは偽 b 天命 ④ a 人の性は悪にして，善なるものは偽 b 規範

問2 下線部@に関連して，荀子とともに儒家思想を代表する孟子の思想について，生徒は現代的視点から感想を述べた。その感想として最も適当なものを次の①～④のうちから一つ選べ。
① 凶悪犯罪や政治家の不正・汚職などを考えると，現実を見つめて厳しい措置を講ずることも必要かと考えました。
② 他者への無関心や事なかれ主義がはびこる現代において，誰にでも博愛の心をもつことが大切ではないかと思いました。
③ 人間の本性については様々な見解がありますが，性善説の人間観は今でも日本人に大きな影響を与えていると思います。
④ 人間の本性が何であれ，正しく生きるには日常的な規範意識の育成も大切ではないかと考えるようになりました。

問3 下線部ⓑに関して，朱子学の思想を説明する記述として，**適当でないもの**を，次の①～④のうちから一つ選べ。
① 物の理を窮めれば，究極には万物を支配する理法を知ることができる。
② 万物は根本的な原理である理と物質要素である気により成立する。
③ 理は人間にも内在し，人間の心の本性は万物の原理でもある。
④ 知ることと行うことは，心の本体から発するもので行は知の完成である。

問4 下線部ⓒに関して，陽明学の思想を説明する記述として，最も適当なものを，次の①～④のうちから一つ選べ。
① 人間の心の本性は，天が与えた理法に基づくとし，外界の事物の理を窮めれば，知恵を完成することができると説いた。
② 万物を支配する理法は，個人の心にも宿るとする立場をとり，自他を区別しない無差別平等の愛として表れるとした。
③ 人間の知恵は，物の理を究めていけば完成するとした立場を否定して，各人の主体的な心の能力を発揮することにより生み出されると説いた。
④ 善悪の区別は，普遍的な理法として存在するとした立場を否定して，具体的な状況に即して法や制度を守ることにより社会的に形成されるとした。

（問1～4 2018試行テスト第1問改）

【記述問題演習】

1 孟子の「易姓革命」とはどのような考えか説明しなさい。
2 孔子の考えは，孟子・荀子にどのように受け継がれたか述べなさい。

2 4-3 老荘思想・墨家

○人為を離れ天地自然と一体になった生き方を理想とした老荘思想の学習をとおして，儒家とは異なる生き方について考えてみよう。

＜重要事項チェック＞

〈道家（老荘思想）〉

1 老子（生没年不詳）…『老子』？

(1)【 1 　　　】（タオ）

道は万物の根源であり，天地に先立って生じ，感覚ではとらえられず，ことばでは表現できないものである。

人知には把握不可能で名づけようもないので，【 2 　　　】ともよばれる。

「道は常に為す無くして，而も為さざるは無し」

(2)【 3 　　　】：作為をなさず，【 4 　　　】のままに生きる。

① 【 5 　　　】：おだやかなへりくだった態度で，人との争いを避ける。

「上善は水の若し」…水のように柔軟に生きることがすぐれているとする。

② 【 6 　　　】：満足することを知って，むさぼらないこと。

(3)【 7 　　　】：小さな農村での自足した争いのない生活。

無為自然の生き方を可能にする理想の社会。

(4) 儒家批判

「【 8 　　　　　　　】」：道家による儒家批判を表すことば。

仁義は，真にあるべき姿が失われた後に必要とされる人為的なものにすぎない。

2 荘子（前4世紀頃）…『荘子』

(1)【 9 　　　】

自然のままの世界には，一切の対立差別がなくすべては同一。

「【 10 　　　】」：無用と思われるものにも，自然本来の有用さが備わっている。

善悪・美醜・生死といった対立・差別は人間の偏見が生み出した相対的なもの。

(2)【 11 　　　】：ありのままの天地自然と一体になり，悠々とその境地に遊ぶ。

【 12 　　　】

分別から離れ心を空虚にして，自分を忘れ去り，天地自然と一体になる。

(3)【 13 　　　】（至人）…荘子の理想。

人為をさしはさまず無為自然の世界に遊び，何ものにもとらわれない人間。

〈墨家〉

1 【 14 　　　】（前470？－前390）

儒家の仁を近親重視の別愛と批判し，無差別の兼愛を説き，侵略戦争を否定した。

(1)【 15 　　　】説：身分や親疎の差別なく，すべての人が互いに対等に愛しあう。

【 16 　　　】：兼愛は互いに利益をもたらし合うとする。

(2)【 17 　　　】：侵略戦争を否定（自衛のための戦いは否定していない）。

(3)【 18 　　　】：質素倹約に努めること。

〈法家〉

1 【 19 　　　】（？－前233）…『韓非子』。性悪説を唱えた荀子に学ぶ。【 20 　　　】を説く。

君主が法律にもとづき褒美や刑罰を活用することで，社会の規律が保たれると説く。

＜メモ欄＞

<table>
<tr><td>閑話休題</td><td>

第1話　儒家の道と道家の道

儒家では，「道」は人間がふみ行うべき人倫の道，道徳規範ととらえられている。一方，道家では，「道」は宇宙の根本原理であり，万物がそこから生まれそこに帰る根源と考えられ，「無（無名）」ともよばれる。
</td><td>

第2話　道（タオ）と太極図

道（タオ）とは宇宙と人生の根源的な不滅の真理を指す。道の字は，「辶」が終わりを，首が始まりを示し，道の字自体が太極（万物の根源）にもある二元論的要素を表しているという。
</td><td>

第3話　韓非子と李斯

韓非子と李斯はともに荀子に学んだといわれる。しかし，司馬遷の『史記』によると，始皇帝は韓非子を任用しようとしたが，韓非子は李斯の讒言によって投獄され，李斯が渡した毒薬で自殺したという。
</td></tr>
</table>

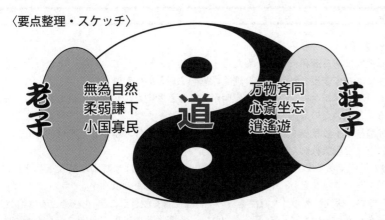

〈要点整理・スケッチ〉

老子　無為自然　柔弱謙下　小国寡民

道

万物斉同　心斎坐忘　逍遙遊　荘子

アパテイア	ゼノン（ストア派）
自然の本性である理性に従って感情や欲望を抑制する。	
アタラクシア	エピクロス
感覚的快楽の追求や、世間との不必要な接触を遠ざけ心身に苦のない境地を求める。	
ニルヴァーナ	ゴータマ・シッダッダ
苦しみを生み出す原因を正しく理解することで、苦しみをなくす。	
逍遙遊	荘子
己の心を虚にして、心身とも天地自然と一体になる。	
則天去私	夏目漱石
小さな自我へのこだわりを捨て、自我を超えたより大きなものへと自らを委ねる。	

【発展学習問題】

問題1 道家の思想に関する次の課題文を読み，以下の問いに答えなさい。

> 老子は「大道廃れて仁義あり」と述べた。彼によれば，道徳は社会が混乱したために人間がつくり出したものであり，【　X　】に反するものである。老子はそのような【　Y　】的な道徳を必要としない世界を理想とした。では，人間はどのように生きればよいのか。老子は【　Z　】と説いた。

問1 課題文の趣旨から導き出される【　X　】と【　Y　】に入る語の組合せとして最も適当なものを，次の①〜④のうちから一つ選べ。

① 【　X　】倫理　　【　Y　】人為　　　② 【　X　】倫理　　【　Y　】普遍

③ 【　X　】自然　　【　Y　】人為　　　④ 【　X　】自然　　【　Y　】普遍

問2 課題文の【　Z　】に入ることばとして最も適当なものを，次の①〜④のうちから一つ選べ。

① 人間を社会のなかに位置づけ，古代の聖人や君子の教えを学び，あるべき生き方や規範を修めるべきである

② 是非・美醜などの価値の区別にこだわらず，あるがままの世界で自他の区別のない完全な愛を実現すべきである

③ 人間の本性を直視し，道徳にこだわらずあるがままに快楽や欲求を満たすべきである

④ 人間にとって最ものぞましいことは，作為や企図を捨て，規範にもこだわらずあるがままに生きるべきである

問3 課題文を参考にし，老子の生き方の説明として最も適当なものを，次の①〜④のうちから一つ選べ。

① 人間にとってのあるべき生き方は，人格の完成を目指して修養に励み，天地自然の理を知り，各人の道徳的本性にしたがうことである。

② 人間にとってのあるべき生き方は，人格の完成を目指して修養に励み，誰もが生まれながらにもつ善悪をわきまえる力を発揮することである。

③ 人間にとってのあるべき生き方は，人間的な価値や目的を意識せずに，水のように柔らかくしなやかに自己を偽らず，他者と争わないことである。

④ 人間にとっての本来の生き方は，利益を求め害を避けるという本性からして法や社会秩序を守るように自己を律することである。

問4 老子の思想を継承した荘子についての記述として最も適当なものを，次の①〜④から一つ選べ。

① 有徳の人物が為政者となり，彼が徳を失ったならば，天は為政者を交替させると唱えた。

② 古代の聖人の説く教えを学び，人間としての本来の生き方や守るべき規律，正しい政治のあり方を唱えた。

③ 人間には生来，是非善悪を判断する能力が備わっており，また，知ることと行うことは同じ心の働きであると唱えた。

④ 人間が考える善悪・美醜などの区別は相対的なものにすぎず，知恵や執着を捨て自然と一体になることを唱えた。

問題2 諸子百家の重要な人物に墨子がいる。墨子についての説明として最も適当なものを，次の①〜④から一つ選べ。

① 古代中国において諸侯が天下の覇権を争う状況のなかで，法治主義を理想とした。

② 伝統的思想を発展させ，人間の本性を考察するなかで，外的教化が道徳に欠かせないことを説いた。

③ 古代中国において諸侯が天下の覇権を争う状況のなかで，万人への無差別平等の愛を理想とした。

④ 伝統的思想を発展させ，人間の本性を考察するなかで，その本性を守り育てることが徳を実現すると説いた。

（問題1 2018試行テスト第3問改　問題2 2018試行テスト第2問改）

【記述問題演習】

1 老子の説く「柔弱謙下」とはどのようなことか説明しなさい。

2 荘子の「万物斉同」とはどのようなことか説明しなさい。

1　ギリシャ思想

<＜解答欄＞

(1) 生成変化する根底にある調和や秩序をもたらす根本的な原理としての理法，または，ことばを通して理性によって表現された概念，理論，思想を何というか。

(2) 世界は根本的原理（アルケー）によって説明ができると考えた自然哲学の祖であり「アルケーは水である」と説いたのは誰か。

(3) 青年たちに弁論術や一般教養を教え，のちに相手との論争に打ち勝つことを目的とし詭弁を用いるようになった職業教師たちを何というか。

(4) 「人間は万物の尺度である」と説き，あらゆる物事の判断基準は判断する個人それぞれにあるとする相対主義の立場をとり，客観的真理の存在を否定したのは誰か。

(5) 問答法によって知の探究に努め，「ただ生きるのではなく善く生きること」を求めたのは誰か。

(6) 自分のなすべき行為が何であるかを正しく知れば，人間はその実現に向けて正しく行動することができるとするソクラテスの考え方は何か。

(7) 「洞窟の比喩」により，多くの人々は真実在を知らず知覚されたものを実在だと思い込んでいる，と指摘したのは誰か。

(8) 個々の美しいものや善いものを超えて，善美そのものを追い求めようとし，イデアの世界にあこがれる魂の働きを何というか。

(9) 知恵を愛する哲学者または哲学を学んだ支配者が，勇気を身につけた防衛者階級と節制を身につけた生産者階級とを統治するとき正義が実現される，というプラトンの考えを何というか。

(10) 人間はポリス的動物であり，市民共同体の一員として正義と友愛を重んじて生きるべきであると説いたのは誰か。

(11) アリストテレスの徳の二分類のうち，習慣づけ・反復くり返しによって得られる徳を何というか。

(12) 習性的徳の形成にかかすことができない過度と不足との両極端を避けて中間を選ぶ態度を何というか。

(13) アリストテレスの説いた，取引や裁判などにおいて各人の地位や業績に関係なく利害や得失の不均衡を公平になるように是正する部分的正義を何というか。

(14) 情念に動かされることなく自然に従って理性的に生きるべきとして禁欲主義を説いたゼノンが創始し，「怒りについて」の著者セネカなどが属する学派は何か。

(15) 各人は精神的な快楽である「アタラクシア」（心の平静）を保つために，政治や公共生活への参加を避け隠れて生きるべきであると説いた学派は何か。

2　キリスト教・イスラーム（教）

(1) 特定の民族が神から選ばれ恩恵を受け使命をあたえられているとする，ユダヤ教などの考え方を何というか。

(2) 神の命令を意味し，預言者や祭司をなかだちとして示される，宗教上や生活上の規範を何というか。

(3) エジプトで奴隷となっていたイスラエル人を約束の地カナン（パレスティナ）へ導き，シナイ山で神から十戒を授かったのは誰か。

(4) 元来「油を注がれたもの」を原義とする語で，救世主を意味するヘブライ語は何か。

(5) イエスこそが救い主であるとする信仰にもとづき，イエスの生涯とことばを記したマタイ，マルコ，ルカ，ヨハネの四福音書や，パウロの書簡などからなるキリスト教の聖典を何というか。

(6) 「よろこばしい知らせ」の意味であり，イエスの十字架上の死と復活によって人間の罪が許され救われるとする教えを何というか。

(7) アダムが神に背いて犯した罪であり，人間がアダムの子孫として生まれながらに負っているとされるキリスト教の倫理思想の根底をなす罪を何というか。

(8) キリスト教において，罪深い人間に対して神からあたえられる恵みや愛を何というか。

(9) 人間は律法の行いによってではなく，神の恩恵によりあたえられた贖罪を信じることによって罪から救われると説いたのは誰か。

解答欄：
(1)
(2)
(3)
(4)
(5)
(6)
(7)
(8)
(9)
(10)
(11)
(12)
(13)
(14)
(15)

(1)
(2)
(3)
(4)
(5)
(6)
(7)
(8)
(9)

(10) 人は神の恩寵によってのみ善に向かうことができるのであり原罪のゆえに善をなす自由を欠いている，と説いた教父は誰か。

(11) ギリシャ思想を応用し，神の権威にもとづく信仰のあり方，人間のあり方を論理的に説き，教会の権威の正当化を目的とした思想は何か。

(12) イスラーム世界を経て流入したアリストテレス哲学を用いてキリスト教神学をいっそう精緻に体系化し，信仰と理性の統合を果たそうとしたのは誰か。

(13) 世界を創造し世界の終末をもたらす存在で，偶像によってあらわすことができず，モーセやイエスを預言者として遣わした慈悲深いイスラームの神を何というか。

(14) 神に遣わされ神の意志を人間に伝えた「最大にして最後の預言者」とされるイスラームの開祖は誰か。

(15) 天使を媒介として預言者ムハンマドを通じて伝えられた神の意志を示すもので，宗教的義務に加え法的規範や生活上の規範も説いている啓典は何か。

③ インド思想

(1) ヴァルダマーナによって開かれた，徹底した不殺生などの戒めや断食などの苦行による解脱を説く宗教は何か。

(2) ウパニシャッド哲学において，宇宙の原理であるブラフマンと個人の本質であるアートマンとが同一であるとする説を何というか。

(3) 初期仏教では戒律を守り執着から離れることにより，ジャイナ教では徹底した苦行や不殺生により解脱できるとされた生死の繰り返しを何というか。

(4) 輪廻から脱出し永遠の生命と安らぎを得ることを何というか。

(5) 自己や自己の所有物に対する執着を消し去って，心が何ごとにもとらわれなくなった澄みきった平安の境地を何というか。

(6) この世界の真理について無知であるため自己や自己の所有物にとらわれ，自らの身心を乱す心の働きを何というか。

(7) 真理について無知である状態であり，すべてが無常であることが分からずに物ごとに執着し，煩悩を生む原因となる根本的な無知を何というか。

(8) 大きな乗り物の意味で，一切衆生悉有仏性という考え方に立ち在家信者など広く衆生の救済を目指した運動を何というか。

(9) 大乗仏教で強調される，衆生に楽をあたえ苦を取り除こうとする衆生すべてに向かった心のあり方を何というか。

(10) 自我への執着の虚しさを説く無我の立場を徹底し，存在するすべてのものには実体がないという空の思想を展開したのは誰か。

④ 中国思想

(1) 孔子の死後に編纂され，孔子と弟子の言行が記されている書は何か。

(2) 誰でもがその肉親に対して自然にいだく親しみの念と愛情を，あまねく人類全体にまで押し広めた愛のことを孔子は何とよんだか。

(3) 「性善説」を「四端説」として理論化し，王が徳に反する政治を行うなら民衆の支持を失い天命が別の者に移るという「易姓革命」を唱えたのは誰か。

(4) 「性悪説」にもとづき，外的客観的規範である礼によって人々の性質を矯正しようとする礼治主義を説いたのは誰か。

(5) 荀子の性悪説の影響を受け，儒家の徳治主義を否定して厳格な法によって人民を統制すべきとする法家思想の大成者は誰か。

(6) 朱子の性即理の認識にもとづき，心が弛むのを警戒し常に覚醒させようとする敬の実践により，事物に内在する理を体験的に窮めることを何というか。

(7) 王陽明が朱子の格物致知を批判して説いた，人間の内面に本来備わっている善悪の判断能力と倫理的な感受性を何というか。

(8) 「上善は水の若し」ということばで，水のように万物を利する柔弱なあり方を説き，人からさげすまれる地位に甘んじてこそ真の勝利者となることができるとした人物は誰か。

(9) 自己の価値観にとらわれず天地自然と一体になる境地を求め，心斎坐忘によって一切の欲望や分別から自由になった真人を理想としたのは誰か。

○人間のものの考え方・感じ方に「風土」がどんな影響をあたえているかについて理解し，古代日本人の宗教観・世界観について学び，現代を生きる私たち自身の感じ方や考え方の特性について考えよう。

<重要事項チェック>

1　日本の風土

(1) 気候・自然…温帯モンスーン気候。照葉樹林文化圏－水田稲作文化。島国。

(2) 【1　　　　　】(1889－1960)…『風土』

自然と人間の一体的なかかわりを風土とよび，3つの類型に分類。

類型	【2　　　】型	【3　　　】型	【4　　　】型
自然	自然は恵みをもたらす一方，暴威をふるう二面性。	自然は脅威であり，死を意味する。	自然は従順で規則的。
人間	【5　　】的，忍従的。	対抗的，戦闘的。	自発的，【6　　】的。

2　古代日本人の宗教観

(1) 【7　　　　　　】←アニミズム（精霊崇拝）。

自然現象など威力のあるものすべてを神として畏れ，またあがめる。

(2) 祟り：古くは，神がたち現れることを意味した。

祭祀：厄災が生じた際，供物を捧げ呪術や儀礼によって神の【8　　　】を鎮める。

(3) 日本神話…『【9　　　　】』『日本書紀』

① 神々が次々に「なる」…自然の働きとして，「おのずから」生まれてくる。

② 高天原の中心的な神【10　　　　】も，祀られ祀る神…絶対的な神が不在。

(4) ハレとケ…儀礼や祭りなどの非日常性としての【11　　】と日常性としての【12　　】。

(5) 古代日本人の神

① 死者の霊魂は，村落周辺の小高い丘や森に留まり，一定期間を経て神になる。また，盆や正月には家に戻ってくる。（柳田国男）

② 日本の神の原型は村落外部からやってくる【13　　　　】（客人）。（折口信夫）

3　古代日本人の倫理観

(1) 『古事記』

① 穢れと祓い…伊邪那岐 命 の伊邪那美命を追っての黄泉国行きと帰還後の行為。

【14　　　】：厄災をもたらす死等の不吉なもの。病気・自然災害なども含む。

【15　　　】：罪や穢れをとりはらい，心身を穢れていない状態に戻す。

【16　　　】：水によって心身の穢れを浄める。

‖

古代日本人の罪悪感…道徳的な善悪が「きれい」・「きたない」で表される。

道徳的・社会的犯罪と災害や病気が等しく「つみ」であり，人間に外からふりかかるものとされ，儀礼によって清めることができる。

② 【17　　　　　】…素戔鳴命の天照大神への弁明等。

偽りのない，うしろ暗くない心。私心のなさ，心の純粋さ。

⇔濁心（キタナキココロ）・暗き心。

『【18　　　　】』にも自然の清浄さを詠った歌が多く含まれる。

⇩

中世の正直の心や誠の心，武士のいさぎよさに受け継がれる。

<メモ欄>

閑話休題	第1話　日本文化の重層的構造　　日本人は，外来文化に対する摂取と加工の仕方については独自性を保持しながら，様々な技術や生活様式を積極的に受容してきた。和辻哲郎はこのことを日本文化の重層的構造とよんだ。	第2話　八百万神のいろいろ　　日本の神はアニミズム的傾向があり，いろいろなものが神となる。カグヅチ，イカヅチ，ヤマツミ，ワタツミはそれぞれ火，雷，山，海の「自然神」である。また，人，動物，植物，ものなども神となる。	第3話　「神無月」の由来　　八百万神は旧暦10月に出雲大社に集まるものとされた。だから日本全国に神が不在になるので10月のことを「神無月」とよぶ。ただし出雲では逆に神が大勢集まっているので10月のことを「神有月」とよぶ。

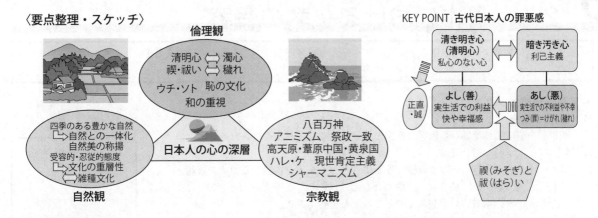

〈要点整理・スケッチ〉

倫理観

清明心 ⇔ 濁心
禊・祓い ⇔ 穢れ
ウチ・ソト　恥の文化
和の重視

四季のある豊かな自然
└▷自然との一体化
自然美の称揚
受容的・忍従的態度
└▷文化の重層性
⇔雑種文化

日本人の心の深層

八百万神
アニミズム　祭政一致
高天原・葦原中国・黄泉国
ハレ・ケ　現世肯定主義
シャーマニズム

自然観

宗教観

KEY POINT 古代日本人の罪悪感

清き明き心
（清明心）
私心のない心

暗き汚き心
利己主義

正直・誠

よし（善）
実生活での利益
快や幸福感

あし（悪）
実生活での不利益や不幸
つみ（罪）=けがれ（穢れ）

禊（みそぎ）と
祓（はらい）

【発展学習問題】

問題　次の生徒Yと先生の会話文を読み，以下の問いに答えなさい。

生徒Y：前回の授業で柳田国男が　 a 　と説いていたことを習いましたが，それは，まるで古代インドの　 b 　とも共通したものですね。

先　生：そうですね。　 b 　は，結果をもたらす力を持つ行為と言われる　 c 　によって決まるとされています。

生徒Y：その一方で，柳田国男は，死者の魂は神にもなると言っています。

先　生：古代日本人にとって，　 d 　と言われています。一方で，折口信夫は，　 e 　と述べています。

問1　 a 　に入る説明として最も適当なものを，次の①〜④のうちから一つ選べ。
① 死者の霊魂がいる世界は私たちの世界とは別にあり，村落の外の世界に留まっている
② 死者の霊魂は，生前の行いによって鬼にも畜生にも落ちていく
③ 先祖の霊は黄泉の国の食べ物を食べることでこの世には戻れなくなる
④ 先祖の霊は33回の法要を済ませると生まれ変わると考えている地域がある

問2　 b 　と　 c 　に入る語句の組合わせとして最も適当なものを，次の①〜⑥のうちから一つ選べ。
① b 輪廻　c ダルマ　　② b 解脱　c ダルマ　　③ b 縁起　c ダルマ
④ b 輪廻　c カルマ　　⑤ b 解脱　c カルマ　　⑥ b 縁起　c カルマ

問3　 d 　に入る語句について，その説明として最も適当なものを，次の①〜④のうちから一つ選べ。
① 神は善いことだけでなく狼藉を働くこともあったが，神の狼藉は創造主アマテラスによって裁かれると考えていた
② 神は風雨などの自然現象や山や巨木などに宿るもので，豊穣をもたらすが災厄は悪魔がもたらすと考えていた
③ 神は人間に対して畏怖の念を抱かせるものや，人知を超えた不可思議な現象を起こす存在として祀っていた
④ 神は洪水や飢饉，疫病の流行といった災厄をもたらすような祟りを招き，いかなる祭祀も効果がないとされていた

問4　 e 　に入る説明として最も適当なものを，次の①〜④のうちから一つ選べ。
① 伝承された習俗や信仰を手がかりに，人々と神の交流を通じて文芸や芸能が発生したと考え，神は「まれびと」として信仰されてきた存在である
② 自己の学問を古学と呼び，それが本居宣長や平田篤胤による江戸時代の学問を受け継ぐものであると考え，神は「まれびと」として信仰されてきた存在である
③ 伝承された習俗や信仰を手がかりに，村落にとどまる祖霊としての田の神こそが日本の神の原型であると考え，神は「まれびと」として信仰されてきた存在である
④ 自己の学問を新国学と呼び，それが日本の伝統文化を人類学や生物学の知見を用いて捉え直す営みであると考え，神は「まれびと」として信仰されてきた存在である

（問1・問2 2018試行テスト第2問改　問3 2018本試験第3問改　問4 2018追試験第3問改）

【記述問題演習】

1　和辻哲郎が『風土』で述べたモンスーン型の風土の類型的特徴を述べなさい。
2　清き明き心（清明心）とはどのようなものか述べなさい。

3 2-1 日本における仏教の受容

○仏教の受容に大きな影響を及ぼした聖徳太子・最澄・空海の思想を学び，私たち日本人の仏教との関係について考えよう。

＜重要事項チェック＞

1 仏教の伝来

6世紀中頃に朝鮮半島から伝来，外国の神（蕃神〈あだしくにのかみ〉）として受け入れられる。

(1) 【1　　　　　　】(574－622)

『【2　　　　　　　　】』：仏教や儒教の教えにもとづく豪族を統括するための規範。

① 【3　　　　】の精神：「和をもって貴しとなし，忤ふることなきを宗とせよ」
聖徳太子が国家統一の思想的よりどころとして最も重視。

② 【4　　　　】の自覚：「ともに凡夫のみ」
仏教的な視点から人間の愚かしさを説き，人間相互の思いやりを唱える。

『【5　　　　　　　】』：聖徳太子が著したとされる大乗仏教の経典『法華経』『勝鬘経〈しょうまんぎょう〉』『唯摩経〈ゆいまぎょう〉』の注釈書。

「【6　　　　，　　　　　　】」…太子が晩年に残したとされることば。
この世はむなしく仮のものであり，ただ仏だけが真実である。

2 奈良仏教

(1) 【7　　　　　　】：仏教によって国家安泰などをはかる。
国家仏教…聖武天皇が全国に国分寺・国分尼寺，奈良に東大寺を建立，大仏造営。

(2) 【8　　　　】(688－763)
東大寺戒壇〈かいだん〉で戒（僧侶の資格）を授けるため唐から招かれる。のち唐招提寺建立。

(3) 南都六宗：三論〈さんろん〉・成実〈じょうじつ〉・法相〈ほっそう〉・華厳〈けごん〉・倶舎〈くしゃ〉・律〈りつ〉の6学派。

(4) 【9　　　　　　】(668－749)…社会事業や東大寺大仏の建立に尽力，菩薩と仰がれる。
諸国を遊説・布教し，道や橋，貧民のための無料宿泊所をつくるなど民衆を救済。

3 平安時代

(1) **最澄と空海**

奈良仏教に対抗して山岳仏教を展開，しかしやがて【10　　　　　　】など現世的傾向を強める。

僧　　名	【11　　】(767－822　伝教大師)	【15　　】(774－835　弘法大師)
宗　派	天台宗	真言宗
寺	比叡山延暦寺	高野山金剛峯寺・教王護国寺（東寺）
思想内容	① 『【12　　　】』信仰を中心とする。 ② 一乗思想（法華一乗） 　　すべての人間が仏になることができる。 　　　　↑ ③ 「【13　　　　　　　】」 　　生きものはすべて**仏性**を有する。 ④ 四宗兼学 　　天台・密教・戒律・禅を含む総合仏教。	① 【16　　　　】を信仰。 　　大日如来は宇宙の究極の真理そのもの。 ② 真言【17　】 　　【17　　】：言葉では伝承不可能な，神秘的な秘密の教え。 ③ 【18　　　　】←身口意〈しんくい〉の三密の行。 　　大日如来と一体化，この身のまま仏となることができるとする。
主　　著	『【14　　　】』『顕戒論』	『【19　　　】』『即身成仏義』『十住心論』

(2) 【20　　　　　　】：日本古来の神への信仰と仏教が融合。

【21　　　　　　】：日本の神（垂迹）は仏（本地）の化身（権現〈ごんげん〉）とする。

閑話休題

第1話　行基＝聖徳太子？
聖徳太子は死ぬ前に「次には貧しい家に生まれて衆生を救済したい」と言ったと伝えられている。太子の生まれ変わりが行基であるという伝承も強く残っている。

第2話　顕教と密教
顕教とは，広く民衆に開かれた教義を持つ仏教。密教とは秘密の教義や儀礼を特徴とする仏教を指す。顕教において仏や菩薩は，悟りを得た人のことなどを指すが，密教においては，宇宙そのもののことを指す。

第3話　朝題目・夕念仏
日本の天台宗の修行は，午前は題目（法華経の読誦），午後は阿弥陀仏への念仏を中心とした行法を行う。また四宗兼学（法華経・禅・念仏・密教）で禅の修行も行われていた。これらが鎌倉仏教発展の礎石となった。

＜メモ欄＞

〈要点整理・スケッチ〉

【発展学習問題】
問題　生徒Aは，見学旅行を終え，見学先の一つであった東大寺についてまとめた。これについて次の問いに答えなさい。

> ### 東大寺について
>
> 　東大寺は，聖武天皇によって743年に発せられた大仏造立の詔を機に作られました。この頃は，すでに聖徳太子が隋に送った国書にある「日出ずる処の国」の思想を受けて，この頃に国号を「倭」から「日本」に改めます。そして，律令体制が完成期を迎えた中で，東大寺は国分寺の建立に続き，　ア　として建立されました。
> 　聖武天皇は，この世を華厳蔵世界のような理想の世界にしようと，華厳台蔵世界に住まわれている盧舎那仏を大仏として作られ，身分の垣根を越えて多くの人々の力を借りて完成させました。その後，平安時代になると，唐から帰国した空海が東大寺別当に就任し，華厳経などの経典を学んで　イ　と言われています。

問1　下線部に関して，十七条憲法（憲法十七条）における「和」の教えについての記述として最も適当なものを，次の①〜④のうちから一つ選べ。
① 仏の教えに則って，他者の幸せを第一に願い，慈悲の心をもって人々に尽くす「和」を実現すべきである。
② 凡夫の身で議論を重ねることの無意味さを悟って，仏の教えにひたすら従うことで「和」を実現すべきである。
③ 仏の教えに則って，すべてのものは縁起の法で成り立っていることを踏まえた上で「和」を実現すべきである。
④ 凡夫の身であることを自覚し，各人が利欲をすてて謙虚に議論することで「和」を実現すべきである。

問2　　ア　に入る文章として最も適当なものを，次の①〜④のうちから一つ選べ。
①　仏の教えを守り修める象徴　　　　　　　②　仏の力によって国を治める象徴
③　仏の世界に民衆たちも救われる象徴　　　④　仏のようにすべての者が悟れる象徴

問3　　イ　に入る文章として最も適当なものを，次の①〜④のうちから一つ選べ。
① 加持祈禱をとおして大日如来と一体化することができ，この身が死後仏となると説く真言宗の確立に努めた
② 加持祈禱を否定し，阿弥陀仏と一体化することができ，この身が死後仏となると説く真言宗の確立に努めた
③ 三密の教えを唱え，大日如来と一体化することでこの身のままに仏となることができるとし，真言宗の確立に努めた
④ 三密の教えを否定し，阿弥陀仏と一体化することでこの身のまま仏となることができるとし，真言宗の確立に努めた

問4　先生から書かれていたコメントには，「平安初期の仏教には空海とともに最澄がいたことも押さえておきましょう。」と書かれていた。その理由として最も適当なものを，次の①〜④のうちから一つ選べ。
① 神仏習合思想に基づいて，一切の衆生は悉く仏性を持っていると説いたから。
② 清明心と結びついて，一切の衆生は悉く仏性を持っていると説いたから。
③ 陰陽道の影響を受けて，一切の衆生は悉く仏性を持っていると説いたから。
④ 『法華経』の教えに基づいて，一切の衆生は悉く仏性を持っていると説いたから。

（問1 2018追試験第3問改　問2〜4 2018試行テスト第4問改）

【記述問題演習】
1　最澄の一乗思想について説明しなさい。
2　本地垂迹説とはどのような考えか説明しなさい。

○平安末期の動乱と末法思想の広がりから，鎌倉新仏教の開祖たちは庶民が実践しやすい新しい仏教の形を提唱した。それぞれの特徴と違いを学習し，仏教に求められる役割がどう変化し，彼らがそれにどのように応えたのか理解しよう。

＜重要事項チェック＞

1　末法思想と浄土信仰

(1)　【1　　　　　　】…仏陀の教えは3つの時期を経て衰退するという思想。

正法	教（仏陀の教え）・行（修行）・証（悟り）が3つともに備わった時代。
像法	教と行のみが存在し，証が失われる時代。
【2　　　】	行も証もなく，教のみが説かれる時代。

　日本では1052年から末法に入るとされ，浄土信仰が広がる背景となる。

(2)　浄土信仰：【3　　　　　】の西方極楽浄土への往生を願う。

　①　【4　　　　　】（903-72　阿弥陀聖・市聖）…各地を遊行し，庶民層に布教。

　　「南無阿弥陀仏」の口称念仏（仏の名を唱える）を広める。

　②　【5　　　　　】（942-1017）…『往生要集』

　　「【6　　　　　，　　　　　】」：穢れたこの世を厭い，浄土への往生を求める。

　　【7　　　　　】（心の中に明確に仏の姿を想い浮かべる）を重視…貴族層に浸透。

2　鎌倉仏教Ⅰ（浄土系・念仏宗）

(1)　【8　　　　】（1133-1212）…『選択本願念仏集』

　浄土宗

　①　選択本願…阿弥陀仏が修行時にたてた四十八誓願の第十八願を指す。

　　念仏を唱えた者はすべて救済するという誓願。

　②　【9　　　　　】

　　末法においては，自力による救済は不可能。

　　阿弥陀仏の本願を信じ，阿弥陀仏の慈悲にすがることで極楽浄土に往生できる。

　③　【10　　　　　】…易行門。

　　他の一切の修行を放棄しひたすら「【11　　　　　　】」を唱える（【12　　　】念仏）。

(2)　【13　　　　】（1173-1262）…『教行信証』

　浄土真宗（一向宗）

　①　【14　　　　　】

　　「善人なをもて往生をとぐ，いはんや【15　　　】をや」（唯円『【16　　　　　】』）

　　自らの力で善や修行をなしえない【15　　　】こそ阿弥陀仏の救済の対象である。

　②　【17　　　　　】…法然の他力を一層徹底。

　　救済は全く阿弥陀仏の慈悲の力によるものである。

　　阿弥陀仏に対する信心や念仏すらも，阿弥陀仏からあたえられたものである

　　（【18　　　　　】の念仏）。

　③　【19　　　　　】

　　この世のすべてを仏のはからいによるおのずからなる働きとし，それに身をゆだねる。

(3)　【20　　　】（1239-89　捨聖）

　時宗

　①　全国を遊行・布教，生活にかかわる一切の束縛を捨て去る。

　②　【21　　　　　】…念仏を唱えながら踊る。

＜メモ欄＞

<table>
<tr><th>閑話休題</th><th>第1話　源信</th><th>第2話　空也～鹿の皮と角</th><th>第3話　悪人正機</th></tr>
<tr><td></td><td>　源信は，比叡山横川で天台宗座主・良源を師としていた。その道場が恵心院で横川僧都とも恵心僧都ともいわれるゆえんである。『源氏物語』とも関係が深く，『宇治十帖』に登場する横川僧都のモデルは源信という説もある。</td><td>　鞍馬山にいた頃，心の友としていた鹿が定盛という猟師に撃たれてしまった。それを悲しんだ空也は，鹿の皮と角をもらい，皮は衣に，角は杖頭につけ，生涯手放さなかったといわれている。</td><td>　親鸞は自力で成仏ができると思い込み，自己の根深い煩悩を真に見つめていない「善人」よりも煩悩を偽りなく自覚し，阿弥陀仏の他力を信じて身をゆだねる「悪人」こそが，阿弥陀仏が救おうと誓った対象であるとした。</td></tr>
</table>

〈要点整理・スケッチ〉

南無阿弥陀仏

- 踊念仏
- 社会不安
- 空也
- 末法思想
- 源信　観想念仏「厭離穢土欣求浄土」
- 他力本願　阿弥陀如来の誓願（念仏往生の願）
- 浄土真宗　親鸞　悪人正機　煩悩具足の凡夫　報恩感謝の念仏　絶対他力　自然法爾
- 時宗　一遍　踊念仏　遊行
- 法然　浄土宗　専修念仏　称名念仏

【発展学習問題】

問題 慈悲について述べた次の文章を読み，以下の問いに答えなさい。

　　　親鸞は，ⓐ万人の救済を目指して，慈悲と念仏について次のように言っている。

> 　聖道の慈悲といふは，ものをあはれみ，かなしみ，はぐゝむなり。しかれども，おもふがごとくたすけとぐること，きはめてありがたし。【　X　】の慈悲といふは，念仏していそぎ仏になりて，大慈大悲心をもて，おもふがごとく衆生を利益するをいふべきなり。
>
> 　念仏は，まことに【　X　】にむまるゝたねにてやはんべるらん，また地獄におつべき業にてやはんべるらん。惣じてもて存知せざるなり。
>
> （唯円『歎異抄』第二条，第四条より）

　　　ここでは，同じ「【　X　】」という語句が，慈悲と死後往生する先のことにそれぞれ結びつけて書かれている。このことから，中国から伝わった仏教思想に立ち戻りながら，死後往生する世界とはいかなるものかを説いていることがわかる。実際，親鸞は，都からみればまだ辺境の地であった常陸の国で多くの人たちを救うために，念仏を称えることでⓑ悪人こそ救われると説く教えを展開している。

問1 下線部ⓐについて考察した鎌倉時代の人物についての記述として最も適当なものを，次の①〜④のうちから一つ選べ。
① 法然は，身分や能力に応じた念仏の唱え方を考案し，それぞれに応じて異なる浄土に往生すると説いた。
② 法然は，末法の世では自力による救いは不可能であるから，阿弥陀仏によって浄土に往生すると説いた。
③ 一遍は，阿弥陀仏をただひたすらに思い浮かべながら念じることで，浄土へ往生すると説いた。
④ 一遍は，阿弥陀仏のはからいで，おのずから生じるはたらきによって念仏を称えることを説いた。

問2 【　X　】に入る語句について，生徒Yと生徒Zが考えて話している。次の会話文を読んで，□あ□〜□え□に入る語句の組合わせとして最も適当なものを，右の①〜④のうちから一つ選べ。

生徒Y：私は，□あ□だと思う。そうすれば，大乗仏教の根本である慈悲によって救われることが理解できるから。

生徒Z：それでは，「大慈大悲心をもて，おもふがごとく衆生を利益する」というのは何を意味しているのだろう？□い□を入れたらどうかな？

生徒Y：うーん，そうすると現世利益の考え方になり，死後の往生への意味がうすれてしまうねえ。慈悲という言葉があるので，□う□かな？

生徒Z：なるほど，でも，親鸞は悟りの境地よりも阿弥陀仏の□え□に叶うことを目指したのだから，やはり□あ□だよ。

	あ	い	う	え
①	菩薩	祈禱	自利	本願
②	菩薩	布施	自利	安国
③	浄土	祈禱	利他	本願
④	浄土	布施	利他	安国

問3 下線部ⓑについて，このことを示す人物の例として最も適当なものを，次の①〜④のうちから一つ選べ。
① Aは，かつて法的な処分を受けたが，今は悔い改めて正しい生活をおくっている。
② Bは，これまで道徳的で誠実な生活をおくっているが，自分の心には悪が潜んでいると感じている。
③ Cは，自己の無力さを感じながらも，他者との関わりを大切にして日々修養に励んでいる。
④ Dは，自分のなかにある罪や無力さを自覚しているが，自らを律することができずに苦しんでいる。

（問1〜3 2018試行テスト第1問改）

【記述問題演習】

1　末法思想とはどのような考えか説明しなさい。
2　親鸞の「絶対他力」とはどのような立場か説明しなさい。

2-3 仏教の日本的展開 (2)

○栄西・道元・日蓮の教えを学習することをとおして，彼らが民衆をどのように救済しようとしたのかについて，理解を深めよう。

<重要事項チェック>

3 鎌倉仏教II （禅宗）

禅宗…坐禅などの修行に励み，自力により悟りを得ようとする。

(1) 【¹　　　】(1141－1215)…『興禅護国論』
　　臨済宗…看話禅。
　① 南宋から臨済禅を伝える。
　② 【²　　　】に取り組むことによって悟りを得ることができるとする。→公案禅

(2) 【³　　　】(1200－53)…『【⁴　　　　】』。懐奘著『正法眼蔵随聞記』
　　曹洞宗…黙照禅。
　① 【⁵　　　】：一切の雑念を捨てて，ひたすら坐禅に打ち込む。
　② 【⁶　　　】：身心ともに一切の執着から離れ，悟りの境地に入ること。
　　「仏道をならふといふは，自己をならふなり。自己をならふといふは，自己を
　　忘るるなり。自己を忘るるといふは，万法に証せらるるなり。」
　③ 【⁷　　　】：坐禅の修行は悟りのための手段ではなく，修行を行うことが
　　　　　　　　そのまま悟り。

4 鎌倉仏教III （日蓮宗）

(1) 【⁸　　　】(1222－82)…『【⁹　　　　】』『開目抄』
　　日蓮宗 （法華宗）
　① 【¹⁰　　　】の行者：『【¹⁰　　　】』に説かれている真理を世に広め実現する。
　　『法華経』には釈迦の真意・仏教の真理が集約されているとする。
　② 【¹¹　　　】：「【¹²　　　　　　】」と題目を唱えること。
　　題目を唱えるならば，釈迦の因行と果徳が譲りあたえられ悟りが可能とする。
　③ 立正安国：『【¹⁰　　　】』の教えに従い正しい仏教を樹立することで，国家
　　　　　　　の安泰が得られるとする。
　④ 【¹³　　　】：「念仏無間，禅天魔，真言亡国，律国賊」
　　迫害を恐れず他宗派を激しく非難。

5 仏教と日本文化

(1) 【¹⁴　　　】…四季の移り変わりに観る美しさへの共感，地位・名誉に執着する
　　　　　　　愚かさへの哀切の心情。
　　　　　　　『平家物語』，鴨長明『方丈記』，西行『山家集』，吉田兼好『徒然草』。
(2) 【¹⁵　　　】：ことばには語られない，姿にははっきりと見えない静寂余情美。
　① 和歌：『新古今和歌集』
　② 能：世阿弥『風姿花伝』…「秘すれば花なり」
　③ 庭園：龍安寺石庭…枯山水。
　④ 水墨画：雪舟『秋冬山水図』，長谷川等伯『松林図』
(3) わび・さびへの展開。
　① 【¹⁶　　　】…物質的に簡素な中で観る者の主体的な心の充足感→茶道(【¹⁸　　　】)
　② 【¹⁷　　　】…時が経つことによって現れる本来の姿に観る美意識→俳諧(【¹⁹　　　】)

<メモ欄>

第1話　公案（禅問答）
　公案は，禅の精神を理解するために師からあたえられる問題である。「両手で手を叩くと音が出るが片手ではどんな音が出るか？」など，非合理なものが多い。回答者は，論理的思考では到達できない悟りの境地を目指す。

第2話　四箇格言
　日蓮は法華経に従い正しい仏教を樹立すれば，国家は安寧であるとした。念仏する者は無間地獄に落ち，禅は天魔の仕業であり，真言は国を滅ぼし，律は国賊であると他宗を激しく攻撃した。

第3話　伊勢神道
　伊勢神道は，対外的危機感の高まりのなか，度会家行が，神国思想を展開し仏教よりも神道を上位において，大成した。日本古来の神々を本とし，神が仏に姿を変えて現れ，衆生の救済をしているとする**反本地垂迹説**を唱えた。

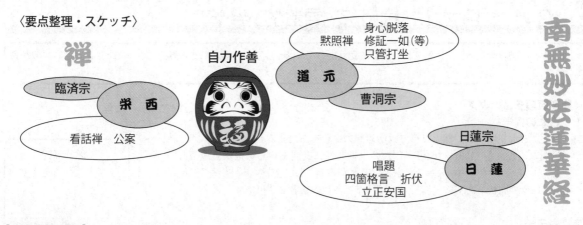

【発展学習問題】

問題 鎌倉仏教の日本的展開についてまとめた生徒のレポートを読み，以下の問いに答えなさい。

> 天変地異と戦乱が続いた11〜12世紀，人々は末法の世が到来していることを感じていた。末法の世では自力で悟りを得ることができないと考える宗派ができる一方で，自力で悟りを得ることができると考える宗派が現れた。例えば，宋に渡って帰国後永平寺を建立した人物は，　a　と考えて，ただひたすら禅に打ち込めばそのまま悟りを得ることができると考えた。また，ⓐ禅に問答を加えて悟りを得る宗派も登場した。その一方で，仏本来の教えに立ち返り，社会全体を正していくことが必要であると考える宗派が登場した。その開祖は，他宗には　b　ことが説かれていないことを根拠に激しく攻撃した。このような時代を反映して，ⓑ仏教の無常観が文学や芸術の分野でも日本人独自の美意識に高められていく動きがあらわれた。

問1　　a　・　b　に入る言葉として最も適当なものを①〜④のうちから，それぞれ一つずつ選べ。

① 坐禅によって心も体も一切の執着から離れ，無我の境地に至っている状態そのものがすでに悟りそのものである

② 釈迦の教えは，釈迦が入滅しても永遠の真理としての仏として，永遠の昔から衆生の救済の働きを続けている

③ 難行と呼ばれる修行方法を一切捨てて，もっぱら阿弥陀仏の名を口で称えることが，極楽へ往生する手段である

④ 阿弥陀仏を念じてこの世は穢れたものであるとして厭い，極楽浄土へ生まれ変わることを願うことが救いである

問2　下線部ⓐに関連して，次のア〜ウは，人々を救いに導く新しい教えを説いた鎌倉時代の人物について説明したものである。その正誤の組合せとして正しいものを，下の①〜⑧のうちから一つ選べ。

ア　法然は，身分などに応じた念仏の称え方を考案し，それぞれの称え方に応じて異なる浄土に往生すると説いた。

イ　道元は，悟りを得るためには，坐禅の修行とともに師から与えられる公案に取り組むことも必要であると説いた。

ウ　栄西は，悟りを得るためには，坐禅の修行と戒律の遵守が必要で，禅の教えが国家の安寧にも役立つと説いた。

① ア 正　イ 正　ウ 正　　　② ア 正　イ 正　ウ 誤

③ ア 正　イ 誤　ウ 正　　　④ ア 正　イ 誤　ウ 誤

⑤ ア 誤　イ 正　ウ 正　　　⑥ ア 誤　イ 正　ウ 誤

⑦ ア 誤　イ 誤　ウ 正　　　⑧ ア 誤　イ 誤　ウ 誤

問3　下線部ⓑに関連して，日本の芸道や美意識についての説明として**適当でない**ものを，次の①〜④のうちから一つ選べ。

① 「幽玄」は，世阿弥が大成した能楽において重んじられた，静寂のなかに神秘的な奥深さを感じ取る美意識である。

② 「さび」は，松尾芭蕉が俳句を詠むなかで追究した，閑寂・枯淡のなかに情趣を見いだして安らぐ美意識である。

③ 「いき（粋）」は，意気地，媚態，諦めの3つを要素として成り立っている美意識で，近世の町人の間に広まった。

④ 「わび」は，豪壮華麗で優艶なものの中にみられる美意識で，城郭建築とともに発展した茶室の構造に見られる。

（問1 2018試行テスト第3問改　問2・3 2019本試験第3問改）

【記述問題演習】

1　道元の「修証一如」とはどのようなことか説明しなさい。

2　鎌倉仏教に共通する特色はどのようなものか述べなさい。

3　3-1　日本における儒教の受容

○江戸時代の儒学者たちは，儒教をどのように受け止め，人間としてのあり方や生き方にどう役立たせようとしたのか考えよう。

<**重要事項チェック**>
1　日本の儒学
(1) 儒教：5世紀頃伝来。様々な形で政治思想に影響をあたえる。
(2)【1　　　　】(1561-1619)：仏教の出世間性に疑問を持ち禅僧から還俗し，

朱子学者となる。

近世儒学の開祖。門下に【2　　　　】など多数の学者を輩出。

2　朱子学
(1)【2　　　　】(1583-1657)…『春鑑抄』『三徳抄』

江戸時代初期，朱子学を幕府の正学とする基礎を築く。

① 天地自然を貫く【3　　　】←朱子学
⇩

② 【4　　　　　　　】…徳川幕藩体制の身分制度の確立に貢献。

天地が上下の関係にあるように，人間も生まれつき身分の上下が決まっているとする。

「天が上にあり地が下にあるのが，天地の礼である。その天地の礼が人に生まれつき備わっているので，上下前後の秩序が成立するのである」

③ 【5　　　】：「うやまい」ではなく「つつしみ」の心を内に持つこと。
④ 【6　　　】：心に敬を保ち，常にあるべき道にかなうよう努力する。
(2) その他の朱子学者

朱子学者	思想内容	著書
【7　　　】(1618-82)	朱子学の理と日本の神道を結合し【8　　　】を主唱。	
【9　　　】(1657-1725)	幕政に参与し，文治政治を推進。	『西洋紀聞』
【10　　　】(1668-1755)	木下順庵の門下で，対馬藩に仕え朝鮮外交を担当。	

3　陽明学
(1)【11　　　　】(1608-48)…日本の陽明学の祖。**近江聖人**とよばれる。『翁問答』

① 【12　　　】：親子関係に限定せず，あらゆる他者を【13　　　】すること。
宇宙の根本原理であり，人間社会の最高の徳であってあらゆる人々に等しく内在する心情であるとする。

② 【14　】・【15　】・【16　】：孝は，【14　】(時期)・【15　】(場所)・
【16　】(身分)に応じて実践されるべきとする。

③ 【17　　　】…人間に生まれながらに備わっている善悪を見分ける能力。
この【17　　　】を十分に発揮させることを重視→**致良知**

④ 【18　　　】
知と行は一つのものであり，真の知は実践なくして成立しない。

(2)【19　　　】(1619-91)…中江藤樹の門人で，時・処・位に応じて法を運用
すべきと説く。【20　　　】を提唱。

<メモ欄>

閑話休題

第1話　近江聖人中江藤樹
　17歳で朱子学に傾倒し，19歳で郡奉行として在職したが，27歳のとき老母を養うために，藩の許しを待たず郷里の近江に帰り，酒を売り米を貸して生計を立てたという。『礼記』の教えどおり30歳で結婚したが，儒教の礼法を固守する弊害を認め陽明学にしだいに没入した。徳行による数々の逸話が伝えられ，死後とくに名声が高まり，近江聖人とよばれるようになった。

第2話　林家
　林羅山は，家康から家綱まで4代に仕え，1630年には上野忍ヶ岡に学寮をつくって講義を行い，後に昌平黌（昌平坂学問所）になった。以後，林家は幕府の教学に12代，幕府崩壊まで関与した。

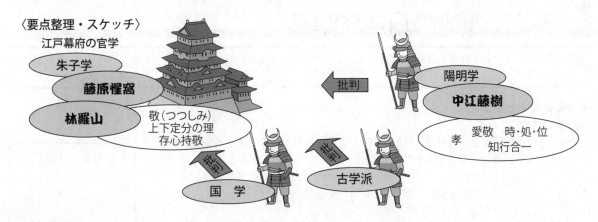

〈要点整理・スケッチ〉
江戸幕府の官学

朱子学
藤原惺窩
林羅山
敬（つつしみ）
上下定分の理
存心持敬

批判

陽明学
中江藤樹
孝　愛敬　時・処・位
知行合一

批判

批判

国　学

古学派

【発展学習問題】

問題　生徒Ⅹは，課題探究の準備として次のメモを作成した。これを読み，以下の問いに答えなさい。

【朱子学者林羅山の言葉】

　「承天之道」とは，天は尊く地は卑し。天はたかく地は低し。上下差別あるごとく，人にも又君はたふとく，臣はいやしきぞ。

(林羅山『春鑑抄』より)

【林羅山について学習したこと】
・林羅山は，人間は生まれながらにして上下の差別があり，それは@自然の摂理にもとづいていると考えた。

【この言葉から読み取れること】
・自分のことを後回しにして，自然の摂理に当てはめて自らの立ち振る舞いや心のあり方を磨くことが，社会の秩序を守ることに結びつく。

【疑問に思ったこと】
・⑥具体的な一つひとつの場面でも，自然の摂理という法則から何が善かが導きだせるのだろうか？
・すべてが理に適ったものでなければならないとなると，かえって本質を見落としてしまわないか？
・身分を自然の摂理を根拠にして，貧しい人や虐げられた人と裕福な人との対立は起きないだろうか？

問1　生徒Ⅹはまず，下線部@を主張した林羅山の思想について復習した。次のa〜dを林羅山が著した『春鑑抄』で説明されている順序に従って並べ替えたとき，1番目にくるものとして最も適当なものを，下の①〜④のうちから一つ選べ。
　a　尊卑有序，長幼有序によって礼儀・法度を定めて人心を治める。
　b　君は尊く，臣は卑しいので，その差別がなければ国は治まらない。
　c　天は高く，地は低いように，人にも上下の差別がある。
　d　臣下にも百官の位があり，車や衣装など何につけても差別がある。
　①　a　　　②　b　　　③　c　　　④　d

問2　生徒Ⅹは続けて，下線部⑥の疑問について考えるために，彼の思想を批判した陽明学者の思想を調べた。その説明として最も適当なものを，次の①〜④のうちから一つ選べ。
　①　社会規範は，生まれながらにして備わっている良知を天地の礼にしたがって用いることで意味のあるものとなる。
　②　社会規範は，用いる者の心に邪念が無く，敬を保ち常にあるべき道にかなうようにすることで意味のあるものとなる。
　③　社会規範は，一律に用いるのでは無く，時や場所，位に応じて使い分けることで意味のあるものとなる。
　④　社会規範は，人生の経験を積んで得られる良知によって，柔軟に使い分けることで意味のあるものとなる。

(問1・2　2018試行テスト第4問改)

【記述問題演習】
1　林羅山の「上下定分の理」とはどのようなものか述べなさい。
2　中江藤樹は道徳の根源をどのようなものととらえたか述べなさい。

○朱子学への批判として原典を忠実に精読するという方法をとった古学派が見いだした，人間としてのよりよいあり方や生き方を探究しよう。

＜重要事項チェック＞
古学派の成立

　朱子学などの理論を，仏教や老荘思想の影響を受けて儒教本来の姿から逸脱したものであると批判，後世の理論を通さず直接孔孟の原典を学ぶべきであると主張。

＜メモ欄＞

1　【¹　　　　　】(1622 – 85)…『聖教要録』『山鹿語類』

(1)　【²　　　　】の提唱

　　観念的な朱子学を批判→武士の日常道徳の体系化

　　「漢唐宋明の学者」の解釈を退け，「周公孔子の道」を学ぶ。

(2)　【³　　　　】…従来の武士道を批判し，儒教によって武士道を理論的に体系化。

　　【⁴　　　　　】：武士の職分は人倫の道の体現者として農工商三民を道徳的に教
　　　　　　　　　　　化・指導すること。

　　⇔山本常朝『【⁵　　　　】』：「武士道と云ふは，死ぬ事と見付けたり」

2　【⁶　　　　　】(1627 – 1705)…『童子問』『語孟字義』

(1)　【⁷　　　】：後世の主観的解釈を排し，『論語』『孟子』等の原典を実証主義的に解読。

(2)　【⁸　　　　　　】…朱子学は人々が営むあるがままの生を否定しがちである。

　　『論語』や『孟子』は卑近な日常性のなかに理が備わっていると説いているとする。

(3)　【⁹　　　】…仁愛を孔子の教えの根本とする。

　　仁は，究極には愛につきる。

　　「仁の徳たる大なり。しかれども一言もってこれをおおう。いわく，愛のみ」

　　「理」を基本とすれば，他者の過ちを許そうとしない酷薄な心が生まれるとする。

(4)　【¹⁰　　　】…人間相互の仁・愛の根底にあるべきもの。

　　全く私心のない「【¹¹　　　　　】」の純粋な心。自分を偽らず他者をも偽らない。

(5)　【¹²　　　】…仁愛の実践的側面であり，その土台となるもの。

　　【¹³　　】：自分を偽らないこと。　　【¹⁴　　　】：他者を欺かないこと。

　　「己の心を尽くして朴実に行ひ去る」

3　【¹⁵　　　　　】(1666 – 1728)…『弁道』『弁名』『政談』

(1)　【¹⁶　　　　】：中国古代の文辞（文章やことば）を当時のことばの意味や社会・
　　　　　　　　　　制度・風俗などを踏まえて理解しようとする。

(2)　【¹⁷　　　　】：堯・舜などの中国古代の先王（聖人）たちが定めた道。

　　道を内面的な道徳ではなく，社会的な制度としてとらえる。

　①　【¹⁸　　　　　】：天下を安んじるために生み出された道。
　　　　　‖
　②　【¹⁹　　　　】：儀礼・音楽・刑罰・政治などの制度・習俗など。
　　　　　⇩
(3)　【²⁰　　　　】

　　世を経（おさ）め，民を済（すく）うことが儒学の本来の目的とする。

　　個人の道徳的修養を重視した朱子学等を批判。

閑話休題	第1話　伊藤仁斎の古義堂	第2話　「最上至極宇宙第一の書」	第3話　赤穂浪士事件と徂徠
	伊藤仁斎が京都堀川に開いた私塾である古義堂の人気は高く，40年間で，約3000人が学んだという。門弟が茶菓子を持ち寄り，家族的な雰囲気の中で講義が行われていた。	『論語』を「最上至極宇宙第一の書」とした仁斎だが，彼の論語注釈原稿の巻頭には，書き改めるたびにこのことばを書いては消し推敲したあとがあるという。しかし，彼にとって『論語』はそう表現するしかないものだった。	赤穂浪士が主君の仇吉良義央を討った際に，林信篤や室鳩巣らは「主君への忠義の行動」として浪士たちの助命論を説いた。しかし徂徠は，「法の秩序に反する行動」として処罰，ただし武士の面目を保ち，切腹を主張した。

〈要点整理・スケッチ〉

注釈によらず、経書〈原典〉の研究に
よって、孔孟の真意を読み取ろう！

古学	古義学	古文辞学
山鹿素行	伊藤仁斎	荻生徂徠
三民の師表 士道	仁愛 誠 忠信	先王の道 六経重視 安天下の道 礼楽刑政

【発展学習問題】

問題　生徒Xは，古学の思想について調べ，次のようなレポートを作成した。このレポートを読み，以下の問いに答えなさい。

　天地自然を貫く理法を人倫に求めたことは，人と人との関わりを重視する日本人の価値観に合うものと言えただろうか。例えば，山鹿素行は朱子学は理念性に偏向しており，　a　の思想に立ち返り武士が目指す道は　i　であると説いた。また，伊藤仁斎は，理を重視すると他者に対して心が狭くなってしまうと説き，　a　の教えに立ち返って，　ii　に尽きると説いた。このように，理を重視する形而上学的な要素を持つ朱子学は　b　であると考え，より実践的なものを求める思想が展開された。それは，政治論においても同様の動きがみられた。

問1　　a　に入る人名として最も適当なものを，次の①〜④のうちから一つ選べ。

① 老子　　　② 墨子　　　③ 孫子　　　④ 孔子

問2　　i　・　ii　に入る言葉として最も適当なものを，次の①〜④のうちからそれぞれ一つずつ選べ。

① 儒学の教えにしたがって，誠の心をもって互いに欺かず争わずに外交を行うべきこと

② 農・工・商たちの上に立つ者としての自覚を持ち，人格修養の道を実現すべきこと

③ 義を重んじ，それに適った行いに対しては，身分や貴賤を問わずに評価すべきこと

④ 愛がすべての徳の根本で，自他に対してともに偽らずに誠の心をもつべきこと

問3　　b　に入る記述として最も適当なものを，次の①〜④のうちから一つ選べ。

① 現実的な側面を客観的に把握できる利点を持ち合わせているもの

② 現実的な側面を軽視して見失う危険性を持ち合わせているもの

③ 自分の立場を理論づけて正当化して相手を論破する論理的思考をもたらすもの

④ 自分の立場を主観的に把握して相手と直接関わらない柔軟な思考をもたらすもの

問4　下線部に関して荻生徂徠についての説明として最も適当なものを，次の①〜④のうちから一つ選べ。

① 彼は，もと僧であったが，仏教を出世間の教えであると批判し，還俗して儒学者となった。彼は僧侶などの教養であった儒学を学問として独立させ，林羅山などを育成した。

② 彼は，はじめ儒学を学んだが，後に日本にふさわしい実践的な道徳として武士道を唱えた。彼の説いた武士道は，主君のために死ぬことを本質とする，伝統的な武士のあり方を継承したものであった。

③ 彼は，はじめ朱子学を学んだが，後に王陽明の思想に出会ってこれに共感し，日本陽明学の祖となった。彼は，人間には善悪を正しく知る敬（つつしみ）がそなわっているとし，敬に基づく日常的な実践を説いた。

④ 彼は，聖人のつくった礼楽刑政を重んじた。それゆえ，彼は赤穂浪士の討ち入りについて，幕府の法秩序を脅かす不義であると考え，浪士たちに厳しい罰を加えることを主張した。

（問1〜4　2018試行テスト第3問改）

【記述問題演習】

1　古学は朱子学のどのような点を批判したか述べなさい。

2　荻生徂徠は儒学の本来の精神をどのようなものととらえたか述べなさい。

○国学者が古代日本に見いだした心のあり方とはどのようなものだったか，また，江戸時代の町民や農民の倫理観とはどのようなものだったか考えよう。

＜重要事項チェック＞

1　国学…日本の思想の特質を，外来思想受容以前に見いだそうとする立場。

(1) 【1　　　　　】(1640－1701)…『**万葉代匠記**』

　国学の祖。『万葉集』を研究，古代日本人の精神を学ぶべきだと主張。

(2) 荷田春満（1669－1736)…古語を研究，日本の古代精神を明らかにしようとした。

(3) 【2　　　　　】(1697－1769)…『**国意考**』『**万葉考**』

　① 「【3　　　　　】」⇔平安以降の「たおやめぶり」・「からくにぶり」。

　　『万葉集』に見られる男性的でおおらかな心情。

　② 「【4　　　　　】」…賀茂真淵が『万葉集』に見いだした理想。

　　古代日本人の，力強くありのままの素朴な精神。

(4) 【5　　　　　】(1730－1801)…『**古事記伝**』『**玉勝間**』『**源氏物語玉の小櫛**』

　① 「【6　　　　　】」：国学において求めるべき日本古代の道。

　　古来からの神々の御心のままの人為が加わらない道。

　② 「【7　　　　】」の排除…日本文化のあり方を歪める。

　　漢意：中国から伝わった仏教や儒教などによって影響を受けた考え方。

　③ 「【8　　　　】」：「生まれつきたるままの心」。偽りのない真実の心。大和心(魂)。

　④ 「【9　　　　　】」：他者やものごとにこまやかに共感し，あるいは感嘆する心の働き。

(5) 【10　　　　　】(1776－1843)…『**霊能真柱**』『**古道大意**』

　　【11　　　　　】：大和魂を尊皇思想と結びつけて古道の体系化をはかる。

2　民衆の思想

	思想家	思想内容	主著など
町人	【12　　　　】 (1685－1744)	【13　　　　】…町人の修養のための学問。 ① 「商人の買利は士の禄に同じ」 　商人の利益追求を天理として肯定。 ② 知足安分：「各人は足るを知って分に安んぜよ」 ③ 【14　　　】と【15　　　】…商人が実践すべき徳目。 　利己心をはなれ，世間の富を大切にする心。	『都鄙問答』
	近松門左衛門 (1653－1724)	一般的に人として行うべき道としての義理と，個別的な人への情愛としての人情との間で苦悩する人間を描く。	『曽根崎心中』
	井原西鶴 (1642－93)	① 「浮き世」の姿を軽妙なタッチで描写。 ② 快楽や富の追求に，人間の生のありのままの姿を見る。	『日本永代蔵』 『世間胸算用』
農民	【16　　　　】 (1703－62)	① 【17　　　】：人為的な法や制度にもとづく身分差別や 　　　　　貧富の差のある社会。当時の封建社会が典型。 ② 【18　　　】への回帰を唱える。 　平等で差別のない理想的な社会。 　【19　　　】…天地自然の本道である農業への回帰。 　すべての人々は農業に直接従事し，自給自足の生活を 　営むべきであるとする。	『自然真営道』
	【20　　　　】 (1787－1856)	① **天道**と**人道**：農業は自然の営みと人間の働きによる。 ② 【21　　　】：天地や君，親等の恩に徳をもって報いる。 ③ 【22　　　】・【23　　　】：分の応じた消費（倹約）と， 　それから生じた余剰を人に譲り社会に還元する。	

＜メモ欄＞

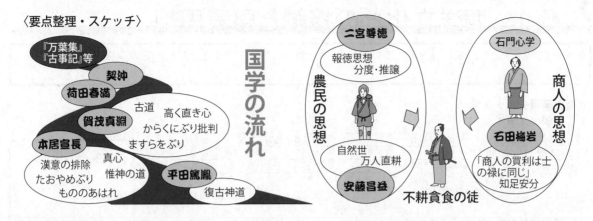

〈要点整理・スケッチ〉

【発展学習問題】

問題 次の文章を読み，以下の問いに答えなさい。なお，**問1**で①〜④のいずれを選んでも，**問2〜4**の問いについては，それぞれに対応する適当な選択肢がある。

　江戸時代後期に登場した思想を象徴する言葉に　ア　がある。この言葉に関して書かれている資料を調べると，　イ　と述べている箇所がある。この思想には，関連する考え方として　ウ　ことが挙げられ，現代の私たちに　エ　に気づかせてくれる。

問1 上の文章の　ア　に入れる語句を，次の①〜④のうちから任意に一つ選べ。
　① 大和心　　　　② 知足安分　　　③ 自然世　　　④ 報徳

問2 問1で選んだ　ア　に関連するものとして，上の文章の　イ　に入る記述として最も適当なものを，次の①〜④のうちから一つ選べ。
　① すべて互性であって両者の間に差別はない。世界あまねく直耕の一行一情である。これが自然活真の人の世であって，盗み・乱れ・迷い・争いといった名目のない真のままの平安の世なのである。
　② そもそもこの道は天照大御神の道にて，……ただ日本にのみ伝わっているものである。それがどういう道かというに，……『古事記』『日本書紀』の二書に記されたところの，神代上代のいろいろな事跡においてつぶさにそなわっている。
　③ 人道は勤めるのを尊しとし，自然に任せるのを貴ばない。人道の勤めるべきは，己に克つという教えである。己というのは私利私欲である。私欲は田畑にたとえれば草である。克つというのは，この田畑に生ずる草を取り捨てることだ。
　④ 「真の商人」は，相手もうまくいき，自分もうまくいくことを願うものである。誤魔化すような商人は，相手を騙してその場を取り繕う。そういう者と真の商人とを同列に論じるべきではない。

問3 問1で選んだ　ア　に関連するものとして，上の文章の　ウ　に入る記述として最も適当なものを，次の①〜④のうちから一つ選べ。
　① 農はすべての生業の大本になっているとして農民たちに誇りを持たせ，自らの経済力に応じた生活設計を立てさせた
　② 日本人が求める真の心とは，偽りのない素直でおおらかな心であるとし，人間が本来持っている自然な感情を認めた
　③ 百姓を搾取している不耕貪食の徒がいるのは，儒教・仏教や神道などの教学があるからで，それらを厳しく批判した
　④ 身分の低い商人が得た正当な売利は，社会的役割によって得たものであるから，武士の禄と同じ価値があると説いた

問4 問1で選んだ　ア　に関連するものとして，上の文章の　エ　に入る記述として最も適当なものを，次の①〜④のうちから一つ選べ。
　① 男女の性差や人種の違いなどにとらわれず，すべての人々を平等に扱いながら，お互いを助け合う精神の大切さ
　② 目先の利害に囚われず，相手のことを真剣に考えて行動することを積み重ねることで，信頼を得ることの大切さ
　③ 日々の労働に対して，些細なことであっても決して怠けることなく，地道に勤めを積み重ねていくことの大切さ
　④ 様々な要求や期待を背負わされていても，自分本来の素直さを忘れず，真心を持って偽らずにいることの大切さ

（問1〜4 2018試行テスト第1問・改）

【記述問題演習】

1　本居宣長はわが国固有の道をどのようなものととらえたか述べなさい。
2　石田梅岩が説いた商人道徳とはどのようなものだったか述べなさい。

3　5-1　西洋文化との接触と啓蒙思想

○明治維新後，急速な近代化を迫られた日本が，西洋文化の背後にある西洋思想をどのように受容・吸収していったのか，考察してみよう。

<重要事項チェック>

1　蘭学・洋学

学　者	蘭学の摂取	受容の仕方と影響
前野良沢・杉田玄白	『ターヘル=アナトミア』	『【1　　　　　】』として翻訳・刊行。
高野長英	シーボルトに医学を学ぶ	【2　　　　　】らと尚歯会（蛮社）を結成。
【3　　　　　】	アヘン戦争に衝撃を受け西洋砲術を摂取	和魂洋才。「【4　　　・　　　】」 弟子の【5　　　　】は松下村塾を再興した。

2　啓蒙思想の展開…明治維新後，文明開化をモットーに西洋文明の輸入が進む。

団体名	参　加　者	特　徴　など
【6　　　】	【7　　　】…結社を発議 【8　　　】…「哲学」，「理性」などの訳語を作成。 福沢諭吉・中村正直・加藤弘之ら	・一夫一婦制を説いた森有礼を中心とする啓蒙思想団体。 ・雑誌『【9　　　　】』を発行。

3　【10　　　　　】（1835－1901）…『学問のすゝめ』『西洋事情』『文明論之概略』

(1)　封建的身分秩序批判：「【11　　　　　　　　　　】」（『福翁自伝』）

(2)　【12　　　　　】…「天は人の上に人を造らず，人の下に人を造らずと云へり」

　①　イギリス功利主義・実証主義・自由主義を導入。

　②　人間の独立性と平等性を主張。

(3)　「【13　　　　　】」

　①　西洋から学ぶものは「有形において**数理学**（【14　　　】），無形において**独立心**」

　②　「【15　　　　　　　　　　】」：自己の独立なくして国の独立はない。

(4)　**実学**を重視…個の独立自尊は実学を学ぶことで得られるとする。

　「人間普通日用に近き実学」：現実の社会生活の向上に役立つ実用的な学問。

　読み書き算盤，地理学，物理学，経済学，工学など。

(5)　【16　　　　　】…アジアの隊列を脱して西洋の文明国と進退を共にすべき。

　①　アジアの文明を野蛮なものとし，中国・朝鮮に対する日本の指導的立場を強調。

　②　自由民権運動に批判的，官民調和・富国強兵論支持。

4　【17　　　　　】（1857－92）…『民権自由論』。『東洋大日本国国憲按』起草。

　主権在民・天賦人権を主張し，抵抗権（革命権）を認める憲法私案を起草。

5　【18　　　　　】（1847－1901）…『民約訳解』『三酔人経綸問答』

(1)　【19　　　　　】：藩閥政治に反対し議会制民主主義を要求した政治運動。

(2)　**東洋のルソー**…ルソーの『社会契約論』を翻訳し『民約訳解』を出版。

(3)　二種類の民権

　①　「【20　　　】民権」：為政者により上から人民に恵みあたえられた民権のこと。

　②　「【21　　　】民権」：人民が下から勝ち取った民権のこと。

　③　日本で立憲政治を確立し，「【20　　　】民権」を「【21　　　】民権」に育てることが進化の段階にかなっている。

閑話休題

第1話　吉田松陰と松下村塾
　吉田松陰は郷里・萩の松下村塾で情勢を忌憚なく論じた。彼の講義には多くの若者が引きつけられ，久坂玄瑞，高杉晋作，伊藤博文，山県有朋，萩の乱の前原一誠などの志士が育った。

第2話　明六社に集った人々
　明六社には福沢諭吉をはじめ明治における日本の多彩な人材が集結した。一夫一婦制や英語の国語化を主張し伊藤内閣の文部大臣に就任した森有礼，「哲学」や「理性」などの訳語を案出し徴兵令の制定にかかわった西周，ミルの『自由論』の翻訳書『自由之理』で有名な中村正直，後に天賦人権論を否定し，優勝劣敗を主張した加藤弘之，儒教を中心とした国民道徳を回復しようとした西村茂樹などである。福沢以外は新政府の官僚であった点も注目される。

<メモ欄>

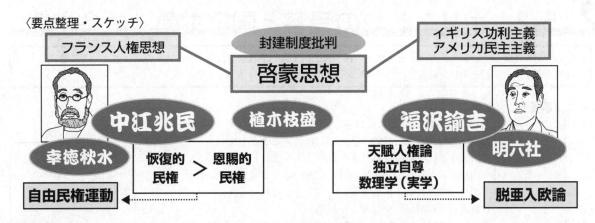

〈要点整理・スケッチ〉

【発展学習問題】

問題 生徒Yが幕末から展開された西洋思想の受容について作成した次のレポートを読み，以下の問いに答えなさい。

> ペリーが来航してから，ⓐこれまで長崎の出島からしか得ることがなかった西洋の情報が一気に増えて，日本の近代化が始まった。例えば｜ a ｜は，｜ i ｜を重視して，西洋の学問を取り入れながら人々の独立心を育ててⓑ近代国家にふさわしい国を目指そうとした。また，フランスに留学体験がある｜ b ｜は，｜ ii ｜を日本に根付かせようとした。これと同時期に活躍した｜ c ｜は，｜ iii ｜を取り入れた私擬憲法を作成し，自由民権運動を思想面で支える活躍をした。このように，幕末から明治にかけて，西洋の思想が続々と流入し，これまでの日本を近代国家に高めていくために様々な思想があらわれた。

問1 ｜ a ｜～｜ c ｜に入る人名として最も適当なものをの**人名**①～④のうちから，｜ i ｜～｜ iii ｜に入る**言葉**として最も適当なものを，下の**言葉**①～④のうちからそれぞれ一つずつ選べ。

人名
① 福沢諭吉　　② 中江兆民　　③ 佐久間象山　　④ 植木枝盛

言葉
① 東洋の伝統的な思想を基盤とした上で，欧米の進んだ文化を積極的に取り入れていくべきであること
② これまでの漢学は虚学に過ぎないとし，西洋の学問を実生活に役立つものとして学ぶべきであること
③ 恩賜的人権を，これから人民が主体的になって恢復的人権へ育てあげていくべきこと
④ 主権在民こそが国の基本であるとし，人民のために政府があるからこそ抵抗権が認められるべきこと

問2 下線部ⓐに関連して，幕末以前に活躍した思想家の説明として最も適当なものを，次の①～④のうちから一つ選べ。
① 杉田玄白は，刑死人の解剖に立ち会い，西洋医学の正しい知識を広めるべきだと考えて解剖書の翻訳に尽力した。
② 三浦梅園は，様々な概念などを一対の基本単位にして組み合わせていくことで法則を見いだす無鬼論を説いた。
③ 高野長英は，シーボルトから蘭学を学び，その普及のために西洋研究グループを設立し，幕府の官学を批判した。
④ 緒方洪庵は，鳴滝塾を開いて人材を育成する一方で，日本で最初の病理学書を著し，天然痘の予防にも尽力した。

問3 下線部ⓑに関連して，幕末期に活躍した思想家の説明として最も適当なものを，次の①～④のうちから一つ選べ。
① 吉田松陰は，純粋な日本古来の神の道を説く復古神道を唱え，尊王攘夷論の立場から江戸幕府の政治を批判した。
② 吉田松陰は，身分や藩などの枠を超え，日本の主君である天皇に忠誠を尽くすべきだとする一君万民論を主張した。
③ 横井小楠は，水戸学の立場から，主君への忠誠心を絶対視する大義名分論を唱え，公武合体論を推進した。
④ 横井小楠は，攘夷派を取り込みつつ儒学に基づいて西洋文化も受容し，富国を図るために開国論を主張した。

（問1・2 2018試行テスト第3問改　問3 2019本試験第3問改）

【記述問題演習】

1 佐久間象山の唱えた和魂洋才の精神について説明しなさい。
2 中江兆民の「恩賜的民権」と「恢復的（回復的）民権」について説明しなさい。

○明治政府が推進した急激な西洋化・近代化を批判した国家主義者や社会主義者，日本人キリスト者として生きようとした思想家たちの学習を通じ，個人と社会のよりよいあり方について考えてみよう。

<重要事項チェック>

1 【1　　　　】（1861－1930）…『代表的日本人』

(1) 【2　　　　】…イエス（Jesus）と日本（Japan）に仕えることを念願。
自らのキリスト教信仰を「武士道に接木（つぎき）されたるキリスト教」と表現。

(2) 【3　　　　】…内村が第一高等中学校における教育勅語の奉戴式（ほうたい）で勅語拝礼を拒んだことに対し非難を受け，同校を追われた事件。

(3) 【4　　　　】…日露戦争開戦時に戦争反対論を展開。

(4) 【5　　　　】：教会の教義や儀式にとらわれず聖書のみにもとづく信仰を主張。独立した個人として神の前に立つことを主張。近代的自我確立に影響。

(5) その他のキリスト者
① 【6　　　　】…幕末に渡米しアメリカの自由主義を学ぶ。同志社大学を創立。
② 【7　　　　】…明治のプロテスタント教会の指導者。天皇の神格性を否定。
③ 【8　　　　】…内村とともに札幌農学校に学び，国際社会で活躍。
主著『【9　　　　】』…キリスト教受容の基盤として日本の伝統精神に着目。

<メモ欄>

2　国家意識の高まり

思想家	思想内容	主著など
【10　　　】	【11　　　】：平民の生活レベルの西洋的文明化による下からの近代化を主張。 【12　　　】：三国干渉後，海外膨張論を展開。	『国民之友』発刊。
【13　　　】	儒学と西洋哲学を折衷した国民道徳の創出を主張。	『日本道徳論』
【14　　　】	【15　　　】：日本の伝統や国情に即した改革を説き，欧化主義を批判。	志賀重昂（し　しげたか）と雑誌『日本人』創刊。
陸羯南（くがかつなん）	藩閥政治批判。日本伝統を保持する国民主義。	新聞『日本』創刊。
井上哲次郎	不敬事件を契機に天皇制国家主義の立場でキリスト教を反国家的宗教と批判。	『教育と宗教の衝突』
【16　　　】	【17　　　】：昭和初期に極端な国家主義，全体主義を主張。	『日本改造法案大綱』

3　社会主義思想…日清戦争後の資本主義発展による社会問題の発生を契機に登場。

背景的思想	思想家	思想内容	主著など
民権論	【18　　　】	中江兆民の思想的影響を受け，1901年，社会民主党を結成するがすぐに活動を禁止される。1910年の大逆事件で，翌年に処刑される。	『社会主義神髄』 『廿世紀之怪物帝国主義』 『【19　　　】』創刊
	堺利彦	日露戦争では，幸徳秋水とともに非戦論を主張。	
キリスト教	【20　　　】	幸徳秋水らと社会民主党結成に尽力。労働者の地位向上を目指す。	
	安部磯雄（いそお）	社会主義運動に参加し，幸徳秋水・片山潜らと社会民主党を結成。	
	【21　　　】	普通選挙運動・廃娼運動・足尾銅山鉱毒事件等の社会運動に協力。	
マルクス主義	【22　　　】	マルクス主義経済学者。『貧乏物語』	
	戸坂潤	唯物論哲学者。西田哲学を学ぶ。	

閑話休題

第1話　教育勅語
　1890年に発布された，日本の教育及び国民道徳に関する勅語。天皇側近の儒学者元田永孚（もとだながざね）や井上毅らの起草とされる。忠孝を根本とし，忠君愛国を教育の基本にすえた。

第2話　「太平洋の橋とならん」
　新渡戸稲造は，「太平洋のかけ橋とならん」ことを志し，国際的な文化交流に尽力した。国際連盟の事務次長や国際連盟知的協力委員会幹事長にも就任し，様々な国際的問題の解決にも取り組んだ。

第3話　幸徳秋水
　高知県出身。中江兆民の書生を経て社会主義を唱え，平民社で非戦論を説く。アメリカからの帰国後無政府主義を標榜し，大逆事件に連座し刑死した。足尾鉱山事件で天皇に直訴した田中正造の直訴状は，幸徳秋水が起草した。

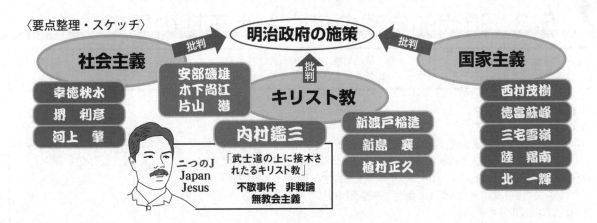

〈要点整理・スケッチ〉

明治政府の施策

社会主義 —批判→ ← 批判 国家主義

↑批判

幸徳秋水
堺 利彦
河上肇

安部磯雄
木下尚江
片山潜

キリスト教

内村鑑三

「武士道の上に接木されたるキリスト教」

二つのJ
Japan
Jesus

不敬事件 非戦論
無教会主義

新渡戸稲造
新島 襄
植村正久

西村茂樹
徳富蘇峰
三宅雪嶺
陸 羯南
北 一輝

【発展学習問題】

問題 次の生徒Yと先生の会話文を読み，以下の問いに答えなさい。

生徒Y：この前，札幌へ旅行をしてきました。とても楽しかったです。

先　生：それはよかったですね。北海道は近代に入ってから開拓の歴史があり，クラーク博士が有名ですね。

生徒Y：はい。彼の影響を受けてキリスト教信者になった人物もいたと聞いています。

先　生：そうですね。キリスト教の神は，　a　存在として信仰されている中で，これまで大切にしてきた日本人の心のよりどころに対して，キリスト教がどこまで応えてくれるのかが大きな関心事になっていました。

生徒Y：キリスト教は，明治以降教義としても研究されるようになったんですよね。

先　生：そうです。この教えは，人々が背負っている　b　は自身の力ではどうすることもできないがゆえに，神がそうした人々に対して恵むことによってのみ救われるとする　c　が重視され，中世キリスト教が発展していったという歴史があります。

生徒Y：その一方で，この頃，国外へ行けるほどの大船を建造できなかった日本にとって，荒波にも負けずに突き進む姿に西洋文明の凄さをみた人も多かったと思います。

先　生：その中で，　d　人たちもいましたね。

問1　　a　に入る文として最も適当なものを，次の①～④のうちから一つ選べ。

①　すべてを創造し人々すべてを神の愛で救う　　　②　神との契約に基づいて律法に従わなかった者を裁く

③　祀り・祀られるものとして人々から畏敬の念を受ける　　　④　祖先の霊とともに麓で生活している人々を見守る

問2　　b　と　c　に入る語句の組合わせとして最も適当なものを，次の①～⑥のうちから一つ選べ。

①　b 原罪　　c 慈悲　　　　②　b 穢れ　　c 慈悲　　　　③　b 煩悩　　c 慈悲

④　b 原罪　　c 恩寵　　　　⑤　b 穢れ　　c 恩寵　　　　⑥　b 煩悩　　c 恩寵

問3　下線部に関して，近代日本のキリスト者についての説明として最も適当なものを，次①～④のうちから一つ選べ。

①　新島襄は，『代表的日本人』を著し，優れた先人が育んできた日本の文化的土壌にこそキリスト教が根付くと主張した。

②　新渡戸稲造は，国際社会における地位向上のためキリスト教に基づく教育を行い，日本の西欧化に尽力した。

③　植村正久は，『武士道』を著し，武士道道徳を基盤として，キリスト教的な人格主義教育が必要だと主張した。

④　内村鑑三は，日清戦争を正義のための戦いと捉えて肯定したが，日露戦争はキリスト教に基づく非戦論を主張した。

問4　　d　に入る文として**誤っているもの**を，次の①～④のうちから一つ選べ。

①　日本人の道徳が見失われることに危機感を感じた　　　②　日本の伝統に即した改革を説いて欧化主義を批判した

③　鎮守の森を守るために神社合祀令に対し賛成した　　　④　社会主義の思想を学び，労働者の地位向上を目指した

（問1・2・4 2018試行テスト第2問改　問3 2019本試験第3問改）

【記述問題演習】

1　内村鑑三の無教会主義を説明しなさい。

2　西村茂樹が説いた国民道徳について説明しなさい。

○急速な近代化が進むひずみの中で，矛盾・葛藤を抱えつつ内面的自我の確立を目指した文学者の思想と，人民本意の政治を実現しようとした大正デモクラシーの思潮について理解を深めよう。

<重要事項チェック>

1　近代的自我の確立

(1)【1　　　　　】…主体的・内面的自己意識のことで文学の世界を中心に探究される。
　　政治から離れた個人の内面的自我の形成と，その葛藤が近代文学の課題となる。

(2)【2　　　　　】(1867－1916)…『私の個人主義』『三四郎』『こころ』
　①　英文学を学びイギリス留学。極度の神経衰弱に陥り帰国。近代人の自我を追究。
　②　「皮相上滑りの開化」
　　　「西洋の開化は【3　　　　】であって，日本の開化は【4　　　　】である」
　③【5　　　　　】：他人に依存せず，自分の考え信ずるところを基本とすること。
　　　　　　　　　　内面的自己の主体性の確立。
　④【6　　　　　】…自己の主体性にもとづく生き方で単なるエゴイズムを否定する。
　　　自己の個性の発展と同時に，他人の個性を尊重し自己の義務と責任を自覚する。
　⑤【7　　　　　】…晩年の漱石がたどりついた境地。
　　　自我に対するこだわりを捨て，自我を超えたより大きなものへと自らをゆだねる。

(3)【8　　　　】(1862－1922)…『青年』『雁』『舞姫』『高瀬舟』『阿部一族』
　①　自然主義文学の全盛期に，これに抗して理性的・倫理的な作品を著す。
　　　近代的自我の問題を個人と社会との対立の中でとらえ直す。
　②【9　　　　　】：自我と社会の矛盾に遭遇したとき，自己をつらぬくのではなく自
　　らの社会的な立場を引き受けながらも，なおそこに自己を埋没させまいとする。

(4)【10　　　　】主義（浪漫主義）…18～19世紀のヨーロッパで起こった芸術運動。
　①　旧来の制度や価値観から脱却。自然な感情・情熱を肯定し，自我や個性を尊重。
　②【11　　　　　】…『文学界』創刊，ロマン主義のリーダー。『内部生命論』
　③【12　　　　　】…詩人・小説家。のちに自然主義文学を確立。『若菜集』『破戒』
　④【13　　　　】(1878－1942)…『みだれ髪』で奔放な情熱を大胆に詠んだ。

2　大正期の思潮

　大正時代の民主主義的な気運の中，従来の制度や価値観の見直しがはかられた。

(1)　白樺派…個性の伸長など個人主義的な人道主義を展開。
　　【14　　　　　　　】(1885－1976)…「新しき村」建設。

(2)【15　　　　】(1878－1933)
　①【16　　　　　】…大正デモクラシーに理論的な根拠をあたえる。
　　　主権の所在は問題とせず，主権運用の目的・方法について民意の反映を求める。
　②　国民の意思が反映される普通選挙の実施と政党内閣制の実現を主張。

(3)　**女性解放運動**：女性を封建的因習や差別から解放しようとする運動。
　　【17　　　　　】(1886－1971)…雑誌『【18　　　　】』創刊。
　　「元始，【19　　　　】は実に太陽であった」
　　市川房枝らと新婦人協会を設立，女性参政権獲得運動を展開。

(4)【20　　　　　　　】
　①　1922年全国水平社設立…被差別部落民らを解放しようとする。
　②　「水平社宣言」…**西光万吉**(1895－1970)らの起草。「**人の世に熱あれ，人間に光あれ**」

<メ モ 欄>

第1話　夏目漱石の名前の由来
　漱石の名は，唐代の『晋書』にある故事「漱石枕流」（石に漱〔くちすす〕ぎ流れに枕す）から取ったもの。負け惜しみの強いこと，変わり者の例え。俳人正岡子規のペンネームのうちの一つからこれを譲り受けた。

第2話　森鷗外
　最年少で現東大医学部を卒業，軍医となりドイツに留学。日清・日露戦争に従軍，1907年軍医の最高位である軍医総監についた。そんな生活のなか，多くの作品を残し夏目漱石と並び明治の精神を体現した作家となった。

第3話　与謝野晶子『みだれ髪』
　「くろ髪の千すぢの髪のみだれ髪かつおもひみだれおもひみだるる」。豊かな黒髪が乱れるように，私の心も乱れに乱れているという気持ちを詠んだ歌であるが，濃厚なエロティシズムが漂う。

〈要点整理・スケッチ〉

文芸思想　大正デモクラシー

北村透谷　想世界
森鷗外　諦念（レジグナチオン）
夏目漱石　外発的開化・自己本位　個人主義・則天去私
日露戦争後の近代日本の歪み
部落解放運動　水平社
女性解放運動　平塚らいてう　市川房枝
民本主義「天皇制の枠内での民主化」　吉野作造

【発展学習問題】

問題　次の文章を読み，以下の問いに答えなさい。

　近代になり，西洋文明を受容した啓蒙思想家は，<u>ⓐ個人</u>が自覚的に国家の担い手となる新たな国づくりを目指した。福沢諭吉は，「一身独立して一国独立す」と述べ，日本の対外的な独立には，学問による一人ひとりの独立が必要であると説いた。しかし，富国強兵を目指す急速な近代化のなかで，例えば，平民主義を唱えた徳富蘇峰が，徐々に国家主義的主張に転じていったように，国家重視の傾向が強くなっていく。こうした状況のなかで，<u>ⓑ天皇主権の国家体制の中で民衆の意見を政治に反映させる動き</u>が高まるとともに，<u>ⓒ高まる社会的不平等を批判し，貧しい人々や女性など社会的弱者の救済を訴える者</u>もいた。

問1　下線部ⓐに関連して，夏目漱石が晩年になって求めたとされる考え方として最も適当なものを，次の①〜④のうちから一つ選べ。

①　自我に対するこだわりを捨て，自我を超えた，より大いなるものに従って生きる東洋の伝統思想にみられる考え方

②　自我を主張するのではなく，現実的な世俗社会の中で生きる自己が置かれた立場を，ありのままに受け入れる考え方

③　自己とは政治的な世界において実現されるものではなく，内面的世界の充実を通じて確立されるとする考え方

④　真の自我は，個人と社会との弁証法的な相互作用によって成立すべきで，どちらか一方には片寄らない考え方

問2　下線部ⓑに関して，吉野作造の思想として最も適当なものを，次の①〜④のうちから一つ選べ。

①　憲法の規定内で民本主義を貫徹させるには，普通選挙の実施と政党内閣制の実現が望ましいと主張した。

②　民本主義の具体化のために，天皇の権力を制限することが重要であるとし，民定憲法の制定を主張した。

③　国民が政治的に中立な立場を貫きとおし，国民を主体とした中道勢力による政党政治の実現を主張した。

④　民本主義をデモクラシーの訳語として把握するかぎり，国民主権の確立が政治的目標であると主張した。

問3　下線部ⓒに関連して，次のア〜ウは，国家社会や職業のあり方への発言や社会運動などを通して，こうした課題に取り組んだ思想家の説明である。その組合せとして正しいものを，下の①〜⑥のうちから一つ選べ。

ア　木下尚江や片山潜らと社会民主党を設立した。キリスト教的人道主義の立場から，「基督教（キリスト）が精神的方面から平等主義を唱えるのに対し，社会主義はまず経済上の平等を実行し，漸次これを政治，社会，道徳の方面に及ぼそうとする」と，キリスト教の理想を社会主義によって実現することを主張した。

イ　中江兆民の自由民権思想の影響を受けて社会主義の思想を深めた。平民社を結成し，機関紙『平民新聞』に「人間がみな技能に応じて職業をもつ。職業に応じて労働する。……遊んでいて生活できる者がなく，労働して生活できない者がない」国家の形成が，「わが社会主義の主張」であると訴えた。

ウ　青鞜社を興し，女性解放運動の中心的役割を担った。その機関誌『青鞜（ところ）』に「それ自身意義ある女の生活のために，……経済上の独立のない処から生ずる様々な不安や，障害を取り去るために，職業教育をも要求いたします」と，「新しい女」の生き方を主張し，女性の自立と社会的地位の向上を訴えた。

①　ア 安部磯雄　イ 大杉栄　ウ 景山（福田）英子　　②　ア 新渡戸稲造　イ 大杉栄　ウ 市川房枝
③　ア 植村正久　イ 堺利彦　ウ 平塚らいてう　　④　ア 新渡戸稲造　イ 堺利彦　ウ 市川房枝
⑤　ア 安部磯雄　イ 幸徳秋水　ウ 平塚らいてう　　⑥　ア 植村正久　イ 幸徳秋水　ウ 景山（福田）英子

（問1 2013本試験第3問改　問2 2002追試験第3問改　問3 2011追試験第3問改）

【記述問題演習】

1　夏目漱石の「自己本位」とはどのようなものか述べなさい。

2　吉野作造の「民本主義」とはどのようなものか述べなさい。

5-4 近代日本哲学の成立と昭和期の思想

○西洋思想の受容と東洋や日本思想の再評価により独自の思想を打ち立てた人々の学習をとおして，私たちが，他者とともに「よく生きる」ための手がかりについて考えを深めよう。

＜重要事項チェック＞

1 近代日本哲学の成立…西洋哲学の本質的な受容と独自な統合。

(1) 【¹　　　　　】(1870 – 1945)…『【²　　　　　　】』

① 西洋哲学の主観と客観の区別を否定。

② 西洋哲学と東洋の禅との批判的統合を試みる。

③ 【³　　　　　】：主観と客観がまだ区別されてない【⁴　　　　　】の状態での直接的な経験であり，「真の自己」の表出。

④ 「真の自己」と一致し，知・情・意が一体となった人格の実現を善とする。

(2) 【⁵　　　　　】(1889 – 1960)…『【⁶　　　　　　　】』『風土』

① 西洋哲学の個人主義を否定。近代倫理学の確立

② 【⁷　　　　　　】：人間は，常に人と人との関係において存在する。

③ 倫理も，個人と社会の相互作用において成立するとする。

④ 【⁸　　　　】：自然と人間との一体的なかかわりあい。

2 民俗学…伝承資料によって日本人の過去の生活実態や精神上の特性を明らかにしようとする。

思想家	思想内容	主著
【⁹　　　　】	① 【¹⁰　　　】の日常生活に着目し，日本人の姿を探究。日本文化の基層をなす無名の庶民の日常的習慣や儀礼を研究。 ② 【¹¹　　　】：「文字以外の形をもって伝わっている材料」	『遠野物語』 『先祖の話』
【¹²　　　　】	① 柳田の民俗学の意義を国文学に反映させ，信仰と文芸の関係をめぐって独創的な考察を展開。 ② 日本における神の原型を「【¹³　　　　】」とする。海の彼方の**常世国**に住み，村落に幸福をもたらす来訪神。	
【¹⁴　　　　】	① 英米留学時に生物学や人類学を学び，帰国後粘菌を研究。 ② 明治政府の神社合祀令による森林破壊に反対。	
【¹⁵　　　　】	① 無名の職人によって作られた日本の「【¹⁶　　　】」に新たな美を発見。 ② 朝鮮の芸術にも同様の価値を見いだして高い評価をあたえた。	

3 昭和期の思想

(1) 【¹⁷　　　　】(1896 – 1933)…『よだかの星』『銀河鉄道の夜』

① 農村で農業指導をする一方，仏教やキリスト教思想に満ちた詩や童話を発表。

② 「世界がぜんたい幸福にならないうちは個人の幸福はありえない」

(2) 【¹⁸　　　　】(1902 – 83)…『モオツァルト』『本居宣長』『無常といふ事』

① 自己の内部を表現する新しい近代批評という分野を開拓。

② 外部から取り入れた思想や理論による，抽象的で表層的なものの見方を批判。

③ 主観性を深めることでしか，物事に対する理解は生まれないとする。

(3) 【¹⁹　　　　】(1906 – 55)…戦後の道徳的退廃を見つめて，本来の自己に根ざした道徳の回復を訴える。『堕落論』

(4) 【²⁰　　　　】(1914 – 96)…『日本の思想』『現代政治の思想と行動』

① 日本思想の雑居性と，根の浅い近代化の限界を指摘。

② 自由な主体的意識に目覚めた個の確立が急務であると主張。

＜メモ欄＞

閑話休題

第1話　純粋経験とは?!
　純粋経験とは「未だ知情意の分離なく，唯一の活動であるように，また未だ主観客観の対立もない」経験を指し，美しい音楽に心を奪われたり，画家が描くことに没入したりしているときのような直接的経験のことをいう。

第2話　哲学の道
　西田幾多郎が散策した，京都の銀閣寺から南禅寺に至る琵琶湖疎水沿いの道は，両岸に桜並木が続き，「哲学の道」とよばれている。日本の道百選にも選ばれている。

第3話　『遠野物語』
　柳田国男が1910年に発表した岩手県遠野地方に伝わる民話を集めた説話集。河童，天狗，座敷童など妖怪にまつわる話や怪談，神話など内容は多岐にわたる。馬と娘の婚姻にまつわるオシラサマ信仰も有名。

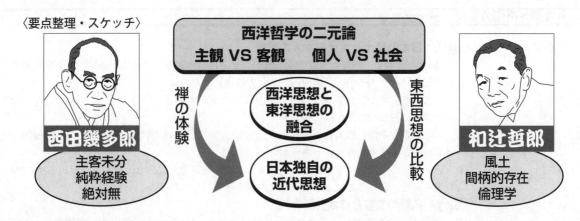

【発展学習問題】

問題 次の文章を読み，以下の問いに答えなさい。

> 近代に入り，西洋の思想や文化が本格的に紹介され，西洋文明を称賛する風潮が生じた中で，岡倉天心は，東洋に対する西洋人の無理解に警鐘を鳴らし，ⓐ西洋・東洋に共有されている価値観を探究した。英文で著した『茶の本』において，天心は西洋でも尊重されている茶に注目し，道家や禅の思想を基に形成された日本の茶道の本質を，ⓑ日常生活のなかにある美を崇拝する営みに見いだした。彼が精力的に日本の文化を海外に紹介したことは，ⓒ現代でも高く評価されている。

問1 下線部ⓐに関して，「無の場所（絶対無）」を論じた西田幾多郎についての説明として最も適当なものを，次の①〜④のうちから一つ選べ。

① すべての意識や実在の根底に「無の場所」を考え，「無の場所」の限定である現実の世界においては，様々な事物や事象が絶対的な矛盾や対立を残したまま，統一されていると説いた。

② すべての意識や実在の根底に「無の場所」を考え，「無の場所」の限定である現実の世界においては，様々な事物や事象の間にいかなる矛盾も対立も存在しないと説いた。

③ 西洋哲学における伝統的な二元的思考に基づいて，主観により生じる「無の場所」を避け，現実世界においては，様々な事物や事象が絶対的な矛盾や対立を残したまま，統一されていると説いた。

④ 西洋哲学における伝統的な二元的思考に基づいて，主観により生じる「無の場所」を避け，現実世界においては，様々な事物や事象の間にいかなる矛盾も対立も存在しないと説いた。

問2 下線部ⓑに関連して，日常の生活に注目して思索を展開した思想家の一人として，柳宗悦がいる。彼についての説明として最も適当なものを，次の①〜④のうちから一つ選べ。

① 名もなき人々の生活に注目することによって確立された民俗学の方法を基に，祖先の霊は村のそばにある山に住んで子孫たちを見守り，お盆や正月，村の祭りの時には子孫の家を訪ねて交歓すると説いた。

② 民衆が伝承してきた昔話や習俗のなかに，固有の文化があると考え，文字として残っていない琉球・沖縄の伝承や古歌謡「おもろ」に注目し，沖縄固有の民俗学の確立に尽力した。

③ 江戸の庶民のなかで，恋を貫こうとする意気込みや艶めかしさ，きっぱりと諦める気風が「いき」であるとして尊重されていたことを見いだし，それが日本的な美意識の根幹を成すと主張した。

④ 名もなき職人の熟練した手仕事によって作られた日用品のなかに，固有の実用的な美しさがあると考え，それを「民芸」と名付けて，各地の民芸品の収集や再発見を目的とした民芸運動を展開した。

問3 下線部ⓒに関連して，次の文章は，戦後のあるべき社会や生き方についての主張の記述である。　a　・　b　に入る語句の組合せとして正しいものを，下の①〜④のうちから一つ選べ。

> 　a　は，「何となく何物かに押されつつ，ずるずると」開戦に至り，戦争をやめることができなかった戦前・戦中の日本社会に，無責任の体系を見いだし，批判的な検討を加えた。また，坂口安吾は，人間本来の姿に戻ることを　b　と呼び，偽り飾ることのない「ただの人間になる」べきだと主張した。時流に乗って民主主義を主張する人も多いなか，彼は一人ひとりが新たな戦後を反省的に始めるべきだと説いたのである。

① a 丸山真男　　b 諦　念　　　② a 丸山真男　　b 堕　落
③ a 小林秀雄　　b 諦　念　　　④ a 小林秀雄　　b 堕　落

（問1 2019本試験第3問改　問2 2017本試験第3問改　問3 2014追試験第3問改）

【記述問題演習】

1 和辻哲郎の「間柄的存在」とはどのようなものか述べなさい。

2 柳田国男の民俗学とはどのようなものか述べなさい。

＜解答欄＞

1　日本の風土と古代日本人の思想

(1)　『風土』を著し，西洋と東洋の両文化に対する深い理解をふまえて，人間を「間柄的存在」と規定し，人と人との「共同態的」あり方に注目したのは誰か。

(2)　古代日本人の心性に奥深く分け入る方法によって，「まれびと」としての神と人々との交流を理論化したのは誰か。

(3)　この世のものは，動植物のみならず無生物を含めて霊魂を宿しており，それが神秘的に働いているとする考え方を何というか。

(4)　日本全国の民間伝承を筆録する運動をすすめ，怪異譚や民話を分析して，庶民の精神生活の実相を明らかにしようとし，日本民俗学を創始したのは誰か。

2　仏教の受容と日本的展開

(1)　『法華経』・『勝鬘経』・『維摩経』の注釈書である『三経義疏』を著したのは誰か。

(2)　統一国家建設にとって不可欠な和の精神を育てるためには，仏教や儒教の教えにもとづくことが必要であると説き，「凡夫」としての自覚が説かれているのは何か。

(3)　この世に仏の教えにもとづく国家を実現しようとする，国家を支える思想としての仏教のあり方を何というか。

(4)　大仏建立に尽力し，諸国を遊説・布教しながら，道や橋あるいは貧民のための無料宿泊所をつくるなど，積極的に民衆の救済にあたった奈良時代の僧侶は誰か。

(5)　奈良時代に入って中心となった，教典・教義の理論的研究を第一の課題として行う学問仏教をまとめて何というか。

(6)　奈良仏教の救済観を差別的であると批判し，新たな大乗の戒律を立てて，仏教界を改革しようとした天台宗の祖は誰か。

(7)　すべていのちあるものは仏となる可能性を備えている。従って自らがそのような本性を自覚し，さらに修行するならば，誰もが成仏しうるとする考えを何というか。

(8)　大日如来が自らの境地そのものを説いた秘密の教えであり，秘伝の身口意の修行を行うことによって如来と一つになれば悟ることができるとする仏教を何というか。

(9)　神社に神宮寺がおかれるなど，それぞれの要素は変質しつつも消滅せずに，神道と仏教が重なり合うことを何というか。

(10)　日本の神々は，衆生の教化のために諸仏が仮に神となって現れた化身，すなわち権現（こんげん）とみなす考え方を何というか。

(11)　煩悩に満たされているのが人間であるが，煩悩のあるまま阿弥陀仏を一心に念ずれば，その広大な慈悲にあずかり往生できるとする一連の仏教信仰を何というか。

(12)　末法の世に生まれた素質の劣る者は，他のすべての教えや修行を差しおいて，ただ他力易行門を選び取るべきであると説いたのは誰か。

(13)　人間は煩悩からの脱却は不可能であり，その不可能性を自覚して絶対他力の立場にたつ「信」によってのみ，阿弥陀仏の本願による救いにあずかることができると説いたのは誰か。

(14)　この世のすべてを，仏のはからいによるおのずからなる働きとする説を何というか。

(15)　ひたすら坐禅に打ち込み，日々の生活のすべてを厳しく律することを通じて，自ら仏の智慧と慈悲を獲得しようと努めることを何というか。

(16)　修行に徹するということは，自己中心的なあり方を去り，自己を包むものとしての世界と真に出会うことにほかならないという道元の考え方を何というか。

(17)　『法華経』は正法を広める者が迫害されることを予言しているとし，迫害の中で，法華経に深く傾倒し，すべての人が仏になれるとする一乗思想を強く主張したのは誰か。

3　儒教の日本的展開

(1)　朱子学の理を重んじ，人間社会にある上下の関係は，天地が上下の関係にあるように永遠に変わらないと説明し，徳川幕藩体制の身分制度の確立に貢献したのは誰か。

(2)　天と地に高低の差別があるように，人間も生まれつき身分の上下が決まっているという考えを何というか。

(3)　居敬窮理の厳格な実践を説き，後に儒教の理と日本の神とを結合させた独自の神道説を唱えたのは誰か。

(4) 朱子学の天理の抽象性を批判して古学を提唱し，道徳的指導者としての武士のあり方を士道論として展開したのは誰か。

(5) 武士はいちずに主君を思い，奉公三昧に徹するべきだと説いた山本常朝の著作は何か。

(6) 『論語』を「最上至極宇宙第一の書」とよんで尊び，他者に対して忠信や忠恕に努めるならば，互いに愛し親しむ和合が実現すると説いたのは誰か。

(7) 自分を裏切らず，他者に対する言行や心意に嘘や偽りがないことを伊藤仁斎は何といったか。

(8) 聖人のことばに直接触れるために古代中国の言語を研究する古文辞学を訴え，後の国学の方法論にも影響をあたえたのは誰か。

(9) 聖人が現れ諸制度を整備し，人々がそれに従って平和に生きていた時代に本来の人間の生き方がみられるとし，荻生徂徠が絶対的なよりどころとしたものを何というか。

(10) 荻生徂徠は学問の目的を，個々人の内面的な修行ではなく政治によって民を安んじることであるとしたが，このことを何というか。

４　国学と民衆の思想

(1) 日本人の心を伝える文献である『万葉集』の研究に取り組み，『万葉代匠記』を著して，古代日本人の精神を学ぶべきだと主張したのは誰か。

(2) 『万葉集』の研究によって，古代日本人の心の典型としての「ますらをぶり」を発見し，儒教や仏教が入る以前の精神を復活させようとしたのは誰か。

(3) 『玉勝間』を著し儒学ではなく歌学の研究をしなければ，人倫の道は分からないという立場をとったのは誰か。

(4) 他者やものごとにこまやかに共感する心の動きや働きのことを何というか。

(5) 古来の神道の姿を求めて復古神道を提唱し，現実の生の背後にある死後の霊魂の行方を論じたのは誰か。

(6) 商人の正当な利潤の追求の精神を肯定し，正直と倹約といった徳目を強調，四民に通じる「道」を説いて，庶民教育の普及や職業倫理の確立に寄与したのは誰か。

(7) 封建的な身分差別や貧富の差のある法世は否定されねばならず，万人が直耕し自給自足する平等で差別のない自然世こそ，理想の社会であると説いたのは誰か。

５　西洋近代思想と日本

(1) 東洋では道徳がすぐれており，西洋では技術がすぐれているので，両者を兼ね合わせる必要がある，和魂洋才を説いたのは誰か。

(2) 功名や利欲を離れた純粋な心情に徹して，己の誠を尽くせば天道と一体になると説き，幕末の志士たちに勤皇の精神を強調し『講孟余話』を著したのは誰か。

(3) 1873年にアメリカから帰国した森有礼を中心として結成され，国民の近代的啓蒙に意欲を燃やした文化団体を何というか。

(4) 我が国には，隣国の開明を待って共にアジアを繁栄させる時間的余裕はない。むしろその隊列を脱して西洋の文明国と進退を共にすべきであると脱亜論を説いたのは誰か。

(5) 為政者が人民に恵みあたえた権利であっても，人民はそれを育てていって，その権利を実質的なものに変えていかなくてはならないと恢復的人権を唱えたのは誰か。

(6) イエスと日本は矛盾するものではなく，近代化の中で混迷する日本人の精神的再生のために，イエスへの純粋な内面的信仰の大切さを説いたのは誰か。

(7) キリスト教が日本に定着するためには武士道精神が不可欠であると考え『武士道』を著し，「太平洋のかけ橋」となることを目指し，国際社会で活躍したのは誰か。

(8) 『日本道徳論』の中で，西洋哲学の長所を取り入れ，儒教を根幹とすることによって国民道徳を確立すべきであると説いたのは誰か。

(9) 現代日本の開化は，外発的で皮相なものであり，日本人は真の意味での自己を確立する必要があると主張した明治の文豪は誰か。

(10) 主観と客観，精神と物質の対立は，分析的・反省的意識によってもたらされたものであり，真の実在は主客未分の純粋経験そのものであると『善の研究』で述べたのは誰か。

(11) 無名の職人によって作られた日本の「民芸」に新たな美を発見したが，朝鮮の芸術にも同様の価値を見いだして高い評価をあたえ，朝鮮民族への敬愛を説いたのは誰か。

解答欄:
(4)
(5)
(6)
(7)
(8)
(9)
(10)

(1)
(2)
(3)
(4)
(5)
(6)
(7)

(1)
(2)
(3)
(4)
(5)
(6)
(7)
(8)
(9)
(10)
(11)

○ルネサンス期の思想や人物，作品などの学習をとおして，ヒューマニズムの考え方を理解し，人間のあり方や生き方について考えてみよう。

＜重要事項チェック＞

1 【¹　　　　　】…本来フランス語で「再生」を意味する。
ギリシャ・ローマの古典文化の復興を目指した文化的・社会的運動。

(1) **人文主義**（【²　　　　　　　】）
元来は【³　　　　　　　　　　　】の復興を目指すもの。
中世的な世界観を否定，人間性を抑圧するものから人間を解放しようとする。

(2) 【⁴　　　　】（普遍人）…ルネサンスの理想的人間像。
人間が本来持っている能力を最大限に発揮する人物。
「人間は欲すれば，何事もなし得ることができる」…アルベルティ

2　ルネサンス期の思想

(1) 【⁵　　　　　　　】（1463-94　伊）…『【⁶　　　　　　　　　】』
① 【⁷　　　　　　】…人間の尊厳の根拠。
人間は神から自由意志を授けられた唯一の存在。
他の動物や植物と違って，人間は自分自身のあり方を決めることができる。
「人間は神的な存在にも獣にもなりうる」

(2) 【⁸　　　　】（1469-1527　伊）…『【⁹　　　　　】』『ローマ史論』
① 【¹⁰　　　　　　】…為政者が目的達成のために用いるあらゆる手段を是認。
権謀術数主義。「君主には獅子の強さと，狐のずる賢さが必要」。『【⁹　　　　　】』
政治と宗教・倫理を分離，現実主義的に政治をとらえる。

ルネサンス期のイタリアの主な人物

人　物　名	作　品　な　ど
【¹¹　　　】 （1265-1321）	詩人。 『**神曲**』
ペトラルカ （1304-74）	詩人，人文主義者。 『カンツォニエーレ』
ボッカチオ （1313-75）	詩人，人文主義者。 『【¹²　　　　　】』
アルベルティ （1404-72）	万能人。 『絵画論』『建築論』
【¹³　　　】 （1444-1510）	画家。 『ヴィーナスの誕生』『春』
【¹⁴　　　】 （1452-1519）	万能人。彫刻・土木・天文・医学・物理等に活躍。 絵画：『モナリザ』『最後の晩餐』（**遠近法**）
【¹⁵　　　】 （1475-1564）	万能人。彫刻家，画家。 彫刻：『ダヴィデ像』。絵画：『最後の審判』（システィナ礼拝堂大壁画）
【¹⁶　　　】 （1483-1520）	画家。 『アテネの学堂』『聖母子と幼児聖ヨハネ』

北方ルネサンスの主な人物

人　物　名	作　品　な　ど
【¹⁷　　　】 （1466-1536）	オランダの人文主義者。ギリシャ語原典の聖書出版。『痴愚神礼讃（賛）』 自由意志論…ルターと自由意志をめぐり激しく論争。
【¹⁸　　　】 （1478-1535）	イギリスの人文主義者，政治家。『**ユートピア**』で，「羊が人間を食い殺している」と述べ，私有財産制度を批判。

閑話休題

第1話　ルネサンスと魔術
　世界は神のもとで秩序づけられているというスコラ的自然観に対して，ルネサンスでは，宇宙は「世界霊魂」によって生気づけられているという魔術的自然観のもと占星術や錬金術も盛んに研究されていた。

第2話　北方ルネサンス
　イタリアのルネサンスは15世紀末にはアルプスを越えて展開した。これを北方ルネサンスという。文献批判的な古典研究，市民の内面的倫理，ローマ教会批判などの特徴を持ち，宗教改革の先駆ともなった。

第3話　エラスムスとルター
　「宗教改革はエラスムスが卵を産みルターが孵した」と言われるが，自由意志を肯定するエラスムスと奴隷意志（奴隷のように神の意志に従って生きるべき）を主張するルターとの間には激しい論争があった。

ルネサンス ～自然と人間の再発見～

古代の三美神 ポンペイ出土のフレスコ画　　**中世の三美神** 14世紀　　裸体画「人間の肉体の躍動」　ボッティチェリ「春」

【発展学習問題】

問題　次の文を読み，以下の問いに答えなさい。

> 　ルネサンスの精神は ⓐ人文主義 とよばれている。これは，ギリシャ・ローマの古典文化の研究方法を意味した。西洋中世では，神中心のものの見方・考え方が支配的であったが，ⓑ神の呪縛からの解放がルネサンスを可能にしたと考えることができる。ルネサンスの ⓒ絵画・彫刻作品 には，明らかにこうした傾向を認めることができる。

問1　下線部ⓐに関連して，ルネサンスの人文主義者の説明として**適当でないもの**を，次の①～④のうちから一つ選べ。

① エラスムスは，『痴愚神礼賛』のなかで，ローマ・カトリック教会の聖職者の腐敗・堕落を痴愚神の口を借りて風刺的に批判したが，自由意志を否定するルターとは見解を異にし，激化する宗教改革からは距離をおいた。

② ピコ・デラ・ミランドラは，『人間の尊厳について』のなかで，神は人間に自由意志をあたえたのであるから，人間は神のようにも，獣のようにも生きることができると説いて，自由意志による人間の自己形成を主張した。

③ ダンテは，『神曲』のなかで，自己の魂の浄化を主題とし，人間の魂は神によって祝福されたものであり，欲望や金銭，地位や名誉とは本来無縁の美しいもの，汚れのないものとして描き出し，魂の永遠の理想を表現した。

④ ボッカチオは，『デカメロン』のなかで，ペストの難を逃れるために集まった男女が語る物語において，名声を馳せた人物たちの金銭欲や色欲など欲望の解放がもたらす不幸を描き，信仰による貞潔の必要を説いた。

問2　下線部ⓑに関連して，次の生徒のレポート文章中の【 X 】に入る語句を考え，その語句を入れた際に正しい解説となる文として適当なものを，下の①～④のうちから二つ選べ（順不同）。

> 　私はルネサンスの運動が提起した神の呪縛からの解放がヨーロッパの【 X 】につながったと考え，ルネサンスの思想家の作品を読んだ結果，多くの思想家がそれぞれに【 X 】の契機となる考えをもっていたことを知りました。

① マキャベリは国家の政治的統一を考える際に君主に求められる資質として，権謀術数主義を唱え，道徳や宗教的観念からの解放が国家の【 X 】につながると考え，政治と宗教の分離を主張した。

② フィチーノは，「人間は欲すれば何事もなしうることができる」と述べ，育成された美感的能力を生かして絵画や彫刻，建築に自己の才能を発揮する万能人が文化の【 X 】に貢献すると主張した。

③ ウェーバーは，神の呪縛からの解放を脱呪術化とよび，合理化を【 X 】とみなし，プロテスタンティズムの禁欲的職業倫理が資本主義の精神の発展にあたえた影響を宗教社会学的見地から考察した。

④ トマス・モアは，「羊が人間を喰い殺している」と述べ，農民の所有地を奪う政府の囲い込み政策を厳しく批判し，私有財産制を維持しながらも経済の平等を社会の【 X 】と捉え，社会主義を説いた。

問3　下線部ⓒに関連して，ルネサンス芸術の説明として最も適当なものを，次の①～④のうちから一つ選べ。

① ミケランジェロは，『最後の晩餐』において，遠近法と均衡を用いてイエスと使徒たちのドラマを再現した。

② ボッティチェリは，『ヴィーナスの誕生』において，美の解放をギリシャの女性を描くことを通して表現した。

③ レオナルド・ダ・ヴィンチは，『アテネの学堂』において，二人の哲学者の思想を手の動きで表現した。

④ ラファエロは，『ダヴィデ像』において，古代市民の理想的肉体美を力強さと均衡を表現し，再生した。

（問1・3 2018追試験第4問改　問2 2018試行テスト第3問改）

【記述問題演習】

1 人文主義（ヒューマニズム）とはどのようなものか述べなさい。

2 ピコ・デラ・ミランドラが人間の尊厳についてどうとらえたか説明しなさい。

○中世ヨーロッパにおけるキリスト教会の権威を否定し，人間の主体性にもとづいて信仰の個人への内面化をはかったルターやカルヴァンの思想とモラリストの思想をとおして，人間のあり方について考えよう。

＜重要事項チェック＞

1　宗教改革

(1) カトリック教会

　ローマ教皇を頂点とする位階制（ヒエラルキー）。教義・儀式の重視。

　【¹　　　（　　　　　）】の販売。

(2) 宗教改革の先駆者たち

　① ウィクリフ（1320？－84　英）…教会や教皇の世俗化を批判。聖書を重視。

　② フス（1369？－1415　ボヘミア）…贖宥状や教皇権を批判。

(3) 【²　　　　　】（1483－1546　独）…**『キリスト者の自由』**。聖書をドイツ語に翻訳。

　「【³　　　　　　】」（1517）：教皇レオ10世の贖宥状販売に抗議。

　① 【⁴　　　　　】：**「信仰のみ」**。人は善行でなく信仰によってのみ義とされる。

　② 【⁵　　　　　】：**「聖書のみ」**。信仰のよりどころは聖書の福音のみ。

　③ 【⁶　　　　　　　】：すべての信仰者は等しく司祭である。キリスト者の平等。

　④ 【⁷　　　　　　】：職業に貴賎はなく，職業は神からあたえられた使命である。

　　職業に努め励むことが神の意志にそう。

(4) 【⁸　　　　　】（1509－64　仏）…**『キリスト教綱要』**

　① 神の意志が世界の唯一の原理…神の絶対性を強調。

　② 【⁹　　　　　】：救済は人間の行いによって決まるのではなく，神によってあらかじめ定められている。

　③ 【⁷　　　　　】…神の栄光の実現のための禁欲・勤勉を奨励。営利活動の肯定。

　　【¹⁰　　　　　　】として西ヨーロッパに広まる。

　　※【¹¹　　　　　】（独）『プロテスタンティズムの倫理と資本主義の精神』

　　カルヴィニズムの浸透が資本主義を発展させたと分析。

(5) 【¹²　　　　　　　　　】：宗教改革によりカトリック教会から独立した宗派。

(6) 反宗教改革…ローマ・カトリック教会内部の改革運動。戒律を再興，清貧を重視。

　① イグナティウス・デ・ロヨラ…修道会（【¹³　　　　　　】）を創設。

2　モラリスト…人間のあり方を探求し，随筆・格言・箴言（しんげん）などの手記を残す。

(1) 【¹⁴　　　　　】（1533－92　仏）…**『エセー』**（『随想録』）

　① 「【¹⁵　　・　・　】（私は何を知るか？）」

　　傲慢さや偏見・独断を排して，謙虚に自己吟味を行う…懐疑主義。

　② 宗教的寛容さを重視…偏狭な心を排す。

(2) 【¹⁶　　　　　】（1623－62　仏）…**『パンセ』**

　① 【¹⁷　　　　　】：人間は，偉大と悲惨，無限と虚無との間をさまよう不安定な存在である。

　② 「人間は【¹⁸　　　　　】である」

　　人間は葦のように無力である一方で，思考する偉大さを持ち合わせている。

　③ 幾何学的精神と繊細な精神

　　【¹⁹　　　　　】：理性に従い，論理的に思考する精神。

　　【²⁰　　　　　】：人間の心情などを直観的にとらえる精神。「神を感じるのは心情」

＜メ　モ　欄＞

閑話休題

第1話　贖宥状

　贖宥状とはローマ教会が，罪の償いが免除されるとして発行した証書。ローマ教皇レオ10世は，サン・ピエトロ大聖堂修築費用を富豪フッガー家から借金し，返済のためにドイツで大量の贖宥状を販売した。

第2話　聖書のドイツ語訳

　難解なラテン語で書かれた中世の聖書を理解できるのは司祭など一部の階層の人々に限られており，信者が聖書を読むことを禁止されたことさえあった。ルターは神聖なラテン語の聖書を，世俗のドイツ語に翻訳した。

第3話　ユグノー戦争（仏）

　1562年から30年以上，新旧両派で繰り広げられた宗教戦争。モンテーニュが39歳の時におきたサン＝バルテルミの虐殺では，パリで3000人ものユグノーが殺された。彼はカトリック陣営にありながら宗教内乱の調停に努めた。

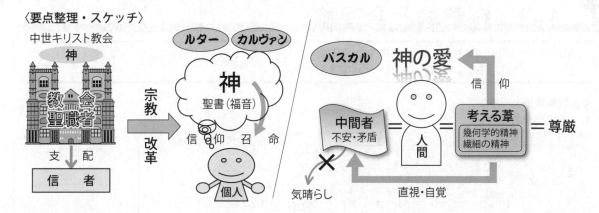

〈要点整理・スケッチ〉

【発展学習問題】

問題 次の文を読み，以下の問いに答えなさい。

> 信仰は神と人間の関係について問う。そこでは自由意志に関して，意見の対立が見られた。例えば， a は i と考えたが， b は ii と考えた。 a が依拠したキリスト教的人文主義からは，信仰の問題を信仰の主体である個人に帰すことは可能であるとしても，だからといって，信仰の主体としての個人が神から独立しているとまではいえないかもしれない。宗教改革がカトリック教会の聖職者や制度を否定したのは，神と人間のあるべき関係を聖書に依拠して捉え直すためであった。その結果，信仰は神と人間の相互作用として理解されることになった。しかし，神にはたらきかける人間の信仰の営みを消極的な作用と理解してはならない。それどころか， あ 。このように，知り得ない神の意志こそが，かけがえのない信仰の基盤となっていると考えることもできるのである。そして17世紀になるとパスカルが，信仰に基づく謙虚な態度で，理性的存在としての人間の栄光と悲惨を見つめる思索を行った。

問1 a ・ b に入る人名として最も適当なものを，下の**人名**①〜④から， i ・ ii に入る言葉として最も適当なものを，下の**言葉**①〜④のうちからそれぞれ一つ選べ。

人名 ① ルター ② ピコ・デラ・ミランドラ ③ カルヴァン ④ エラスムス

言葉 ① 自由意志は認められない ② 救いは神が与えた律法の遵守による
③ 自由意志は認められる ④ 救いは人間の理性を信仰に動機づけることにある

問2 あ に入る記述として最も適当なものを，次の①〜④のうちから一つ選べ。

① 神に向き合う人間は，神の代理者である聖職者の教えに従うことが必要であるとする人物もいた。例えば，エラスムスは，高位聖職者の腐敗・堕落について風刺的に批判するが，聖職者の宗教的義務は豪勢な宗教的行事や儀式を司り，聖書の言葉を述べるのみならず，神の代理として品行方正に努め，聖書の教えを体現することにあると考えた

② 神に向き合う人間は，神の教えを述べた聖書を信仰の拠り所とすべきであるとする立場もあった。例えば，ルターは，職業を神が人間にあたえた思し召しとみなし，職業的義務を遂行する行為が神の栄光を増す行為であると主張し，神の言葉を義務と考えて行動する人間は万人が司祭であるとみなしうると考え，神の前の平等を説いた

③ キリスト者が信仰によって救われるか滅びるかは神が予定していると考える立場もある。例えば，カルヴァンは，キリスト者が聖書の言葉を信じ，自己のあたえられた職業に励む行為によって，自己の救いを確信するしかないと考えたのは，神と人間の相互作用をキリスト者の側から肯定的に捉え直した主張であると考えることができる

④ 神に向き合う人間の信仰が，結果的に近代社会の経済的発展に貢献すると説く立場もある。例えば，ウェーバーは，プロテスタンティズムの倫理が，禁欲的な職業倫理としてキリスト者に受けとめられた場合に，富の蓄積を宗教面から肯定する思想が生まれ，資本主義発展の精神的エトスとして影響をあたえた例としてアメリカを取り上げた

問3 下線部に関連して，パスカルの次の資料を読み，文中【 X 】に入る適語として最も適当なものを，下の①〜④のうちから一つ選べ。

> 人間はひとくきの葦にすぎない。自然のなかで最も弱いものである。だが，それは【 X 】葦である。人間は自分が死ぬことと，宇宙の自分に対する優勢とを知っているからである。

① 死すべき ② 考える ③ 抵抗する ④ 祈る

（問1・3 2018試行テスト第3問改 問2 2016追試験第4問改・2018試行テスト第3問改）

【記述問題演習】

1 カルヴァンの「予定説」とはどのようなものか述べなさい。
2 パスカルは「考える葦」ということばで人間をどのような存在ととらえたか説明しなさい。

○物質的豊かさと便利さをもたらした科学技術の発展に寄与したベーコンやデカルトの思想について，理解を深めるとともに，科学技術と人間のよりよいあり方について探究しよう。

＜重要事項チェック＞

1　近代科学の誕生

人　物　名	業　　績	著　　書
【1　　　　　】 （1473－1543　ポーランド）	地動説提唱。無限宇宙論を数学的理論によって提唱し，科学的世界観の基礎をつくる。	『天体の回転について』
ケプラー（1571－1630　独）	惑星運動の三法則。	
【2　　　　　】（1564－1642　伊）	慣性の法則・落体の法則。	**『天文対話』**
【3　　　　　】（1642－1727　英）	古典力学確立。**万有引力の法則。**	『プリンキピア』

　　【4　　　　　　　　　】：自然は自然法則の秩序に従い，自動機械のように運動する。
　　⇔目的論的自然観…アリストテレス，中世キリスト教世界。

2　経験論

(1)　【5　　　　　　　】（1561－1626　英）…『ノヴム・オルガヌム（新機関）』
　①　「【6　　　　　　　】」：自然に服従することによって初めて発見される知が，人
　　　　　　　　　　　　　　類に自然を支配する力をあたえる。
　　　学問の目的は，自然を支配し人間の生活を豊かにするために知識を得ること。
　②　【7　　　　　　　】：人間の正しい認識の邪魔となる思い込みや偏見。
　　　ⅰ　【8　　　　　　　】：人間の本性にもとづく，人間という種族に共通の偏見。
　　　ⅱ　【9　　　　　　　】：個々人の性癖や環境から生み出される偏見。
　　　ⅲ　【10　　　　　　】：言葉の不適当な使用から生まれる誤解。
　　　ⅳ　【11　　　　　　】：伝統や権威を無批判に受容することで生まれる偏見。
　③　【12　　　　　　】：事実の観察や実験の結果から法則や真理を導き出す方法。
(2)　経験論の展開
　①　【13　　　　　　】（1632－1704　英）…『人間知性論』
　　　タブラ－ラサ：人の心は本来白紙のようなもので何も書かれていない。
　　　　　　　　　　　すべての観念は経験によって獲得される。
　②　【14　　　　　　】（1685－1753　英）…「存在するとは知覚されること」，観念論。
　③　【15　　　　　　】（1711－76　英）…心を単なる知覚の束とみなす。懐疑論。

3　合理論

(1)　【16　　　　　　】（1596－1650　仏）…**『方法序説』**『省察』『情念論』
　①　【17　　　　　　】：確実な原理を見いだすためにすべてのものを疑ってみる。
　②　「【18　　　　　　　　　　　　　　　　】（コギト・エルゴ・スム）
　　　すべてを疑っている自分の存在は否定できないとする…明晰判明な原理。
　③　【19　　　　　　】：理性による推論を重視する方法。
　④　良識（ボン・サンス）：物事を正しく判断し，真偽を弁別する能力（理性）。
　　　　　　　　　　　　　　人間に公平に分けあたえられているとする。
　⑤　【20　　　　　　】：延長を持つ物体と思惟する精神の二つの実体がある。
(2)　合理論の展開
　①　【21　　　　　　】（1632－77　蘭）…「**神即自然**」を「**永遠の相の下に**」直観する**汎神論**。
　②　【22　　　　　　】（1646－1716　独）…世界を構成する**モナド**（単子）の**予定調和**。

<table>
<tr><td rowspan="4">閑話休題</td><td>第1話　ブルーノとガリレイ</td><td>第2話　超多忙な役人ベーコン</td></tr>
<tr><td>　無数の宇宙の存在を主張したブルーノは自説を曲げずに教会によって火刑となった。ガリレイは迫害と宗教裁判で地動説を誓絶させられたが，病気や失明にも負けず旺盛な研究を続けた。</td><td>　ベーコンは，役人としても順調な出世の中で研究を続け，57歳で大法官に抜擢された2年後に主著『新機関』を公刊する。60歳で収賄罪で禁固刑を受け，釈放後引退，『新大陸』を書いたのが死の2年前63歳の時であった。</td></tr>
</table>

経験論

合理論

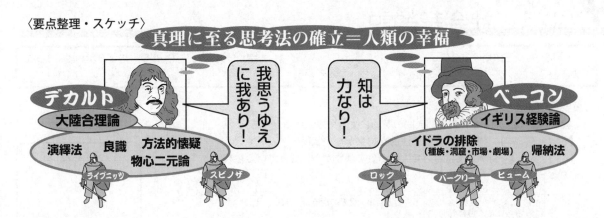

【発展学習問題】

問題 次の文を読み，以下の問いに答えなさい。

> 　経験論と合理論は，⒜偏見を斥け，人間の認識能力に信頼をおく点では共通するが，知識の源泉となる観念の形成をめぐる考え方が異なる。例えば，　a　は　i　と考えたが，それに反対して，　b　は　ii　と考え，人間の認識能力としての理性を重視した。両者の差異は，人間は主観と客観が一致することで正しい認識を得るが，⒝主観にあらかじめ備わる先天的な認識能力としての理性が客観を導くと考えるか，知覚などの経験を重視するかの違いにある。

問1　下線部⒜に関連して，正しい認識を得るために人間の偏見を除去すべきであると考えた思想家にベーコンがいる。次の文の空欄【　X　】に入れる語句として最も適当なものを，次の①〜④のうちから一つ選べ。

> 　人間相互の交わりおよび社会生活から生じる偏見をベーコンは【　X　】のイドラと呼んだ。例えば，人々の間を飛び交う不確かな情報を事実と信じ込むことである。

①　洞窟　　　　②　劇場　　　　③　種族　　　　④　市場

問2　　a　・　b　には，それぞれ**人名**が入り，　i　・　ii　にはそれぞれ**言葉**が入る。　a　・　b　に入るものとして最も適当なものを，下の**人名**①〜④のうちから，　i　・　ii　に入るものとして最も適当なものを，下の**言葉**①〜④のうちからそれぞれ一つ選べ。

人名　　①　ロック　　　　②　ライプニッツ　　　③　バークリー　　　④　ヒューム
言葉　　①　永遠の相の下に自然法則を捉える　　　②　人間には生来，真偽・善悪の観念がある
　　　　　③　人間の心は白紙である　　　　　　　　④　事物はある意図によって変化・発展する

問3　下線部⒝に関連して，このように考えた思想の説明として正しいものを，次の①〜④のうちから二つ選べ。

①　仮説を立て，観察と実験を繰り返して諸事実を集め，それらの事実の中から正しいと認められる共通の事実を普遍的・客観的法則として定立し，仮説を証明する思考法は，近代科学の成立を導く思考法として確立された。

②　普遍的・客観的法則を一つの事例に適用し，合理的な推論によって法則が事例に適合するか否かの結論を導き出す思考法は，西洋近代論理学の成立に大きく貢献し，数学や物理学など近代自然科学の発展を導いた。

③　人間は自然法則には抗えないが，自然法則を知ることによって，それに服従することによって自然を征服することが可能になると考えたことで，人間が自然を利用し，その支配者となる可能性を持つことを可能にした。

④　人間の良識は誰にでもあたえられていると考えることで，「私は考える。ゆえに私は存在する」という命題を疑い得ない明晰判明な原理として提起し，思考する私を近代的自我として確立することに成功した。

問4　近代科学の説明として**適当でないもの**を，次の①〜④のうちから一つ選べ。

①　コペルニクスは，「知は力なり」という信念から，地動説を提起して，教会公認の天動説を否定した。

②　ガリレイは，天体望遠鏡を改良して惑星の動きを観察し，事実に基づいて地動説の正しさを実証した。

③　ニュートンは，物体の運動を力学的な法則によって統一的に説明し，機械論的自然観の立場を表明した。

④　ケプラーは，惑星運行の法則を提起し，地球の公転を太陽系の惑星の位置関係から説明した。

（問1　2019本試験第4問改　　問2　2018試行テスト第3問改　　問3　2017本試験第4問改　　問4　2018本試験第4問改）

【記述問題演習】

1　帰納法と演繹法についてそれぞれ説明しなさい。
2　目的論的自然観と機械論的自然観をそれぞれ説明しなさい。

○17世紀，絶対王政期のヨーロッパ社会に対する批判として登場したホッブズ，ロック，ルソーの社会契約説についての学習をとおして，国家と個人のかかわりについて考えよう。

＜重要事項チェック＞

1 社会契約説…国家や社会は個人間の契約によって成立するとする。

【1　　　　　】：国家成立以前の法的な拘束がない状態。

【2　　　　　】：自然状態において人間が生まれながらに持っている権利。

思想家		【3　　　　　】 (1588 − 1679　英)	【8　　　　　】 (1632 − 1704　英)	【13　　　　　】 (1712 − 78　仏)
【2　　　　】		・【4　　　　　】にもとづきあらゆるものに対して権利を持つ	・生命・自由，財産の所有	・自由・平等
自然状態		・【5　　　　　】＝恐怖	・理性と自然法に従い比較的平和，ただし不安定	・自然な自己愛と【14　　　　　】（「善良な未開人」） ・理想の状態
契約	目的	・自己の生命維持のため	・より確実に自然権を保障するため	・私有財産制が不平等や悪徳に満ちた文明社会を形成 ⇩ ・「【15　　　　　】」
	方法	・理性に従い自然権を全面譲渡，契約により国家設立	・自然権の一部を【9　　　】し政府樹立	・【16　　　　　】にもとづく契約
	内容	①主権者に【6　　　】国家の絶対的主権確立（結果的に絶対王政擁護）	①国民主権 ②【10　　　　　】 ③【11　　　】：政府が権力を濫用して信託に背く場合，これに抵抗する権利	①他人に服従せず自由一般意志にのみ絶対服従 ②人民主権 ③【17　　　　　】
主著		『【7　　　　　】』	『【12　　　　　】』 『人間知性論』	『【18　　　　】』『エミール』 『人間不平等起源論』
背景影響		ピューリタン革命 王政復古	名誉革命 アメリカ独立革命	アンシャン・レジーム フランス革命

※**一般意志**：公共の利益を目指す普遍的な意志。
特殊意志：個人の利益を追求する意志。
【19　　　　　】：特殊意志の総和。

KEY POINT 自然法思想

	人 物 名	内　　　容
古代ギリシャ 古代ローマ	アリストテレス	「どこにおいても同じ妥当性を持ち，われわれの承認を必要とはしない正義の法は，自然法的である」
	クリュシッポス （ストア派）	人間の本性は自然と連続的であり，理性が共通の法。ピュシス（自然）のノモス（慣習）に対する優位。
	キケロ （ストア派）	「自然と調和した正しい理性こそ真の法である。真の法は普遍的に適用可能であり，不変にして永遠である」
キリスト教	パウロ	「律法を持たない異邦人も，律法の命じるところを自然に行えば，…自分自身が律法なのです」
	トマス・アクィナス	神が被造物を理性的に導く働きを「永遠の法」とよぶ。
近代	【20　　　　】 （「近代自然法の父」）	自然法は人間の理性の命令であるとする。自然法の成立の根拠を神・宗教から引き離す。

＜メモ欄＞

閑話休題

第1話　啓蒙思想
　蒙（くらき）を啓（ひら）くと書く啓蒙思想は，理性を信頼し無知や蒙昧，前近代的な制度から人間を解放しようとする18世紀の合理主義思想をいう。英のロック，ヒュームに始まり，仏の百科全書派により大きく開花した。

第2話　百科全書派
　啓蒙主義運動の中心となった人々。ディドロらによってそれまでの知識体系に再検討を加えた『**百科全書**』が書かれた。代表的存在は**ディドロ，ダランベール，ヴォルテール，モンテスキュー，ルソー**らである。

第3話　ルソーの教育論『エミール』
　教育のためには子どもが何であるかを研究することから始めなければならないとして，孤児エミールに託して自然の歩みに従う教育のあり方を追究している。刊行後，体制批判を理由にルソーへの逮捕状が出された。

〈要点整理・スケッチ〉

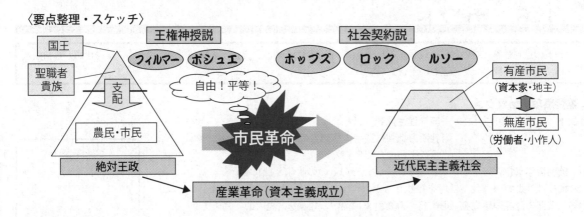

【発展学習問題】
問題 次の文を読み，以下の問いに答えなさい。

> 最初に自然法を提起したのは，ストア派であった。人間は理性的動物であり，人間の本性である理性は自然の秩序と一致するものと考えられた。近代に入り　ア　。その結果，すべての人間に生まれながらにあたえられる自然権が主張され，イ　。これに対し，ⓐロックの社会契約説は，抵抗権・革命権を認め，イギリスの議会制民主主義を支える理論的根拠を形成した。また，人間の自由と平等を説く　ウ　。社会契約説は，近代民主政治の政治的理念を近代自然法から根拠づけたものとして現代的意義を有している。

問1　ア　～　ウ　に入る記述として最も適当なものを，下のa～fからそれぞれ一つずつ選べ。
- **a** モンテスキューは，行政権・立法権・司法権の三権分立を法の精神とみなした
- **b** ホッブズは，人民が自己保存の権利である自然権を君主に完全譲渡する社会契約説を説いた
- **c** ヴォルテールは，寛容論を説いて，市民間の政治的・宗教的対立の和解を重視した
- **d** グロティウスは，自由で平等な市民の社会秩序を意味する自然法を説き，戦争と平和の法を構想した
- **e** ルソーは，自由・平等としての自然権を実現する一般意志への服従を前提に自由が得られると考えた
- **f** ボシュエは，王権を神聖不可侵の権力とみなし，神によって王権を根拠づける王権神授説を主張した

問2　下線部ⓐに関連して，ロックの社会契約説を説明の順序に従って並べ替えたとき，**3番目**にくるものとして最も適当なものを，下の①～④のうちから一つ選べ。
- **a** 人々は各自の自然権を安定させるために，契約を交わして政府をつくる。
- **b** 人は自らの労働によって自然物に手を加えたものは自分のものである。
- **c** 人は誰でも自分の身体を自分の意志に従って用いる権利をもつ。
- **d** 人々は自らの自然権を侵害するような政府に対しては抵抗権・革命権をもつ。

① a 　　　　② b 　　　　③ c 　　　　④ d

問3　ルソーの政治思想の記述として**適当でない**ものを，次の①～④のうちから一つ選べ。
① 私有財産を認めたことが人間社会の不平等の起源であると主張し，平等な社会の建設を説いた。
② 人民主権を主張し，個々人の私的利害である特殊意志を集めた全体意志の実現を説いた。
③ 自然状態における自己愛と他者の不幸に対する憐れみを文明社会における道徳原理とみなした。
④ 間接民主制を否定し，社会のすべての構成員が話し合いに参加する直接民主制を政治的原理とした。

問4　次のロックの『統治論』を読み，【　X　】に入る語句として最も適当なものを，下の①～④のうちから一つ選べ。

> 人々が結合して社会をつくる結果，社会全体の結合した力をもって自分たちの【　X　】権を確保し守ることができ，また各人の【　X　】の限界を定める恒久的な規則をつくり，各人の【　X　】がどれくらいかを知るようになる。

① 革命 　　　　② 選挙 　　　　③ 自由 　　　　④ 所有

（問1・4 2018試行テスト第3問改　問2 2018試行テスト第4問改　問3 2019追試験第4問改）

【記述問題演習】
1 ホッブズの想定する自然状態について述べなさい。
2 ルソーの一般意志について述べなさい。

○カントの批判哲学成立の意義を理解するとともに，理性能力の吟味，自由と人格の尊重を説くカントの思想から自由と幸福，道徳と人間としての正しい生き方について思索しよう。

＜重要事項チェック＞

カント（1724－1804　独）…『純粋理性批判』『【1　　　　　】』

『判断力批判』（芸術の構想力の働きを合目的的に分析）

『永久平和のために』

＜メ　モ　欄＞

(1) **批判哲学**（【2　　　　】）：【3　　　　】そのものの吟味と批判を行う。

(2) 純粋理性批判…「我々は何を知りうるか」

① 人間の認識…感覚を通して得られた対象に関する知識を，先天的（アプリオリ）な形式に従って【4　　　　】が構成して成立（＝現象）。

「認識が対象に従うのではなく，対象が認識に従う」（【5　　　　　　　】）

認識は対象からそのまま得られるとする従来の考え方を否定。

経験論と合理論を総合。

② 人間が認識するのは現象のみであり，対象そのもの（【6　　　】）は認識できない。

(3) 実践理性批判…「我々は何をなしうるか」

① 人間は自然法則に従い，欲望を持ち快楽を求める（傾向性）。

自然界（現象界）は【7　　　　】に従う。←理論理性による認識。

⇕

② 一方で人間は自然法則を超えた**意志の自律**を持つ＝【8　　　　】。

人間は，**良心の声を聞き**，【9　　　　】の念を抱く。

‖

③ 人間は【10　　　　】が立てた【11　　　　】に自ら従う。

「汝の意志の格率が，常に同時に普遍的な法則として妥当しうるように行為せよ」

(4) 仮言命法と**定言命法**

① 【12　　　　】：「もし―したければ，〜せよ」という条件付きの命令。

普遍的な原理としての道徳法則にはなり得ない。

② 【13　　　　】：「〜せよ」という無条件の命令。

行為そのものが目的となり，普遍的な原理として道徳法則になり得る。

⇩

③ 【14　　　　】…結果ではなく，行為がどのような動機で行われたかが問題。

無条件的に善とみなされうるものは，【15　　　　】のほかに何もないとする。

(5) **目的の国**

① 【16　　　　】：自らの理性的意志に従って自律的な行為をなしうる主体。

人格にこそ人間の尊厳がある（【17　　　　】）。

② 【18　　　　】：カントが理想とした人格の共同体。

各人が他者を目的そのものとして尊重しあって生きる社会。

「汝の人格やほかのあらゆる人の人格のうちにある人間性を，いつも同時に【19　　　　】として扱い，決して単に【20　　　】としてのみ扱わないように行為せよ」

(6) **永久平和のために**

① 【21　　　　】は，戦争はあってはならないという道徳的命令による努力目標。

② 【21　　　　】を実現するためには，自由な諸国家による平和連盟が必要と主張。

のちの国際連盟，国際連合設立の先駆的理論となる。

第1話　カントに影響をあたえた人々

　若い頃のカントは，「カント・ラプラス説」という宇宙発生論をニュートンの自然観にもとづき発表している。その後，彼は，自然科学の前提である因果法則を否定した経験論哲学者ヒュームによって，「独断のまどろみ」から覚まされた。また，毎日の規則正しい散歩を2，3日ないがしろにするほど読み耽ったという『エミール』の著者ルソーから，カントは人間を尊敬することを学んだと告白している。

第2話　結婚すべき相手とは？

　一生涯を独身で過ごしたカントだが，結婚すべき女性像を次のように青年たちに語っている。「美貌の女性より金持ちの女性を選びなさい。容貌は年とともに衰えるが，金は年とともに増加するからね！」男性も同様!?

〈要点整理・スケッチ〉

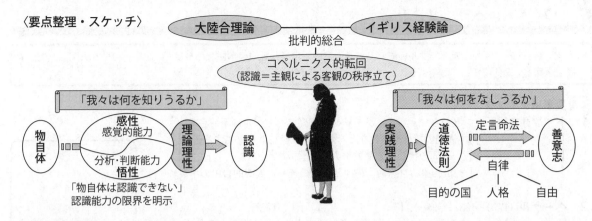

大陸合理論 ── イギリス経験論
批判的総合
コペルニクス的転回
(認識＝主観による客観の秩序立て)

「我々は何を知りうるか」

物自体 ── 感性 感覚的能力 / 分析・判断能力 悟性 ── 理論理性 ── 認識

「物自体は認識できない」
認識能力の限界を明示

「我々は何をなしうるか」

実践理性 ── 道徳法則 ── 定言命法 ⇔ 自律 ── 善意志

目的の国 ── 人格 ── 自由

【発展学習問題】

問題 次の文を読み，以下の問いに答えなさい。

> カントは，イギリス経験論と大陸合理論を総合し，ドイツ観念論の基礎を築いた。人間には@先天的な認識能力が備わっており，この能力を用いて⑥対象を認識するとカントは考えた。また，人間の欲求，道徳的行為についてカントは，すべての人間に備わる©道徳法則に従った自律的な意志の必要性を説き，行為の動機を問う道徳哲学を確立した。

問1 下線部@に関連して，次のカントの文章中の【 X 】に入る語句を考え，その語句を入れた際に正しい解説となる文として最も適当なものを，下の①～④のうちから二つ選べ（順不同）。

> 外的な物の実在について問うのは別にし，このような物に付けられる多くの術語について言えば，これらの術語は物自体に属するのではなくて，物自体の【 X 】に属するにすぎない。
>
> (カント『プロレゴーメナ』より)

① シェリングは，【 X 】の根底に，自然と精神を統一する絶対者の存在を認め，この絶対者の本質を知的直観によって捉える思想を主張した。

② フィヒテは，認識の障害となる【 X 】を超えて自己自身を定立しようとする無限の働きを行う絶対的自我によって対象を捉える観念論を説いた。

③ ヘーゲルは，絶対精神の働きを【 X 】として捉え，主観的精神が客観的精神と絶対的精神を止揚することによる知の完成を説いた。

④ スピノザは，神即自然を説き，永遠の相の下で，あらゆる事物の【 X 】を唯一の実体である神とみなすべきことを主張する汎神論を説いた。

問2 下線部⑥に関連して，対象を認識する説明として**適当でないもの**を，次の①～④のうちから一つ選べ。

① 顕微鏡で確認された微生物を病原菌と判定したのは，先天的な悟性概念を用いて対象を認識したからである。

② 机の上にあるリンゴの色が赤だと認識できるのは，対象であるリンゴが主観である認識に従うからである。

③ 壁の上に掛かっている絵画を水彩画と認識するのは，絵画を観てきた鑑賞の積み重ねによるものである。

④ 私が今この瞬間，寝室にいると認識できるのは，時間と空間という感性の形式があらかじめ私に備わるためである。

問3 下線部©に関連して，カントの道徳法則に関する説明として最も適当なものを，次の①～④のうちから一つ選べ。

① 人は自らの不正な行いを，自然界の必然性に従って生じた，自分では回避できない出来事として解釈できる。その場合，人は自分に有利に語り，自分には責めがないことを自らにも他人にも表明する自由がある。

② 人は自らの不正な行いについて，自責や後悔の念に駆られることがある。その場合，人はその行いが過失や不注意によるものではなく，自分の判断によって為された自由な行為であったことを意識している。

③ 人は自らの不正な行いを，自然界の必然性に従って生じた，自分では回避できない出来事として解釈できる。ただし，その行いが遠い過去のことになると，それを思い出すたびに後悔するようになり，道徳的意識が高まる。

④ 人は自らの不正な行いについて，自責や後悔の念に駆られることがある。ただし，人の行いは過失や不注意の結果にすぎない場合もあり，その行いに対する非難から自分を守るために人は道徳法則に訴える。

(問1・2 2018試行テスト第3問改 問3 2017本試験第4問改)

【記述問題演習】

1 カントの哲学は「批判哲学」とよばれるがその理由を述べなさい。

2 カントの「目的の国」とはどのようなものか述べなさい。

○カントを批判的に継承したヘーゲルの説く，精神や自由および弁証法の学習をとおして，歴史，自由と人間，人倫，人間と国家との関係について考えよう。

<重要事項チェック>

1 ドイツ観念論…カントからフィヒテ，シェリングを経てヘーゲルに至り完成。

【1　　　　　】：人間の精神や理性などを物質等の存在より重視する哲学。

【2　　　　　】…人間の徳とは道徳的努力。『全知識学の基礎』

【3　　　　　】…汎神論的自然観。精神と自然の統一。『人間的自由の本質』

<メモ欄>

2 ヘーゲル（1770 – 1831　独）…『【4　　　　　】』『法の哲学』

(1)【5　　　　】：すべてのものは対立・矛盾を通して高次なものに発展していく。

① 【6　　　】（テーゼ，定立）

ある立場や状態を肯定している段階。

対立や矛盾が認知されないため，自分自身も

自覚されない（即自）。

② 【7　　　】（アンチテーゼ，反定立）

ある立場や状態を否定する段階。

対立や矛盾するものを認知し，それらを通して自己を自覚する（対自）。

③ 【8　　　】（ジンテーゼ，総合）

相反する立場や状態をともに否定し，より高

次なものに総合する段階。

否定するものをさらに否定（否定の否定）して自己に帰る（即自かつ対自）。

※【9　　　】（アウフヘーベン）

対立・矛盾する立場や状態をより高次な段階へ総合すること。

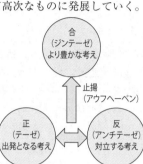

止揚（アウフヘーベン）

合（ジンテーゼ）より豊かな考え

正（テーゼ）出発となる考え

反（アンチテーゼ）対立する考え

(2) 絶対精神と歴史

① 【10　　　　】：自由を本質とする世界の最高原理（神）。理性。

この世界そのものが絶対精神の自己運動であり，自己実現の過程である。

「【11　　　　　　　　　　　　　　　　　　　　　】」

② 【12　　　　】：絶対精神が，自然に自己を対象化して自らの姿を現すこと。

③ 世界の歴史も精神がその本質である【13　　　】を実現していく進歩の過程。

「世界史とは自由の意識の歩みである」

(3) 人倫の三段階

【14　　　】：外的で客観的な【15　　　】と内的で主観的な【16　　　】を総合したもの。

カント的な道徳性を，ヘーゲルは主観的・内面的なものにすぎないと批判。

① 【17　　　】：自然な愛情によって結ばれた共同体。

個人間の対立もないが，個人の独立性も制限的。

子どもは成長してやがて独立し，社会の成員となる。

② 【18　　　】：独立した個人が契約によって形成する社会。

【19　　　】：独立した個々人が各自の利害を追求。「**人倫の喪失態**」

③ 【20　　　】：家族と市民社会を総合・統一した人倫の最高形態。

真の**自由**の実現…公共性と個人の自由との対立が止揚される。

市民社会的な個人の自立性と家族が持つ共同性とがともに生かされた共同体。

閑話休題

第1話　馬上の世界精神

主著『精神現象学』の脱稿も近づいた1806年，ナポレオンがイエナに入城した。当時イエナ大学の私講師であったヘーゲルは，友人に宛てた書簡の中で「今日世界精神を見た」とその感動を記した。

第2話　フィヒテ（1762–1814）

ドイツ観念論の哲学者。いっさいの根本原理は実践的自我（絶対我）の働きによるとして，「主観的観念論」を提唱した。また『ドイツ国民に告ぐ』で，プロシア国民にナポレオンへの抵抗を鼓舞した。

第3話　シェリング（1775–1854）

ドイツ観念論の哲学者。自我と非我を根本において同一のものと考え，この両者を成立させるものを絶対者とよぶ「同一哲学」を提唱する。また，彼の「美的観念論」は当時のロマン主義の思潮と深く結びついていた。

〈要点整理・スケッチ〉

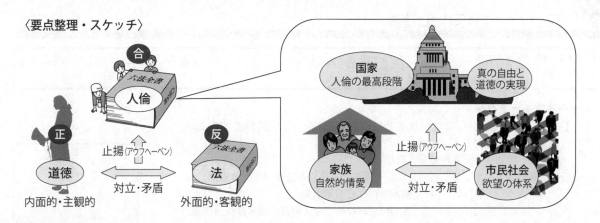

【発展学習問題】
問題 次の文を読み，以下の問いに答えなさい。

> ヘーゲルは，世界のすべての存在を成立させるものを【　X　】とよび，あらゆる事物や事象を，ⓐ弁証法を通して完成されるとした。また，ヘーゲルは，世界史を自由の自己実現の過程とみなした。さらに，人間社会の秩序をヘーゲルはⓑ人倫とよび，弁証法的発展を通して完成されるものと考えた。

問1 下線部ⓐに関連して，ヘーゲルの弁証法の説明として最も適当なものを，次の①～④のうちから一つ選べ。
① 事象や行為の意味を，主観的な意識を超えた社会的・文化的なシステムとしての構造に注目することによって解明しようとする思考法。
② 哲学的な問題を，何よりも言語と関わっているものと捉え，言語の働きとその限界の分析によって解決しようとする思考法。
③ 矛盾を単なる誤りとするのではなく，すべての存在や認識は，対立や矛盾を通してより高次なものへと展開していくと考える思考法。
④ 真理の判定基準は，認識と実在との一致に求められるのではなく，生きる上での課題の解決へと行動を導く点にあると考える思考法。

問2 空欄【　X　】に入る語句を考え，その語句を入れた際に正しい解説となる文として最も適当なものを，下の①～④のうちから二つ選べ（順不同）。
① パスカルは，人間には合理的な推論の能力である幾何学の【　X　】と，直観的な判断の能力である繊細な【　X　】が備わると主張した。
② シェリングは，自然と【　X　】を統一する絶対者を直接的に把握する知的直観こそが，人間的自由の本質であると主張した。
③ マルクスは，人間社会は物質的な生産活動を基礎とし，人間の【　X　】の働きは，人間社会の土台となる生産活動を規定すると主張した。
④ ベンサムは，人間が求める快楽には，量的には計算できない【　X　】的な快楽があり，物質的な快楽より質が高いものであると主張した。

問3 下線部ⓑに関連して，ヘーゲルの人倫の説明として最も適当なものを，次の①～④のうちから一つ選べ。
① 欲望の体系である市民社会の下では，自立した個人が自己の利益を自由に追求する経済活動が営まれるなかで，内面的な道徳も育まれるために，人倫の完成がもたらされる。
② 人間にとって客観的で外面的な規範である法と，主観的で内面的な規範である道徳は，対立する段階を経て，最終的には法と道徳を共に活かす人倫のうちに止揚される。
③ 国家によって定められる法は，人間の内面的な道徳と対立し，自立した個人の自由を妨げるものなので，国家の下で人々が法の秩序に従うときには人倫の喪失態が生じる。
④ 夫婦や親子など，自然な愛情によって結び付いた関係である家族の下では，国家や法の秩序の下で失われた個人の自由と道徳が回復され，人倫の完成がもたらされる。

（問1 2015追試験第4問改　問2 2016追試験第4問改と2018試行テスト第3問改　問3 2018本試験第4問改）

【記述問題演習】
1 ヘーゲルの世界史観についての考え方はどのようなものか述べなさい。
2 ヘーゲルによるカントの道徳論に対する批判とはどのようなものか述べなさい。

○資本主義の発達を背景に，イギリスで生まれた功利主義の学習をとおして，個人と社会の幸福とは何かについて考えを深めよう。

＜重要事項チェック＞

1【¹　　　　　　　　】（1723－90　英)…『**道徳感情論**』『**諸国民の富（国富論）**』

(1) 道徳感情…他者に対し人が自然に持つ同情や【²　　　（　　　　　　）】等の
　　道徳感情が道徳の基本原理。

(2) 公平な観察者…公平な第三者の立場から得られる共感が道徳的判断の基礎。

(3)【³　　　　（　　　　　　　）】…個人の利己心の追求が，【⁴　　　　　】によって結果的に社会全体の富の増大につながる。

〈功利主義〉

1【⁵　　　　　　　】（1748－1832　英)…『**道徳および立法の諸原理序説**』

(1) 功利（ utility ）

　① 人間の本性は【⁶　　　】の追求と苦痛の回避。
　　「自然は人類を苦痛と快楽という，二人の主権者の支配のもとにおいてきた」

　② 功利性…快楽の追求に役立つものが善であり，苦痛をもたらすものが悪。

　③【⁷　　　　　　】…目的に関係なく結果として快楽や幸福を増すものが正しい。
　　⇔動機主義（義務論)…カント

(2) 「【⁸　　　　　　　　】」
　　最善の行為とは最も多くの人に最も多くの幸福をもたらすもの。
　　諸個人の幸福の総和が社会全体の幸福。

(3)【⁹　　　　　　　】…快楽は数量的に計算可能。各人は平等に一人として計算。
　　7つの基準…強度・持続性・確実性・遠近性・多産性・純粋性・【¹⁰　　　　　　　】

(4)【¹¹　　　】(sanction)
　　個人の幸福追求が公共の福祉と反する場合，【¹²　　　　】による修正が必要。
　　4つの制裁…物理的制裁・【¹³　　　　　】制裁・道徳的制裁・宗教的制裁
　　特に法律による【¹³　　　　　】制裁を重視。

2【¹⁴　　　　　】（1806－73　英)…『**功利主義論**』『**自由論**』

(1) 質的功利主義…快楽や苦痛には質的な差があるとする。
　　「【¹⁵
　　　　　　　　　　　　　　　】」
　　人間は誰でも「尊厳の感覚」を持っており，満足と幸福には大きな違いがある。

(2) 精神的快楽
　　感覚的な快楽よりも【¹⁶　　　　　　　】の方が満足の質が高い。
　　人間の良心や利他的心情を重視→【¹⁷　　　　　　　】

　① キリスト教の【¹⁸　　　　】を功利主義道徳の理想とする。
　　「おのれの欲するところを人に施し，おのれのごとく隣人を愛せよ」

　② 良心から発する感情を功利主義の道徳的強制力とする→【¹⁹　　　　　　】を重視。

(3) 自由

　① 他人の利益を害さない限り自己決定の自由があたえられるべき（【²⁰　　　　　　】)。

　② 社会の進歩に不可欠な，多様な個性の発展。多数者の専制からの自由。

＜メモ欄＞

閑話休題	KEY POINT カントと功利主義		カント	ベンサム	ミル
		善	善意志	(量的）快楽	(質的）快楽
		道徳的価値	義務（動機主義）	結果（結果主義）	
			義務の念からの行為	満足や幸福の追求	
		理想	人格の尊重	快楽計算	献身
			目的の国	最大多数の最大幸福	キリスト教の黄金律
		自由	意志の自律 自然法則からの離脱		自己決定 外的強制からの解放
		制裁		外的制裁重視	内的制裁（良心）重視

第1話　人妻との恋！
　ミルはハリエット・テイラー夫人と恋に落ち，社会的な批判を受けながらも夫の死後結婚する。女性参政権運動にも積極的だったミルは，自分の思索の多くにハリエットの影響があると語った。

〈要点整理・スケッチ〉

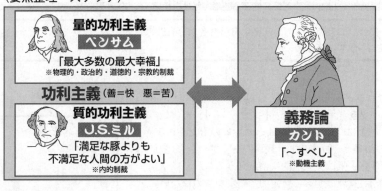

ベンサムによるパノプティコンの設計図

パノプティコン
　ベンサムが刑務所改革の一環として考案したのがパノプティコン（一望監視装置）。不可視の看守の視線を内面化して囚人は自己規律化する。フーコーによると、そこには現代の監視社会のあり方が示されている。

【発展学習問題】
問題　次の文を読み，以下の問いに答えなさい。

　西洋近代市民社会の発展に功利主義が果たした役割は大きい。18世紀後半，経済学者でもあるアダム・スミスは市民社会の道徳を【　X　】に求めたが，　a　は，　i　と考え，それに対し，　b　は　ii　と考え，ⓐ献身的行為を功利主義の理想とみなした。

問1　空欄【　X　】に入る語句を考え，その語句を入れた際に正しい解説となる文として適当なものを，次①〜④のうちから二つ選べ（順不同）。
① カントは，他者の不幸に対する【　X　】から為された道徳行為については，価値を認めず，意志の格率が普遍的な法則となるように行為することに価値を見出した。
② モンテーニュは，宗教戦争を和解に導くために，相手の心情に【　X　】し，相手の立場をよく理解することに和解への道を見出すことはせず，教義の判断のみを求めた。
③ パスカルは，合理的で論理的な「幾何学的精神」を重視したが，他者の不幸への【　X　】は感性によって捉えられる「繊細な精神」に含まれるものとし，軽視した。
④ ルソーは，他者の不幸に対する【　X　】を自然状態にある人間の本来の感情として重視したことを受け，人と人を結びつける道徳的原理として重視した。

問2　　a　・　b　に入る人名として最も適当なものを下の**人名**①〜④のうちから一つずつ選び，　i　・　ii　に入る言葉として最も適当なものを，下の**言葉**①〜④のうちから一つずつ選べ。
人名　① ミル　　　② コント　　　③ スペンサー　　　④ ベンサム
言葉　① 満足した愚か者より不満足なソクラテスのほうがよい
　　　　② 人間の知識として実証的段階を最高段階とみなすべきである
　　　　③ 人間社会の進化は生物同様，単線的に成し遂げられる
　　　　④ 最大多数の最大幸福を実現するのが功利主義の使命である

問3　下線部ⓐに関連して，献身的行為の事例として**適当でないもの**を，次の①〜④のうちから一つ選べ。
① 自己の利益にかかわらず，発展途上国の人々の福祉の向上に努めた。
② 震災の被災地へ自らの意志で自発的に赴き，無償で救援活動に尽力すること。
③ イエスが「わが身を愛するようにあなたの隣人を愛せよ」と説いたこと。
④ 預言者ムハンマドが唯一神アッラーの言葉をメッカの人々に伝えたこと。

（問1・2 2018試行テスト第3問改　問3 2018試行テスト第4問改）

【記述問題演習】
1　ミルがベンサムの主張に加えた修正を説明しなさい。
2　功利主義とカントの道徳論を比較して説明しなさい。

○プラグマティズムは，現実の生活改善に役立つ技術として，知識に有用性を求める思想である。プラグマティズムが，現代の資本主義社会にもたらした功罪について考えよう。

＜重要事項チェック＞

1 プラグマティズム…ギリシャ語でプラグマとは「行為，行動」の意味。

(1) 【1　　　　　】(1839－1914　米)…プラグマティズム（【2　　　　　】）を創始。

① プラグマティズムの格率：「ある対象についての概念はその対象のもたらす実際上の結果と一致する」（「硬い」→「傷つかない」）

② 可謬主義：知識についてのあらゆる主張は，原理的には誤りうる。
かびゅう
思考のすべては「推論のプロセス」。真理はすべて暫定的で確実なものはない。
知識は間違いを繰り返しながら，間違いの少ないものとなっていくとする。

(2) 【3　　　　　】(1842－1910　米)…『プラグマティズム』

① 「【4　　　　　】が真理である」：真理性と有用性を同一視。
真理とは自分にとって役立つもの。個別的・相対的で条件的なもの。
真理の普遍性や唯一性を否定し，複数の真理を認める。
宗教的なものも，有用であれば真理として認められるとする。

② 「純粋経験」：主観と客観が区別される以前の直接的な経験。
純粋経験における有用性が歴史的に伝承されることで客観的真理に。

(3) 【5　　　　　】(1859－1952　米)…『哲学の改造』『学校と社会』『民主主義と教育』

① 【6　　　　　】：「人間の知性は人間がよりよくその環境に適応し，よりよい生活を営むための手段であり道具である」
知識とは実践的な問題解決のための手段。
未来に対する予測が観念であり，真に働く観念こそ真理。

② 【7　　　　　】：環境との安定的な関係構築のため，習慣を形成しようとする知性。

③ 【8　　　　　】とその実現に向けた問題解決学習を中心とする教育を重視。

2 実証主義

(1) 【9　　　　　】(1798－1857　仏)…『実証哲学講義』。社会学を創始。

① 【10　　　　　】：観察された事実・経験的事実のみを認識の根拠とする。

② 知識の3状態の法則と社会発展論
神学的段階，形而上学的段階，【11　（　　　　）】段階と単線的に進歩。
これに対応して，人間の社会もまた軍事型，法律型，【12　　　　　】の順に進歩。

3 進化論

(1) 【13　　　　　】(1809－82　英)…『【14　　　　　】』

① 【15　　　　　】：自然淘汰（自然選択）による動植物の進化を唱える。
人間は神に似せて造られたとするキリスト教的世界観を結果的に否定。

(2) 【16　　　　　】(1820－1903　英)…『総合哲学体系』

① 【17　　　　　】…進化を人間の社会をもつらぬく第一原理とする。
自由放任（自由競争）における適者生存の原理によって社会は進化。

② 【18　　　　　】：社会を一つの有機体と見なす。
社会は進化の一般原理に従って集成と分化。
同質的なものから異質的なものへ変化し進歩するとする。

＜メモ欄＞

閑話休題

第1話　形而上学クラブ
プラグマティズムは，1870年代初めころマサチューセッツ州ケンブリッジで，パースやジェームズらハーバード大の卒業生を中心に2週間おきに開かれた「形而上学クラブ」と銘打たれた会合から誕生した。

第2話　恋愛から宗教へ？
コントは46歳の時，29歳のド・ヴォー夫人と出会う。わずか1年半の交際の後彼女は死亡したが，その後コントは宗教に傾き，神ではなく人類への愛と尊敬を説く実証主義的な宗教「人類教」を提唱した。

第3話　進化論の受容
ダーウィンの半世紀前，ラマルクは用不用説にもとづく進化論を提唱したが，キリスト教と対立し攻撃された。しかしその後，資本主義の進展とともに，自然選択説にもとづく進化論は社会に受容された。

進化論　実証主義　功利主義　資本主義
開拓者精神　イギリス経験論　ピューリタニズム

Very superstitious♪
迷信も有用ならばOK！？

真理性を実際的な効果・効用で吟味するアメリカの思想

プラグマティズム

 パース　行動主義
観念の意味は、それが引き起こす行動の仕方と結果によって決定される。

 ジェームズ　実用主義
ある観念が真理であるかは有用性による。人生を豊かにすれば、宗教は真理である。

 デューイ　道具主義
知識や観念の価値は、問題を解決するための道具としての有用性にある。

【発展学習問題】

問題　次の文を読み、以下の問いに答えなさい。

　近代自然科学の目覚ましい発展は、哲学・思想にも大きな影響をあたえた。19世紀に入り、進化論が発表されると、これを人間社会に適用しようとする⒜社会進化論も生まれた。また、フランスでは⒝実証主義が提起され、アメリカでは⒞プラグマティズムが生まれた。これらの新思想は、観察・実験を重視する自然科学的手法を、人間社会の発展に関する考察や新たな知の創造を求めようとする傾向を有している。

問1　下線部⒜に関連して、次の文の空欄　a　・　b　に入る人名として最も適当なものを、下の**人名**①～④のうちから、　i　・　ii　に入る言葉として最も適当なものを、下の**言葉**①～④のうちからそれぞれ一つずつ選べ。

　　a　は、ダーウィンの進化論を人間社会に適用する社会進化論を唱えたが、人間社会は適者生存の法則により自然淘汰を繰り返して　i　的に進化・発展すると考えたが、それに異議を唱えた　b　は、生命の進化・発展は　ii　によって多方向に拡散するものであることを主張して、独自の生命進化論を提起した。

人名　①　スペンサー　　　　②　コント　　　　③　ベルクソン　　　④　バターフィールド
言葉　①　エラン・ヴィタール　②　純粋持続　　　③　単線的・一方向的　④　複線的・多方向的

問2　下線部⒝に関連して、コントの実証主義の説明として最も適当なものを、次の①～④のうちから一つ選べ。
①　人間の知性は、環境に適応するための道具である。この創造的知性によって人間性を改善し、理想的な民主主義社会を作り上げねばならない。
②　人間においては、実存が本質に先立ち、あらかじめ決まった本性はない。このように自由な人間は、積極的に社会参加しなければならない。
③　自由を本質とする精神は、まず個人の主観的精神として現れ、次に社会関係としての客観的精神となり、最後に両者を統一する絶対的精神となる。
④　人間の知性の発展は、神学的段階、形而上学的段階、実証的段階の三つに分けられ、その三段階は社会の進歩の三段階に対応している。

問3　下線部⒞に関連して、ジェームズの次の文章を読み、【　X　】に入る語句を考え、その語句を入れた際に正しい解説となる文として最も適当なものを、下の①～④のうちから二つ選べ（順不同）。

　真理について、「それは真理であるから【　X　】である」とも言えるし、また「それは【　X　】であるから真理である」とも言える。【　X　】とは、その観念が経験のうちで真理化の作用を完成したことを表す名である。

①　パースは、形而上学クラブを創設し、プラグマティズムの格率を科学的な真理探求の論理学的方法とみなし、学問の真理性を行為の効果・効用を基準に判断し、【　X　】であるものを真理と考えた。
②　デューイは、学問は創造的知性のための道具として機能すべきであると主張し、民主主義や教育の改善の道具として役立つ知性こそが【　X　】であるとみなした。
③　ミルは、道徳的判断は、他者に危害を加えない限りにおいて、【　X　】でならければならないが、道徳を破った時に感じる良心の咎めは内的制裁を意味すると説いた。
④　ベンサムは、個人が利己主義に陥るのを避けるための政治的制裁は、個々人の快楽追求を合法的に認める限りにおいて【　X　】でなければならないと主張した。

（問1　2019本試験第1問改　　問2　2018追試験第1問改　　問3　2019追試験第1問改）

【記述問題演習】

1　プラグマティズムとはどのような主張か説明しなさい。
2　デューイの「創造的知性」について説明しなさい。

4　2-4　マルクス

○資本主義社会における貧富の差の不平等を取り除き，人間疎外の状況から人間を解放するために社会構造そのものを変革しようとする社会主義の学習を通して，社会と個人のよりよいあり方について考えよう。

＜重要事項チェック＞

1　空想的社会主義…人道主義の立場から資本主義を批判。
　科学的に分析する方法に欠けているとして，マルクス，エンゲルスらから批判された。

人　物　名	内　　　　　容
【1　　　　　】 (1771－1858　英)	ニューラナーク紡績工場支配人として労働時間短縮や幼児雇用の中止などに尽力。理想社会建設を夢見て，全財産を投じてアメリカに共産制のニューハーモニー村を建設するが失敗。帰国後は，協同組合や労働組合運動に貢献した。
【2　　　　　】 (1760－1825　仏)	産業者（学者・銀行家・商人・農民・職人）が有閑者（地主・貴族）に代わって管理し支配する産業社会を理想とした。
【3　　　　　】 (1772－1837　仏)	私有財産制度を批判し，ファランジュと名づけた理想的な農村的協同組合村の設計に努めた。

2　科学的社会主義…マルクスやエンゲルスによって唱えられた思想。
　【4　　　　　　】…資本主義の科学的な分析に基づき，その欠陥を克服すべく，生産手段を公有し，階級も搾取もない理想的な【5　　　　　　】社会の建設を目指した思想。
　※【6　　　　　　】…生産手段の公有により，富の平等な分配を目指す思想。マルクス-レーニン主義では，資本主義から共産主義にいたるまでの中間段階とされる。

(1)　【7　　　　　】(1818－83　独)…『【8　　　　　】』『**共産党宣言**』（【9　　　　　】と共著）
　①　【10　　　　　】：自己実現や人間の社会的連帯を可能にする人間の本性。
　　本来自然に働きかけ，生活の糧を得るための手段であるだけでなく，生きる喜びや生きがいをもたらすもの。
　②　【11　　　　　】：資本主義社会においては，労働の成果である生産物から労働者が引き離され，労働は苦役となり，非人間的な状況が露呈。
　　生産物のみならず，労働者自身までもが商品化されて搾取される。
　③　【12　　　　　】：生産力と生産関係の矛盾が，**社会革命**を引き起こし，新しい生産関係を生み出していくという歴史観。
　　【13　　　　　】：下部構造の土台の上に形成されるもの。政治・法律・文化等。
　　【14　　　　　】：生産力の発展段階に応じた生産関係。上部構造を規定する。
　④　【15　　　　　】：生産手段を持つ支配階級とそれを持たない被支配階級の対立。
　　資本主義社会…資本家階級（【16　　　　　　】）と労働者階級（【17　　　　　　】）との対立。

3　マルクス主義の修正

【18　　　　】協会	革命による体制変革ではなく，漸進的な改良を進め，社会保障制度の充実などを目指したイギリスの社会主義的知識人団体。【19　　　　】やバーナード・ショウらが設立。
【20　　　　】主義	議会政治を通じて，資本主義の欠陥を是正し，漸進的に社会主義に移行しようという穏健な社会改革を主張。 ドイツ社会民主党の【21　　　　】が提唱。
【22　　　　】主義	**帝国主義**を資本主義の最終段階と規定するレーニンの主張。レーニンはロシア革命を指導し，世界初の社会主義国家を樹立。
毛沢東の新民主主義	**毛沢東**（1893～1976）は，マルクス主義を当時の中国の実状にあわせたものに継承発展させ，労働者と農民を主体とする新民主主義を提唱。彼の指導の下，1949年に中華人民共和国が樹立され独自の社会主義の道を歩む。

＜メ モ 欄＞

閑話休題

第1話　産業革命期の労働条件
　産業革命期には女性や子どもも労働にたずさわるようになった。6歳くらいの子どもが満足な食事もあたえられず，1日15時間以上働かされることもあった。劣悪な環境のなか，病気やケガで亡くなる者も少なくなかった。

第2話　類的存在
　人間は，単に個別的に存在しているのではなく，社会的な関係のなかで他者と連帯しながら生きる存在である。労働は，本来，人間が社会的に連帯して生きる類的存在であることを自覚させてくれるものであった。

第3話　弁証法的唯物論
　ヘーゲルの弁証法と，フォイエルバッハの唯物論を融合させたマルクスの認識論。世界の本質を物質ととらえ，精神も物質の弁証法的運動・発展の産物と考える。「**人間の社会的存在が意識を決定する**」。

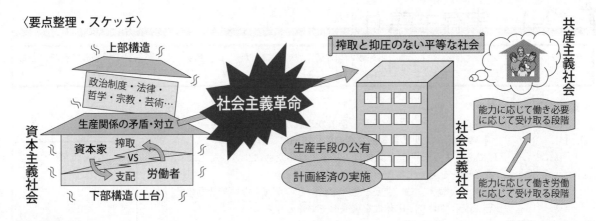

〈要点整理・スケッチ〉

【発展学習問題】

問題 次の文を読み，以下の問いに答えなさい。

> 19世紀に入ると，資本主義の矛盾が表面化し，ⓐ労働問題が社会問題として捉えられるようになった。社会主義は労働者がⓑ人間疎外から自己を取り戻すために資本主義の矛盾を解決することを目指した。やがて20世紀に入ると，社会主義は，革命を目指す思想からⓒ漸進的な社会改革に取り組む思想に変質する傾向を有するようになった。

問1 下線部ⓐに関連して，労働問題について思索した思想家の記述として最も適当なものを，次の①～④のうちから一つ選べ。

① オーウェンは，経営者としての立場から，労働者の生活や労働条件の改善に努めた後，理想社会の実現を目指してアメリカに渡り，共同所有・共同生活の村（ニューハーモニー村）を実験的に建設した。

② サン・シモンは，自由競争の下での産業社会は統一性を欠いた無政府的なものであり，不正や欺瞞に満ちていると考え，農業を基本とした，調和と統一のとれた理想的な共同社会（ファランジュ）を建設した。

③ フーリエは，生産協働組合の建設を推進し，資本家と労働者を共に産業者とみなし，財産により生活する有閑階級の存在を否定し，産業者が有閑者を支配する産業社会を社会主義として構想した。

④ プルードンは，労働者の貧困の原因を資本家による労働者の搾取にあると考え，資本家を保護し，資本主義を推進するブルジョワ政府を労働者が打倒する無政府主義を提起し，マルクスとエンゲルスに支持された。

問2 下線部ⓑに関連して，マルクスの次の文章を読み，空欄【 X 】に入る語句を考え，その語句を入れた際に正しい解説となる文として最も適当なものを，下の①～④のうちから二つ選べ（順不同）。

> 宗教，家族，国家，法，道徳，学問，芸術，等々は，その一つ一つが人間の生産活動の特殊なありようであって，生産活動の一般法則に従って営まれる。とすれば，【 X 】の積極的な廃棄による人間的な生活の獲得は，すべての疎外の積極的な廃棄であり，人間が人間的な，つまり社会的な存在へと還っていくことだ。
>
> （マルクス『経済学・哲学手稿』より）

① トマス・モアは，「羊が人間を食い殺している」と述べ，【 X 】制度を否定し，平等な社会の実現を構想した。

② カントは，人間社会の不平等の歴史的起源を【 X 】に求め，全体意志によるその共有化を主張した。

③ オーウェンは，自身が経営する紡績工場で労働者の待遇改善を図り，労働者の【 X 】の最大化を目指した。

④ ヘーゲルは，市民社会の競争原理による団結の喪失を【 X 】を肯定する国家による回復を主張した。

問3 下線部ⓒに関連して，マルクス主義を修正する思想の説明として最も適当なものを，次の①～④のうちから一つ選べ。

① ウェッブ夫妻は，フェビアン協会を主宰し，直接民主制による急進的な社会改良を実践した。

② バーナード・ショウは，フェビアン協会に参加し，作家活動を通して革命の必要性を訴えた。

③ ベルンシュタインは，革命を否定し，労働者の組合活動を通して社会主義の実現を目指した。

④ エンゲルスは，議会制民主主義に基づく労働者政党による社会主義政権の樹立を目指した。

（問1 2015本試験第4問改 問2 2018試行テスト第3問改 問3 2015本試験第4問改）

【記述問題演習】

1 マルクスの「唯物史観」とはどのようなものか述べなさい。

2 マルクスの「労働疎外」とはどのようなものか述べなさい。

○人間疎外を克服しようとする実存主義の思想家のなかで，キルケゴール，ニーチェ，ヤスパースの思想の学習をとおして，よりよい人間としての生き方やあり方について主体的に考えよう。

＜重要事項チェック＞

1　キルケゴール (1813–55　デンマーク)…『あれかこれか』『死に至る病』

(1) 【¹　　　　　】の探求…人間は普遍的（客観的）法則には解消され得ない。

「私にとって真理であるような真理を発見し，私がそれのために生き，そして死にたいと思うようなイデーを発見することが必要なのだ」

(2) 【²　　　　　】：人々は公衆として，重要な意味を持つものが何もない無感動の状態に陥っており，主体性を喪失しているとする。

(3) 実存の三段階

【³　　　】実存	享楽を追求し続ける。「あれもこれも」 新たな享楽を不断に求めることで自己を見失って，人は【⁴　　　】に陥る。
【⁵　　　】実存	自分のあるべき姿を追究し，人間としての義務を果たそうとする。 **「あれかこれか」** 倫理的であろうとすればするほど，自分の無力さや罪深さに【⁴　　　】する。
【⁶　　　】実存	【⁴　　　】のうちに，神の前に【⁷　　　】として立つ。 神の前にいる自分を意識することで，本来的な自己を手にすることができる。

2　ニーチェ (1844–1900　独)…『ツァラトゥストラはこう語った』『善悪の彼岸』

(1) 【⁸　　　　　】…ヨーロッパ全体が虚無主義に覆われているとする。

利他心の涵養（かんよう）を命じる平等主義的なキリスト教道徳とは，その実，強者に対する弱者の【⁹　　　　　】（怨恨）から生じた「【¹⁰　　　　　】」であるとする。

(2) 「【¹¹　　　　　】」

ヨーロッパを支配してきたキリスト教に由来する伝統的な価値観を否定。

(3) 【¹²　　　　　】：より強いもの，よりすぐれたものを目指す意志。

たくましい生命力にもとづいた新しい価値を創造する必要性を説く。

(4) 運命愛

【¹³　　　　　】：現実のこの世界では無意味なことが永遠に繰り返される。

【¹⁴　　　　　】：この永遠回帰の現実を積極的に受け入れること。

「これが人生か，さればもう一度」…意味もなく反復される生を積極的に肯定。

(5) 【¹⁵　　　　　】：ニーチェの理想とする人間像。

意味や目的のない世界をあえて引き受け力強く生きる。

3　ヤスパース (1883–1969　独)…『理性と実存』『哲学』

(1) 【¹⁶　　　　　】：死・苦しみ・争い・罪。

人間にはどうしても克服できない状況。

この限界状況に直面するとき，人間は絶望や不安に襲われる。

(2) 【¹⁷　　　　　】（超越者）：この世界のすべてを支え，包み込んでいるもの。

限界状況を直視することによって，人間は自己を包括する【¹⁷　　　　　】の存在を感じる。この【¹⁷　　　　　】との出会いのうちに自己の【¹⁸　　　　　】に気づく。

(3) 【¹⁹　　　　　】…他者との連帯によって孤立を克服。

「【²⁰　　　　　】」：隠し立てなく，真摯に自己を相手にさらけ出す。

自己（真の実存）は他者との交わりのうちに存在する。

＜メモ欄＞

<table>
<tr><td rowspan="3">閑話休題</td><td>第1話　永遠の恋人レギーネ
　愛してはいるが，倫理的責任の重さに耐えかねて婚約を破棄したキルケゴールにとって，レギーネは永遠の恋人であった。キルケゴールは全著作を彼女に捧げ，すべての遺産が彼女のものであることを遺言状に書いた。</td><td>第2話　ショーペンハウアー
　様々な現象の根底にあるものは盲目的な生存への意志であり，それは常に満たされない欲望を追いかけるので，人生は苦悩であるというペシミズム（厭世主義）を説いた。若きニーチェは彼を熱狂的に賛美した。</td><td>第3話　ニーチェとワーグナー
　ニーチェは，ドイツ3月革命にも参加したリヒャルト・ワーグナーに心酔し，両者は親交を深めた。しかし，社会的名声を得たワーグナーに通俗性を感じたニーチェは，公然と批判を始め，やがて両者は決別した。</td></tr>
</table>

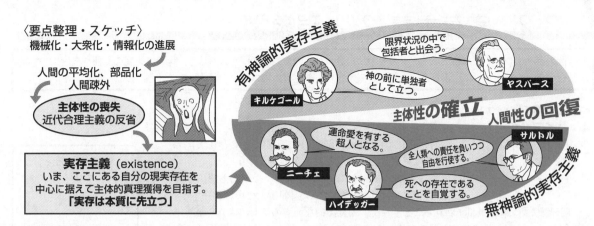

〈要点整理・スケッチ〉
機械化・大衆化・情報化の進展

人間の平均化、部品化
人間疎外

主体性の喪失
近代合理主義の反省

実存主義（existence）
いま、ここにある自分の現実存在を
中心に据えて主体的真理獲得を目指す。
「実存は本質に先立つ」

有神論的実存主義
限界状況の中で包括者と出会う。
神の前に単独者として立つ。
キルケゴール　ヤスパース

主体性の確立　人間性の回復

運命愛を有する超人となる。
全人類への責任を負いつつ自由を行使する。
ニーチェ　サルトル
死への存在であることを自覚する。
ハイデッガー
無神論的実存主義

【発展学習問題】
問題　次の文を読み，以下の問いに答えなさい。

　19世紀に入ると，西ヨーロッパにおいては，キリスト教的価値観の形骸化が蔓延し，近代市民社会にその細胞として生きる個人の本来の在り方を求める実存主義が生まれた。そのなかで⑧キルケゴールは信仰に自己存在の拠り所を求め，⑥ニーチェは現実を乗り越え，力強く生きる人間像を模索し，ⓒヤスパースは時代や社会状況の制約を受けながらも現実のなかに自己本来の実存を示した。彼らの思索は拠り所を喪失した個人の在り方を主体的に受け止めた。

問1　下線部⑧に関連して，キルケゴールの次の文章を読み，空欄【　X　】に入れる語句を考え，その語句を入れた際に正しい解説となる文として最も適当なものを，下の①〜④のうちから二つ選べ（順不同）。

　私にとって真理であるような真理を見出すこと，私がそのために生き，かつ死ぬことを願うような【　X　】を見出すことである。いわゆる客観的真理を私が発見したとしても，それが私に何の役に立つというのか。

①　ヘーゲルは，真理が【　X　】として存在するものと考え，絶対精神が歴史のうちに自由を自己実現することによって示されるものと考えた。

②　カントは，道徳の【　X　】を実践理性として考察し，自己の意志の格率を普遍的な自然法則と一致させるように行為した結果を善悪の判断基準とした。

③　デューイは，人間社会が目指すべき【　X　】として，創造的知性を道具として用いて，民主主義や教育の改善を実現すべきことを主張した。

④　コントは，知識が目指すべき【　X　】として，神学的段階から形而上学的段階を経て，実証的段階に到達して産業社会の矛盾が解決されると主張した。

問2　下線部⑥に関連して，ニーチェが説いた運命愛の思想の説明として最も適当なものを，次の①〜④のうちから一つ選べ。

①　運命とは，起こることも起こらないこともあり得たような，取るに足りない偶然の出来事のことである。人は，そのような偶然を自分が選んだのだと考えることではじめてその運命に重大な意味をあたえることができる。

②　運命とは，人生にとって重大な意味をもった偶然の出来事のことである。そのような出来事は起こることも起こらないこともあり得たのだと考えることによって，人は，その運命を愛し，自らを救うことができる。

③　偶然とは，めったに起こらないことが起こったものであり，それが人生にとって重大な意味をもつと，運命と呼ばれる。人は，たとえ自分が選んだものとして愛せなくても，その運命に耐えねばならない。

④　偶然とは，起こることも起こらないこともあり得た出来事のことであり，それが人生にとって重大な意味をもつと，運命と呼ばれる。人は自己を救うために，偶然を自ら選んだこととして捉え，運命と一体化せねばならない。

問3　下線部ⓒに関連して，ヤスパースの思想の説明として最も適当なものを，次の①〜④のうちから一つ選べ。

①　争い・苦悩・責め・死といった限界状況があることを知ることより直接的に経験し，分析することが重要である。

②　限界状況は，現実的に変えることはできないので，この状況を自ら受容し，ひたすら耐えることが重要である。

③　争い・苦悩・責め・死という限界状況を私の実存とともに受け止め，私自身が変わり，状況を変えるべきである。

④　限界状況は我々の壁として存在するが，それに向き合い，真の自己の実存の可能性に目覚める必要がある。

（問1 2018試行テスト第3問改　問2 2019本試験第4問改　問3 2017追試験第4問改）

【記述問題演習】
1　キルケゴールの「実存の三段階」とはどのようなものか述べなさい。
2　ニーチェの「超人」とはどのような存在か説明しなさい。

○人間の存在について思考したハイデッガーやサルトルなどの思想の学習をとおして，世界と人間の関係や自由について
　彼らの考えを手がかりに，よりよい人間としてのあり方や生き方について主体的に考えよう。

＜重要事項チェック＞

4　ハイデッガー（1889 - 1976　独）…『【1　　　　　　　　　】』『形而上学とは何か』

(1)　【2　（　　　　　　　　　）】：存在の中で特に「問う」ことができる存在。
　　「問うこと」によって，自らの「将来」を選び取ることが可能な存在。

(2)　【3　　　　　　　　　】：人間は意識・無意識にかかわらず様々な事物と関係を構
　　　　　　　　　　　　　　　築し，その関係性の総体である「世界」の中に存在する。
　　関係はたいていは「問」われることもなく，無意識的な配慮のうちに成立（頽落）。

(3)　【4　　　　　　　　】…死は人間の究極的な可能性であり，生の全体性を示す。
　　死を「問う」ことで，本来的なあり方に立ち返ることができる。

(4)　【5　　　・　　　】（ひと）：気晴らしを求め，日常性に埋没している，非本来的な
　　　　　　　　　　　　　　　　あり方。

(5)　【6　　　　　　　】…人間はもはや存在とは何かを問うこともない。→西欧文明批
　　　　　　　　　　　　　　判

(6)　【7　　　　　　】…本来の自分とそのよりどころを見失って生きている状態。

5　サルトル（1905 - 80　仏）…『**存在と無**』『実存主義とは何か』『嘔吐』

(1)　「【8　　　　　　　　　】」
　　人間はまず先に実存し，世界の内で自分自身のあり方を選択する存在。＝【9　　　　　】
　　【10　　　　】：人間はたえず未来へ向けて自己を投げ出し新たな自己を創造する。

(2)　【11　　　　　】：「人間は自由の刑に処せられている」
　　人間は何にも頼ることができず，孤独の内に自分の選択を行わなければならない。
　　自分の選択に自らがすべて責任を負わなければならない。

(3)　【12　　　　　　　　】：自己を社会に投げ込み，社会の中に自らを拘束する。
　　本来自由な人間は，自分のあり方を選ぶことで人類全体のあり方を選んでいる。

6　現象学

(1)　【13　　　　　　】（1859 - 1938　墺）…現象学の提唱。『イデーン』『デカルト的省察』
　　【14　　　　　】…「**事象そのものへ**」
　　【15　　　　　】：外在的な事物の実在についての判断をいったんかっこに入れて
　　　　　　　　　　　停止。意識そのものの諸現象を明らかにしようとする。
　　間主観性：自己の主観性は他者の主観性との関係を離れては存在しえない。

(2)　【16　　　　　　】（1908 - 61　仏）…『知覚の現象学』
　　【17　　　】の両義性
　　身体が持つ，意識による働きと，意識以前の働きを明らかにする（身体性）。
　　従来の意識／物，主観／客観といった理解では割り切ることのできない知覚。
　　生活世界に内在するコギト以前・人称以前の主体のあり方を探究。

(3)　【18　　　　　　】（1906 - 95　仏）…『全体性と無限』『存在の彼方へ』
　　顔：自己意識のなかに取りこめない他者性（【19　　　】）が現れる場。
　　「〈他者〉の異邦性──《私》に，私の思考と所有に〈他者〉が還元されえないと
　　いうこと」が，まさに「私の自発性」や自分のあり方を問いただす契機となる。

＜メモ欄＞

閑話休題

第1話　ハイデッガーとナチズム
　ハイデッガーは，1933年にフライブルク大学の総長就任演説『ドイツ大学の自己主張』でナチスを支持する演説を行い，その直後にナチスに入党し，1945年のドイツ敗戦まで党員であり続け，盟友ヤスパースと決別した。

第2話　サルトルとボーヴォワール
　恋愛関係にあったサルトルとボーヴォワールは，お互いの自由な恋愛を束縛・排除する伝統的な結婚制度を否定し，2年間の契約結婚をした。以後も二人の関係は続き，サルトルはボーヴォワールに看取られて亡くなった。

第3話　間身体性
　他者の経験を自分のものとして感じられるのは，他者と自己の身体が関係（相互作用）することによって，自他が主客を超えた一つの身体のようになるからである。メルロ・ポンティはこのことを間身体性とよんだ。

〈要点整理・スケッチ〉

【発展学習問題】

問題 次の文を読み，以下の問いに答えなさい。

　人間としての在り方・生き方を問う自己の思想とは，いかなる考え方をするのであろうか。この点について⒜現象学は，現象としての客観を主観で捉える直観的思考の分析から究明しようと試みた。ここから客観としての自己の存在を見つめる思想が登場した。例えば，　 ア 　。しかし，人間としての自己の生き方についてはどのように捉えればよいのだろうか。この点に関して，　 イ 　。事物と自己が存在の意味への問いの手がかりになるが，⒝レヴィナスとメルロ・ポンティは独自の現象学を提起した。

問1 下線部⒜に関してフッサールの次の文章を読み，空欄【　Ｘ　】に入れる語句を考え，その語句を入れた際に正しい解説となる文として最も適当なものを，下の①〜④のうちから二つ選べ（順不同）。

　現象学者は，対象の実在を素朴に認める態度を一時中止（エポケー）すると同時に，【　Ｘ　】のまなざしを自分自身の意識作用そのものへ向けるための現象学的還元または超越論的還元を行わねばならない。

① ヒュームは，認識について【　Ｘ　】した結果，観念は外界の事物そのままの知覚の束であるにすぎないと主張し，一つの観念と別な観念の結合により認識が成立すると説いた。

② バークリーは，人間の観念について【　Ｘ　】した結果，存在するとは知覚されることであると考え，観念は外界に存在する事物を知覚によって捉えることであると主張した。

③ デカルトは，方法的懐疑によって真理について【　Ｘ　】し，疑わしいものを取り除いた結果，「私は考える，ゆえに私は存在する」という真理を得た。

④ カントは，主観と客観を総合的に捉える【　Ｘ　】の結果，感性によって捉えた事物を悟性が概念によって分析する思考を唱え，物自体の認識は不可能であるとした。

問2 　 ア 　・ 　 イ 　に入る文として，最も適当なものを，次の①〜④のうちからそれぞれ一つ選べ。

① ボーヴォワールは，社会が女性に特定の在り方を強制すると考え，「女は女として生まれるだけだ」と説いた

② ハイデガーは，実存を時間との関係で捉え，死への存在の決意が自己を社会へ投企する契機になると説いた

③ カミュは，人間存在の根源的な不条理を運命愛によって生きる超人によって克服しようと試みた

④ サルトルは，個人の主体的な意志決定に自由の本質を求め，社会参加による自由と責任を説いた

問3 下線部⒝に関連して，レヴィナスとメルロ・ポンティの思想の説明として最も適当なものを，次の①〜④のうちからそれぞれ一つずつ選べ。

① 実存を事物と人間の身体の関係において捉える独自の身体論を提起し，人間にとって道具は身体の延長としての機能を果たし得ると，事例をもとに主張した。

② 近代技術は，人的資源と物的資源の総駆り立て体制によって大量生産を可能にすると考え，そこでの人間は自己の存在を喪失し，存在の牧人の役割を見失うと説いた。

③ 資本主義は資本家による労働者の搾取による利潤によって資本を増殖させるので，人間疎外からの解放は資本主義的生産様式の廃棄しかあり得ないと革命の必要を説いた

④ 自己と他者の存在の差異を他者の他性に求め，「あなたは殺してはいけない」と自己の顔をもって私に彼方から語りかける他者を無限の存在者とみなす他者論を提起した。

（問1〜3 2018試行テスト第3問改）

【記述問題演習】

1 ハイデッガーの「ダス・マン（ひと）」とはどのようなものか述べなさい。

2 サルトルの「実存は本質に先立つ」とはどのような意味か述べなさい。

○現代人に見失いがちな生命への畏敬の念，生命尊重の思想を説いた思想家たちの学習をとおして，人間性尊重の精神と現代社会のあり方について考えよう。

＜重要事項チェック＞
1 現代のヒューマニズム
(1) 【1　　　　　　　　】(1875－1965　仏)…『水と原生林のはざまで』

【2　　　　　　　】：すべての生命に対して愛と畏敬の念を持つべきとする。

「自分は，生きようとする生命に囲まれた，生きようとする生命である」。

(2) 【3　　　　　　】(1869－1948　印)…インド独立の父。
 ① 【4　　　　　　　　】(真理の把持)：絶対的真理を把握し，貫徹すること。
 ② 【5　　　　　　　　】(自己浄化)：欲望に打ち勝ち，自己を浄化する。
 ③ 【6　　　　　　】(不殺生)：同胞としてのすべての生命への不傷害，不殺生。

独立運動においても非暴力を徹底。

(3) 【7　　　　　　　】(1910－97　印)

キリスト教の説く隣人愛を実践し，自らも弱い者や虐げられた人々に奉仕した。

(4) 【8　　　　　　】(1926－68　米)

「愛と非暴力の結合」による無抵抗主義運動により人種差別反対運動を展開。

<メモ欄>

〈現代の思想〉
1 理性主義の見なおし
(1) 【9　　　　　】(1856－1939　墺)…『精神分析入門』『夢判断』。【10　　　　　】の創始者。

神経症の治療の過程で，その原因が意識下に抑圧された性的欲望であることを解明。

以後無意識の心的な構造を究明し，神経症を治療する精神分析を創始。
 ① 三つの心的装置(機能)

【11　　　】(イド)：自己コントロールが及ばない意識下(【12　　　　】)の領域。

性的・攻撃的な本能的衝動や抑圧された欲望・記憶・感情が存在。

【13　　　】(エゴ)：エスの衝動を外界(環境)に適応できるように調整。

【14　　　】(スーパーエゴ)：自我を監視し，エスを制御する。

社会的価値観が内面化された良心・罪悪感の機能を受け持つ。
 ② 【15　　　　　】：充足が妨げられたり，不安を引き起こす欲望や感情に対し，自己防衛のために無意識的に作用する自我機能。(p. 8参照)

※【16　　　】…フロイトの性欲論を批判した**アドラー**が強調。

劣等コンプレックスを克服しようとする心的機制。

(2) 【17　　】(1875－1961　スイス)…『分析心理学』。分析心理学の創始者。
 ① 【18　　　　　　】…個人的無意識の深層に存在。

人類に共通して存在する生得的な無意識。普遍的無意識とも訳される。
 ② 【19　　　】(アーキタイプ)：集合的無意識の中に存在する人類普遍の心の型。

神話や夢などに人類に普遍的なイメージを見いだす。

代表的な元型…**グレートマザー**＝太母(すべてを飲みこみ，育む)。

(3) 【20　　　】(1859－1941　仏)…『創造的進化』。生の哲学者。

【21　　・　　　】(生命の跳躍(飛躍))

多方向で分散的な進化を推し進める生命の根源的で創造的な力。

閑話休題	第1話　キング牧師の「ワシントン大行進」演説(1963) 「わたしには夢がある。それは，いつの日か，わたしの4人の小さな子どもたちが，肌の色によってではなく，人格そのものによって評価される国に生きられるようになることだ」。	第2話　エディプス・コンプレックス 　幼児が母親に向ける性的愛着と，父親の存在による愛着の禁止の過程で起きる愛憎によって，形成される心的なこだわり(コンプレックス)の全体。これを克服する過程で父親らの価値が内面化され超自我の核が形成される。	第3話　ユングの無意識 　ユングは無意識を，人類共通の創造的生命エネルギーが作用する場とした。閃きや第六感による創造性や，本来因果関係のない事象どうしに深い意味連関がある**シンクロニシティ**(共時性の現象)などがその例である。

〈要点整理・スケッチ〉

【発展学習問題】

問題 次の文を読み，以下の問いに答えなさい。

> 現代ヒューマニズムは，他者へ奉仕する思想として実践を通して実現され，その底流には，@宗教思想が流れている。特に，⑥キリスト教の隣人愛に根ざした思想の実践は見逃すことのできないものである。20世紀に入ると，世界戦争や大量破壊兵器の登場など危機に対し，ⓒ理性の闇を見つめる思想が生まれた。

問1 下線部@に関連して，民族の伝統思想に根ざし，現代ヒューマニズムを実践した思想家にガンディーがいる。ガンディーの思想の説明として最も適当なものを，次の①〜④のうちから一つ選べ。

① 暴力を振りかざす者に対して，一切の対抗暴力を用いることなく，黙って彼らに服従することによって，精神的な勝利を収めることができる。

② 非暴力運動は，核兵器をもたなかった時代のイギリスに対しては有効であったが，今後は核抑止力のもとでのアヒンサーを追求する必要がある。

③ 暴力を用いずに，しかし決して相手に屈伏することなく，非協力を貫き通すことによって，相手の良心に訴え相手を変えていかなければならない。

④ 非暴力という手段は，勇敢な者たちばかりでなく，臆病な者たちにも実行可能なので，抵抗活動を大衆運動として拡大していくために不可欠である。

問2 下線部⑥に関連して，次の空欄 a ・ b に入る**人名**として最も適当なものを下の**人名**①〜④のうちから， i ・ ii に入る**言葉**として最も適当なものを，下の**言葉**①〜④のうちからそれぞれ一つずつ選べ。

> 「密林の聖者」とよばれた a は，アフリカで医療活動を行い， i と述べた。一方，インドで「孤児の家」・「死を待つ家」を作り，重篤な病に苦しみ，貧困に喘ぐ孤児のために献身的な奉仕活動に生涯を捧げた b は， ii と述べた。彼らの奉仕活動はキリスト教が説く隣人愛の思想の実践であった。

人名 ① キング牧師　　② シュヴァイツァー　　③ ガンディー　　④ マザー・テレサ

言葉 ① 平和と真理への愛によって闘うのだ

② 生を維持し，促進するのは善である

③ 他者の苦しみを目にしながら無関心でいることは罪である

④ 私の夢は子どもが皮膚の色ではなく，人格によって評価される国に生きられることだ

問3 下線部ⓒに関連して，フロイトとユングの思想の説明として正しいものを，次の①〜④のうちから一つずつ選べ。

① 人間には，親や社会の教育によって形成される心の領域があり，それは超自我とよばれる。超自我は，無意識の領域の欲動を統制し，自我を厳しく監督するような働きをする。

② 個人的無意識の奥底に，あらゆる人間に共通した集合的無意識があると考えた。とりわけ無意識における人類共通の性質に着目して「元型」とよばれる概念を提唱した。

③ 青年期における自己探求において，それまでに経験したことのない様々な役割があると考えた。この役割を実際に行ってみることを「役割実験」と呼び，その意義について説いた。

④ 自己の性格や身体，能力に関する劣等感を無意識に抑圧して形成される劣等コンプレックスを分析した。人は劣等感を克服する力への意志によって目的に向かって努力すべきであると主張した。

(問1 2003追試験第4問改　問2 2018試行テスト第3問改　問3 2017追試験第4問改)

【記述問題演習】

1 シュバイツァーの「生命への畏敬」とはどのようなものか述べなさい。

2 ベルクソンの「エラン・ヴィタール」について説明しなさい。

○自己の実現と他者の尊重の両立や，よりよい社会の実現のために思考した思想家たちの学習をとおして，現代社会と人間のあり方について考えよう。

＜重要事項チェック＞
2　構造主義・ポスト構造主義
(1) 【¹　　　　　】(1857－1913　スイス)…『一般言語学講義』。言語学者。
　① 【²　　　　　】：具体的な文法の規則を持つ社会制度としての言語。
　　　人が持つ普遍的潜在的な言語能力（**ランガージュ**）が顕在化したもの。
　② 【³　　　　　】：ラングに依拠しつつ，個々人が具体的に使用することば。
　③ 人間は，ラングという個人の意識を超えた規則（構造）に縛られている。
(2) 【⁴　　　　　　　　】(1908－2009　仏)…『親族の基本構造』。人類学者。
　『【⁵　　　　　　】』：未開社会の神話的思考が自然と人間・社会を調和させるすぐれた論理性を持つことを解明。
(3) 【⁶　　　　　】(1901－81　仏)：『エクリ』。構造主義的精神分析学者。
　　鏡像段階：それ以前は統一的な自己像をもたない乳幼児が，鏡に映った自己の像（鏡像）に関心を示し，全体としての統一ある自己像を発見する段階のこと。
(4) 【⁷　　　　　】(1926－84　仏)…『**言葉と物**』『**監獄の誕生**』
　① 理性的主体としての「人間」は，実は近代社会が人々を規格化し支配するために生み出した権力装置の中の概念にすぎないことを示した。
　② 『【⁸　　　　　　】』
　　　近代西洋文明は，社会の規範から逸脱したものを非理性的な**狂気**として排除することで，近代的理性を思考の絶対的基準として確立させたことを解明。
(5) 【⁹　　　　　】(1930－2004　仏)…『エクリチュールと差異』『声と現象』
　【¹⁰　　　　　】：絶対的真理を措定する西洋形而上学のロゴス（理性＝言語）中心主義をその論理の内側から批判・解体し，再構築する。
(6) 【¹¹　　　　　】(1925－95　仏)…『差異と反復』
　　差異（微分）の哲学を構築し，西洋形而上学批判を展開した。
(7) 【¹²　　　　　】(1924～98　仏)…「ポスト・モダン」を提起。『ポスト・モダンの条件』

3　科学観の転換
(1) 【¹³　　　　　　　】(1889－1951　英)…『論理哲学論考』。分析哲学者。
　① 「【¹⁴　　　　　　　　　　　　　　】」
　　　言語に対応する現実の事象が存在しない命題は，検証不可能で無意味とする。
　② 【¹⁵　　　　　】：言語活動は，他者と共有された規則や具体的な文脈の中で行われるゲーム的活動。
(2) 【¹⁶　　　　　】(1922－96　米)…『科学革命の構造』。科学哲学者。
　【¹⁷　　　　　】：自然科学の理論的な枠組みのこと。
　【¹⁸　　　　】は，事実観察の積み重ねではなく枠組み自体の転換で生じるとする。
(3) 【¹⁹　　　　　】(1908－2000　米)…論理哲学者。
　【²⁰　　　　　】：個々の命題の検証によって確証されるのは，個別の命題ではなく，その命題体系全体であるとする。
(4) 【²¹　　　　　】(1902-94　英)：科学哲学者。科学的真理の根拠の探究。
　反証主義：科学理論の成立根拠は経験的検証により反駁されることである。

閑話休題

第1話　構造主義
　個別の事象や意識の背後に存在し，それらを関連づけ，規則づける関係性＝「構造」に注目した思考方法を構造主義という。なお，構造主義の静的・科学主義的な思考部分を批判して現れた一連の思想をポスト構造主義という。

第2話　ソシュールの言語学
　言語の歴史的起源と変遷の解明ではなく，共時的体系を持つ言語構造の解明を言語学の使命とした。言語は，事実を写し取るものではなく記号的な差異の体系の中で意味を生成する構造を持つことを明らかにした。

第3話　他者の欲望を欲望する存在
　ラカンによれば，人は自分から疎外された鏡像のような外部イメージに満足すべき自己像を見ようとする。同時に満足すべき自己像を承認・保障してくれる他者を求め，他者の欲望（気持ち）を欲望する存在になる。

〈要点整理・スケッチ〉

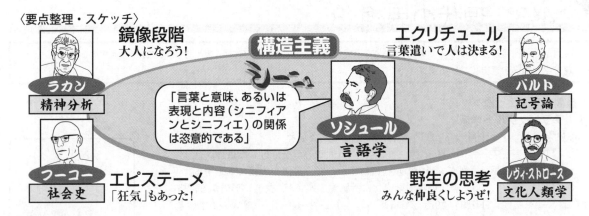

鏡像段階
大人になろう！

ラカン
精神分析

構造主義

シーン

「言葉と意味、あるいは表現と内容（シニフィアンとシニフィエ）の関係は恣意的である」

ソシュール
言語学

エクリチュール
言葉遣いで人は決まる！

バルト
記号論

フーコー
社会史

エピステーメ
「狂気」もあった！

野生の思考
みんな仲良くしようぜ！

レヴィ・ストロース
文化人類学

【発展学習問題】

問題 次の文を読み，以下の問いに答えなさい。

> 戦後，未曾有の惨禍を経験したヨーロッパでは，近代理性を批判する思想的潮流が活発化した。個人の主体性を尊重する実存主義を批判し，言語や社会，精神分析，権力の構造を主体との関係性において分析する⑧構造主義が台頭した。1980年代になると，主体の問題を提起する⑥ポスト構造主義（ポストモダン）の思想が現代思想の新潮流となった。

問1 下線部⑧に関連して，次の文を読み，空欄 ｜ ア ｜ ～ ｜ ウ ｜ に入る文として最も適当なものを，下の a ～ f からそれぞれ一つずつ選べ。

> 構造主義は，最初に言語の構造として提起された。例えば，｜ ア ｜。また，未開社会の構造を調査し，西洋文明と対比した思想家｜ イ ｜。近代理性を非理性との関係から歴史的に批判した｜ ウ ｜。このように，構造主義は，主体を構造に取り込む思想を提起することによって，近代理性が主体的意志に還元されうるものではないことを究明した。

    a ラカンは，幼児が鏡に映る鏡像（他者像）を自己像と同一化する鏡像段階が自我のイメージの核になるとした

    b フーコーは，一望監視装置の機能において，理性が狂気を取り込む権力関係を見出し，近代理性を批判した

    c ボードリヤールは，他者との差異化・差別化を行動原理とする主体の欲望に高度消費社会の構造を見出した

    d レヴィ・ストロースは，親族の婚姻関係を分析し，野生の思考が科学的思考に劣るものでないことを究明した

    e ソシュールは，意味作用（シニフィアン）と意味（シニフィエ）の関係を言語の構造として分析した

    f ウィトゲンシュタインは，言語の文法を「語り得ないもの」とみなし，日常言語を言語ゲームとして論じた

問2 下線部⑥に関連して，リオタールの次の文章を読み，空欄 【 X 】 に入る語句を考え，その語句を入れた際に正しい解説となる文として最も適当なものを，下の①～④のうちから二つ選べ（順不同）。

> 「大きな 【 X 】」に準拠する科学を「モダン」と呼び，そうした科学に依拠する現実の社会的関係を統御する諸制度の有効性を検証するとすれば，「ポストモダン」とはそうしたメタ 【 X 】 に対する不信感を意味する。
>
> （リオタール『ポストモダンの条件』より）

    ① トマス・クーンは，地動説の登場が知の枠組み（パラダイム）を劇的に転換させる科学革命の構造を分析した結果，西洋近代の「大きな 【 X 】」が形成されていったと主張した。

    ② デリダは，西洋哲学やイデオロギーは，西洋のロゴス中心主義に由来し，それを脱構築（解体）することによって，西洋近代を導いた「大きな 【 X 】」の見直しが可能であると主張した。

    ③ クワインは，個々の命題の検証することはその命題体系の全体を検証するという知の「ホーリズム（全体論）」を主張し，そこから「大きな 【 X 】」を科学論から解体してみせた。

    ④ ドゥルーズは，西洋近代の「大きな 【 X 】」が，イデオロギーの反復によって生まれたと主張し，差異（微分）の思想によって，根茎（リゾーム）のように知の体系の無意味・無関心を説いた。

（問1・2 2018試行テスト第3問改）

【記述問題演習】

1 レヴィ・ストロースの「野生の思考」とはどのようなものか述べなさい。

2 パラダイムとはどのようなものか述べなさい。

4-3　現代の思想(3)

○自己と他者とのかかわりや人間の心について研究を深めた思想家たちの学習をとおして，自分と他者のつながりや，人間のよりよい生き方について考えよう。

＜重要事項チェック＞
4　フランクフルト学派

(1) 【¹　　　　　】(1900 – 80　独)…精神分析学者で社会学者。

　① 『【²　　　　　　　　】』…ファシズムに走る大衆心理を分析した著作。
　　　自由を手にした大衆が，自由の重荷に耐えかねて，集団や権威に逃走する。

　② 【³　　　　　　　　】：一定の集団・文化に所属する人間が，共通に形成する性格。

(2) 【⁴　　　　　　】(1895 – 1973　独)・【⁵　　　　　】(1903 – 69　独)…哲学者・社会学者。

　① 【⁶　　　　　　　】…ホルクハイマーが理論化。共著『**啓蒙の弁証法**』で展開。
　　　人間や自然を操作支配するための技術的な手段・道具と堕した近代的な理性。

　② 【⁷　　　　　　】…アドルノ『**権威主義的パーソナリティ**』
　　　自由や主体性を放棄し，心理的な柔軟性を失い，権威に依存しやすい性格。
　　　フロムが提唱した社会的性格の一つをアドルノらが理論的に発展させる。

(3) 【⁸　　　　　　　】(1929 –　独)…『**コミュニケーション的行為の理論**』

　① 【⁹　　　　　　】：コミュニケーションや議論を通じて強制を伴うことなく合
　　　　　　　　　　　　意をつくりだす理性。

　② 【¹⁰　　　　　　　　　　】：望ましい社会形成の基礎となるもの。
　　　対話的理性にもとづき，議論を通して社会的な合意をつくりだす。

5　その他の社会論

(1) 【¹¹　　　　　　　　　】(1864 – 1920　独)…『**官僚制**』

　① 【¹²　　　　　　】：近代の自然科学の発達による前近代的思考や社会の合理化。

　② 【¹³　　　　】：官僚制組織において構成員は，個人的な感情や価値観を持ち込
　　　　　　　　　　まず，規則に従って効率的に仕事をこなすことを求められる。

(2) 【¹⁴　　　　　】(1863 – 1931　米)…哲学者・社会心理学者。

　【¹⁵　　　　　　　　】：所属する共同体から期待される行動様式やルール。
　個人にとって**意味ある他者**との社会的相互作用を通して内面化される。

(3) 【¹⁶　　　　】(1909 – 2002　米)…『**孤独な群衆**』。社会学者。

　【¹⁷　　　　　】…大衆消費社会に特徴的な社会的性格。
　仲間やマス・メディアなどに同調し，他者の承認を求めて行動しようとする。

(4) **ボードリヤール**(1929 – 2007　仏)…『**消費社会の神話と構造**』。社会学者。

　記号的消費：資本主義の高度化に伴い，有用性の限界を超え生産される商品が，
　　　　　　　無限な欲望を喚起させる記号的価値として消費される。

6　女性の思想家

(1) 【¹⁸　　　　　　　】(1908 – 86　仏)…『**第二の性**』。作家・哲学者。

　「【¹⁹　　　　　　　　　　　　　】」：『第二の性』のことば。
　文明的な差別により女性性が形成されるとして，男性中心主義文化を批判。

(2) 【²⁰　　　　　　】(1906 – 75　米)…『**全体主義の起源**』。政治学者。

　全体主義成立の原因を近代社会の人々の孤立化と大衆化にあると分析。
　ことばを媒介とする【²¹　　　　　】にもとづく対話的な共同体の復権を唱えた。

＜メモ欄＞

第1話　M.ウェーバーの「鉄の檻」
　ウェーバーは，近代資本主義の目的合理性にもとづく組織社会は閉鎖的な「鉄の檻」と化し，そこには近代資本主義を創出した宗教倫理を失った「精神のない専門人，心情のない享楽人」が出現することを指摘した。

第2話　伝統指向型と内部指向型
　リースマンによれば，前近代社会では，伝統的共同体の価値規範を志向する**伝統指向型性格**が，近代工業化社会では，家庭でのしつけ等を通して内面化された社会的価値を持ち行動する**内部指向型性格**が特徴であった。

第3話　消費社会論
　ボードリヤールは，消費社会では，シミュラークル（実用から離れたモノの記号化）とシミュレーション（オリジナルなき記号のコピー化）が氾濫した世界の記号化（ハイパーリアル化現象）が進行するとした。

〈要点整理・スケッチ〉

官僚制 　マックス・ウェーバー

自由からの逃走
社会的性格 　フロム

道具的理性 　ホルクハイマー

コミュニケーション的合理性
対話的理性 　ハーバーマス

フランクフルト学派

一般化された他者 　G.H.ミード

権威主義的性格 　アドルノ

他人指向型 　リースマン

シミュレーション社会
高度消費社会 　ボードリヤール

【発展学習問題】

問題 次の文を読み，以下の問いに答えなさい。

　現代思想は，近代理性を様々な観点から批判し，西洋近代思想の盲点を突いた。例えば， a は i と考えたのに対し，それとは反対に，社会心理学者 b は ii と考えた。 a の言うように「野蛮」に陥った理性を近代思想の側から批判することはもちろん重要であるが， b が言うように近代理性を用いて「野蛮」を支持した人間の社会的心理を省察することも必要である。現代思想は，現代社会が抱える諸課題に向き合うために，近代理性を批判するだけでは十分ではない。それどころか， あ 。このように，対立し合う議論のなかに合意と和解を見出すことが，⒜近代理性の役割を見直す新たな可能性をあたえてくれると考えることもできるのである。

問1 a ・ b に入る人名として最も適当なものを下の**人名**①～④のうちから， i ・ ii に入る言葉として最も適当なものを下の**言葉**①～④のうちからそれぞれ一つずつ選べ。

人名 ① ウェーバー ② フロム ③ ホルクハイマー・アドルノ ④ リースマン

言葉 ① 現代社会における大衆の心理には他人指向型の傾向が認められる
② 支配に服従する合理的理由を，因果関係の下に考察すべきである
③ 自由を獲得した人間は，自由がもたらす孤独に耐え切れず自由から逃走する
④ 道具的理性に陥った近代理性に向き合うために批判的理性が必要である

問2 あ に入る記述として最も適当なものを，次の①～④のうちから一つ選べ。

① ファシズムを支持した大衆の心理を省察することが必要である。ハンナ＝アーレントは，『全体主義の起源』において，上官の命令を遂行する下士官の行動に権威主義的性格が認められることを指摘した

② 現代社会の諸課題に向き合うために，近代理性の可能性を探ることが必要である。ハーバーマスは，『コミュニケーション的行為の理論』において，対話的理性がもつ合理的性格に公共性を見出した

③ 近代理性を野蛮から解放するために生命の尊厳に向き合う必要がある。フランクルは『夜と霧』において，自己の収容所体験から生命の極限状態においても生きる意味を問い直すことができると説いた

④ 近代理性が見落としてきた女性の性について再考する必要がある。ボーヴォワールは，『第二の性』において，「女は女に生まれるのではない。女になるのである」と述べて，男性中心文化を批判した

問3 下線部⒜に関連して，ハンナ・アーレントの次の文章を読み，空欄【 X 】に入る語句を考え，その語句を入れた際に正しい解説となる文として最も適当なものを，下の①～④のうちから二つ選べ（順不同）

　人間世界への私たちの参入は，【 X 】のように必要に強いられたものではなく，仕事のように有用性に促されたものでもなく，語り合うことによって自分が誰であるかを，自分のユニークな人格をもつ存在を明らかに示すことだ。

（ハンナ・アーレント『人間の条件』より）

① マルクスは，労働者の【 X 】が資本家の搾取によって人間疎外に陥る原因となると主張した。

② ヘーゲルは，人間の【 X 】は絶対精神による自己実現を意味し，そこに矛盾はないと主張した。

③ カントは，行為としての個人の【 X 】は，他者の人格を目的として尊重すべきであると説いた。

④ ベンサムは，人間の【 X 】は，最大多数の最大幸福を目的とすべきであると質的功利主義を説いた。

（問1～3 2018試行テスト第3問改）

【記述問題演習】

1 ホルクハイマーやアドルノのいう「道具的理性」とはどのようなものか述べなさい。

2 ハーバーマスのコミュニケーション的合理性について説明しなさい。

○ロールズの「公正としての正義」の思想に対する社会契約説や功利主義の思想の影響について考察し，リバタリアニズムとコミュニタリアニズムの対立から徳や倫理の必要性を個人と社会の両面から理解しよう。

＜重要事項チェック＞

1　政治と社会

(1)　【1　　　　　】（1921-2002 米）　リベラリズムを代表する哲学者。

　　① 『【2　　　　　】』…「公正としての正義」の理論を提唱→格差・差別の是正へ。

　　　【3　　　　　】…社会形成以前の人間のあり方を示し，社会契約により社会形成へ。

　　　【4　　　　　】…形成された社会における自己の地位を知らされていない状態。

　　② 【5　　　　　】…公平な社会をつくるための正義の理念。

　　　【6　　　　　】…社会の全成員が基本的な自由を共有する義務を負うことを合意。

　　　【7　　　　　】…不平等（格差）があるとしても，社会の全成員の公正な競争の結果，生じたものでなければならない。

　　　【8　　　　　】…不平等（格差）は最も不遇な生活を強いられている人々の境遇を改善すべきものでなければならない。

　　　【9　　　　　】…上記の原理を受け入れる社会契約を結び，公正としての正義を実現する「自由な社会」を形成するという思想。

(2)　その他の政治思想

　　① 【10　　　　　】…新自由主義。政府や自治体の政策を削減し，個人の自由や市場経済の拡大を重視する。

　　　【11　　　　　】（1912-2006　米）…ケインズ主義を批判，市場原理主義に立つ経済学，貨幣数量説（マネタリズム）を提唱。

　　② 【12　　　　　】…自由至上主義。平等・正義を自由主義に持ち込まない。ロールズのリベラリズムを自由の徹底を図り，批判する。

　　　【13　　　　　】（1938-2002　米）…ロックが説く自然状態から国家の必要性を考察。

　　　【14　　　　　】人間は理性的存在だから，国家の役割は犯罪から人々を保護する最小でよい。自由や平等の実現を目指す拡張国家（福祉国家）を否定。

　　　【15　　　　　】（1899-1992　墺）…経済学者・政治哲学者。市場経済の優位性を説く。

　　③ 【16　　　　　】…共同体主義。倫理（徳）を共同体の共通善として構想。リベラリズムを共同体の価値観から批判。

　　　【17　　　　　】（1953- 米）…個人は共同体の歴史的伝統に関わらない「負荷なき自己」ではなく共同体の中に「位置づけられた自己」である。

　　　【18　　　　　】（1929- 英）…相互依存の人間関係の重視。共通善としての幸福。

2　自然との共生

(1)　環境思想

　　【19　　　　　】（1817-62　米）…物質的富の否定，自然との共生。主著『森の生活』。

(2)　土地倫理

　　【20　　　　　】（1887-1948　米）…人間と自然との調和をはかる。

(3)　【21　　　　　】…良好な自然環境を世代間で継承すべきとみなす。

　　【22　　　　　】（1903-93）…カントの道徳法則を応用し，環境保全を国家・市民に義務づけ，未来倫理を提唱。

＜メモ欄＞

〈要点整理・スケッチ〉

【発展学習問題】

問題 次の文を読み，以下の問いに答えなさい。

戦後における欧米諸国の目覚ましい資本主義の発達により，富の拡大と豊かな社会が生まれる一方で，富が著しく偏在する⒜格差社会が形成された。アメリカでは，⒝市場原理を最優先し，個人の自由を至上のものと考える立場と，共同体における共通善を徳として提唱する立場が対立するが，大自然に恵まれたアメリカでは，物質的富の追求よりも，⒞自然との共生を図る土地倫理や，環境保全を未来倫理として提唱する環境倫理を重視する思想も形成されていた。

問1 下線部⒜に関連して，リベラリズムの立場から格差社会の是正を説いたロールズの思想の説明として最も適当なものを，次の①～④のうちから一つ選べ。

① 公正な機会均等の原理を説き，最も恵まれない境遇を改善する場合にのみ不平等は許容されると考えたロールズの立場からすれば，人の道徳的な価値は才能や技能に対する需要で決まるものではないと考えることができる。

② 西洋近代思想の基盤をなす，あらゆる二項対立的な図式を問い直す必要があると説いたロールズの立場からすれば，自らの才能を伸ばすことができるか否かで人の道徳的優劣は決まるものではないと考えるのが正しい。

③ 功利主義思想に依拠して，社会全体の効用の最大化を正義の原理として説いたロールズの立場からすれば，才能ある人は，道徳的な共通目標のために自らの私財を提供するのが当然であると考えるのが正しい。

④ 無知のヴェールの下で正義の原理を決める際に人々が基本的な自由を享受できることを平等な自由の原理として説いたロールズの立場からすれば，個々人の才能に応じた社会の利益の分配が公正であると考えるのが正しい。

問2 下線部⒝に関連して，次の**ア・イ**は，リバタリアニズムかコミュニタリアニズムいずれかの立場に属する思想家の説明であるが，それぞれ誰のことか，その組合せとして正しいものを，次の①～⑥のうちから一つ選べ。

ア 理性的存在としての人間の自由を最大限に尊重し，国家の役割を犯罪から人々を保護する最小でよいと主張し，自由や平等の実現を目指す拡張国家を国家による自由の制限とみなし，厳しく批判した。

イ 倫理や徳を個々人の義務として定める考え方を否定し，個々人の背景となる歴史的・文化的伝統を重視し，人々が互いに尊重・依存し合う共同体の共通善として徳を追求する徳倫理学の必要性を主張した。

① **ア** マッキンタイア **イ** ハイエク
② **ア** マッキンタイア **イ** ノージック
③ **ア** ハイエク **イ** マッキンタイア
④ **ア** ハイエク **イ** ノージック
⑤ **ア** ノージック **イ** マッキンタイア
⑥ **ア** ノージック **イ** ハイエク

問3 下線部⒞に関連して，土地倫理や環境倫理について考えた思想家の説明として最も適当なものを，次の①～④のうちから一つ選べ。

① ハンス＝ヨナスによれば，個々人は共同体に「位置づけられた自己」であり，環境保全は共同体の義務である。

② ハンス＝ヨナスは，環境保全を無条件の義務とみなし，未来倫理としての世代間倫理の確立の必要性を説いた。

③ レオポルドは，市場原理主義に基づいた資本主義社会における土地倫理の確立の必要性を説いた。

④ レオポルドは，物質的富を否定し，誰にも所有されない人間と自然との共生に真なる人間の自由を見出した。

(問1～3 2023共通テスト第4問改)

【記述問題演習】

1 リバタリアニズムとコミュニタリアニズムの思想の違いについて説明しなさい。

2 ノージックの最小国家について説明しなさい。

1　合理的精神と人間の尊厳

＜解答欄＞

(1) ルネサンス期の理想的な人間像で，人の持つ無限の可能性を体現した人を何とよぶか。

(2) 『痴愚神礼讃』を著し，当時の教会の堕落や神学者の聖書解釈の愚劣さを痛烈に風刺し，自由意志を認め，それに反対したルターと論争した人物は誰か。

(3) 人間の善行が救いにとって有効であるとする考え方とは異なり，救いをもたらす神の働きに対する人間の受動性を強調したルターの「ただ信仰のみ」という考え方を何というか。

(4) 救われる者と救われない者との区別は，人間の行いによって決まるのではなく，神によってあらかじめ定められているとするカルヴァンの考え方を何というか。

(5) モンテーニュに代表される，あるがままの人間の姿を見つめて人間の生き方を思索した，人々を何というか。

(6) 人間は，身体的存在としては宇宙に比べきわめて無力で卑小であるが，理性的存在であり，考え，知ることによって人間は偉大であるとした思想家は誰か。

(7) 「良心は我々を恐怖で満たすだけでなく，確信と自信で満たす」と述べ，自己省察の大切さを説くモンテーニュの有名なことばは何か。

(8) 人間の精神は，生活に役立つ知識を獲得するために，先入観を排除して自然を観察する必要があると説き，『新機関』を著した人物は誰か。

(9) 「自然に服従することによって初めて発見される知が，人類に自然を支配する力をあたえる」という考えをあらわす，ベーコンのことばは何か。

(10) 人間の心は本来白紙であるとし，すべての観念の起源を経験に求めた人物は誰か。

(11) 精神は，思考を属性とする実体であり，延長を属性とする物体である身体から明確に区別されるものと考え『方法序説』を書いた人物は誰か。

(12) 理性によって絶対に疑いえない確実な真理を見いだし，そこから推論を進めていくという仕方で，一切の知識を基礎づけようとする方法を何というか。

(13) 確信をもって人生を歩むために，真偽を識別する新しい原理を探求した末，デカルトが見いだした哲学の第一原理をあらわすことばは何か。

(14) 自己保存のためにあらゆることを行う自由を自然権であるとし，この自然権が行使される自然状態を「万人の万人に対する闘争」状態と仮定し，社会契約説を展開したのは誰か。

(15) 自然状態について，自然権は，自然法により確保されているが，人間同士の争いが生じた場合に，より確実に自然権を保障するために，社会状態へと移行すると考えたのは誰か。

(16) 自然状態における人間について，社会的交渉もなく所有権や正義といった観念もまだ存在しなかったが，自己愛と憐れみの感情を持つ善良な未開人であったと考えたのは誰か。

(17) カントは，道徳法則に自ら従うことを何とよんだか。

(18) カントが理想とした各人が他者を単に手段としてだけではなく，同時に目的そのものとして尊重するような理想的共同体を何というか。

(19) 「格率（意志の主観的原理）が普遍的法則になることを，君が同時に意志しうるような，そうした格率に従ってのみ行為せよ」のような無条件の命令を何というか。

(20) 人間の認識能力の限界を明らかにしたカントの著書は何か。

2　近代市民社会の倫理

(1) ヘーゲルが，各自が自らの欲望を追求する「欲望の体系」と考えた，自由で独立した個人の結合体を何というか。

(2) ヘーゲルが，人倫の最高形態とみなし，真の自由が実現されるとした共同体は何か。

(3) 精神が経験を通じて絶対知に達する過程を明らかにした，ヘーゲルの主著を答えよ。

(4) 「果実によって，花は植物の偽なるあり方であることが明らかにされ，植物の真理として果実が花のかわりに現れる」というように，ヘーゲルがこの世界の発展をとらえたその原理を何というか。

(5) 『道徳感情論』において共感という道徳的な感情が，利己心にもとづく各人の行動を内面から規制して，私益と公益との調和がはかられると考えたのは誰か。

(6) 人は快楽を求め苦痛を避けるという人間本性の事実から導き出された原理を何というか。

＜解答欄＞
(1)
(2)
(3)
(4)
(5)
(6)
(7)
(8)
(9)
(10)
(11)
(12)
(13)
(14)
(15)
(16)
(17)
(18)
(19)
(20)

(1)
(2)
(3)
(4)
(5)
(6)

(7) 「最大多数の最大幸福」の実現を目指し，快苦は計算可能とするベンサムの功利主義は何とよばれているか。

(8) 快楽の質的差異を指摘し精神的快楽の方がすぐれているとするミルの考えは何とよばれているか。

(9) ミルが唱えた，他人に害を及ぼさず，他人の同様な立場をも尊重するという条件のもとで，我々の自己中心的な行為を正しいと認める原則を何というか。

(10) ヘーゲル哲学を批判し，行動に立ち返って，信念の表現の違いにではなく信念が生み出す行動の仕方の違いに注目することで，思考を明晰にする方法を発展させプラグマティズムを提唱したのは誰か。

(11) 真理というものは，自分にとって役立つものであり，個別的で相対的であるとともに条件的なものだと考えたのは誰か。

(12) 道具主義の立場にたち，生活で実際に経験される矛盾や困難を科学的に解決する実験的知性の働きにより生活を改善し，新たな人間性を発展させることができると考えたのは誰か。

(13) 本当の知識は，観察された事実を基礎とするものに限られるので，経験を超えたものに関する知識は退けねばならないとした実証主義者は誰か。

(14) 科学によって知識の総合を目指すべきであり，生物学的な進化論を人間社会の理解にも応用することができると考えたのは誰か。

(15) 利害対立を生む社会のあり方から労働者の悲惨な状態が生じたことを憂え，利害対立のない共同社会の理想を主張し，アメリカにニューハーモニー村を建設したイギリス人は誰か。

(16) 資本家による生産手段の私有を階級闘争によって打破し，労働者により生産手段が共有化され，能力に応じて働き必要に応じて受け取る体制を何というか。

(17) 労働が商品化されて搾取され，労働が苦役となっている状況を何というか。

(18) 労働者の生産物が資本家の支配下にあるという資本主義の問題を克服するために，革命による共産主義への移行が実現されるべきとするマルクスの歴史観を何というか。

③ 主体性の回復・現代の思想

(1) 誰にとっても成り立つような普遍的で客観的な真理ではなく，自分にとっての真理，すなわち自らがそれのために生き，また死にたいと願うような主体的真理を探究したのは誰か。

(2) 意味や目的のない世界をあえて引き受け，力強く生きる「超人」の立場を説いたドイツの思想家は誰か。

(3) 人間は，死や苦しみなど，自分の力ではどうすることもできない状況に直面したときに，その不安と絶望を越え超越者に出会い，他の実存との「愛しながらの闘い」によって連帯することで，真の実存に目覚めると考えたのは誰か。

(4) 人間は技術によって，自然を利用する仕組に取り込まれてしまっているが，根源としての「存在の呼びかけ」に従わねばならないと考えたドイツの思想家は誰か。

(5) 道具は使用目的が先に定められ，本質が現実の存在に先立つが，現実の存在が本質に先立つ人間は，自らつくるところ以外の何ものでもないと考えた，フランスの思想家は誰か。

(6) 人間も生きるために他の生き物を傷つけざるをえないが，倫理的な存在として，人間はすべての生命ある存在を愛さなければならない。この葛藤の中で各人は自己の責任において行動を決定するとして「生命への畏敬」を説いたフランスの思想家は誰か。

(7) 神経症の治療や夢の研究を進める中で，人間の行動の根底には無意識の衝動が潜んでいると考え，人間の非合理的側面に注目した，精神分析の創始者は誰か。

(8) 個人的無意識と集合的無意識を区別し，宗教的象徴は集合的無意識の中に存在する元型が意識によってイメージとして把握されたものである，と考えた学者は誰か。

(9) 近代の啓蒙的理性が創り出した科学技術や社会体制が人間を支配するようになり，自己批判という本来の働きを失って道具と化した理性が，現代文明の野蛮化と人間疎外の状況を生み出していると考えたドイツの思想家は誰か。

(10) 権威に依存し，人種や宗教などにもとづく偏見と差別意識にとらわれているような特徴を持つ人の性格を，「権威主義的性格」と名づけたのは誰か。

(11) 文明社会が未開社会を支配すべきだという従来の考えは西洋中心主義にもとづく誤りで，未開社会の野生の思考と文明社会の科学的思考との間に価値的な差異はないとした人物は誰か。

○科学技術の進歩に伴って生じている，生と死にかかわる様々な問題や，環境と人間とのかかわりについて考えよう。

<重要事項チェック>

1 生命倫理（バイオエシックス）

<メモ欄>

生命をめぐる諸問題		
(1)	遺伝子操作の問題…**生命工学**の発展により生命を遺伝子レベルでコントロール可能に。	
	①遺伝子組み換え・遺伝子治療	人類や生態系などの自然に影響を及ぼす可能性。
	②【1　　　　】技術	未知の影響の他，クローン人間の問題も存在。 ES細胞やiPS細胞の研究も急速に発展。
	③ヒトゲノム計画	2003年全遺伝情報解読終了。優生学的な差別の懸念。
(2)	生殖医療等の問題	
	①**体外受精・人工授精**	ⓘ代理出産の問題…母子関係の複雑化。 ⓘⓘ精子・卵子売買や産み分けなどが問題化。
	②【2　　　　】	産み分け等の差別が問題となる。
	③人工妊娠中絶	生命の尊厳の問題。
(3)	終末期の問題…【3　　　】（**生命の質**）：人間の尊厳という観点から，生の質が問われる。	
	①【4　　　　】	延命治療を行わず，自然な死を迎える。 **ターミナル・ケア**やホスピスの充実が課題。
	②【5　　　　】	本人の意志にもとづき末期の患者を死に至らしめる。
	③SOL（生命の尊厳）	人間の生命は神聖で絶対的なものとする。QOLと対立。
(4)	【6　　　】問題…医療技術の進歩により，生と死の境界域が拡大。	
	①**臓器移植**	1997年**臓器移植法**成立，2009年改正。臓器移植に伴い臓器を摘出する場合に脳死判定が行われる。ドナーの**リヴィング・ウィル**の重視。
(5)	自己決定権をめぐる諸問題	
	①【7　　　　　】	医師から症状や治療法について十分に説明を受け，患者や家族がそれに同意すること。**パターナリズム**の克服。
	②【8　　　　　】	臓器移植や尊厳死などで問題となる本人の生前の意志。

2 環境倫理

(1) 【9　　　　　　　】…**地球温暖化・オゾン層破壊・酸性雨・砂漠化**など。

人間中心主義の弊害が明らかに。

(2) 環境思想の展開

人　物　名	内　　　容	著　書
【10　　　　　　　】 （1907-64）	自然との共生をはかるためには，自然に驚嘆する感性（センス・オブ・ワンダー）が重要である。	『**沈黙の春**』
ボールディング（1910-93）	「【11　　　　　】」の概念を経済学的に展開。	

(3) 環境と【12　　　】（エコシステム）の保全

① ローマクラブ（1972）…「【13　　　　　　　】」

② 国連人間環境会議（1972）…「かけがえのない地球」。人間環境宣言。

③ **地球サミット**（1992）…「【14　　　　　　　　　】」。リオ宣言，アジェンダ21。

④ 循環型社会の形成…3R（【15　　　　　・　　　・　　　　　】）。

⑤ 生物学的多様性の保持。

(4) **環境倫理**

① 【16　　　　　　　】：生物や生態系などの自然にも存続する権利，生存権を認める。

② 【17　　　　　　　】：現代の世代は未来の世代の生存可能性に責任がある。

③ 【18　　　　　　　】：地球の有限性を自覚し，地球環境保護を優先して考える。

「地球規模で考え，足もとから行動する（Think globally, Act locally）」

第1話　医療倫理の四原則

医療の臨床で倫理的な葛藤が生じた場合の代表的な行為指針として，患者の自己決定を尊重する「自律尊重」，患者に危害を加えない「無危害」，患者に恩恵を与える「善行」，患者を公平に扱う「正義」の四つの原則がある。

第2話　クローン技術と規制

iPS細胞の開発などクローン技術は急速な発展を遂げているが，倫理的問題を指摘する声も多い。日本では2001年施行の「ヒトクローン技術規制法」によってヒトクローン胚を母胎に入れる行為は禁止されている。

第3話　予防原則

化学物質や遺伝子組み換えなどの新技術に対し，人の健康や環境に重大かつ不可逆的な影響を及ぼす恐れがある場合，科学的に因果関係が十分証明されない状況でも，規制措置を可能にする制度や考え方。

〈要点整理・スケッチ〉

【発展学習問題】

問題 次の会話文を読み，以下の問いに答えなさい。

> A：この前，珍しく家事を手伝ってあげようとしたのに，「何か買って欲しいものでもあるの？」って親に疑われてさ。ⓐ親子だって思うと頭にきちゃったよ。
> B：自分の優しさを分かって欲しかったわけね。でも，それも自分の欲求でしょ。そもそも人助けしたいのも自分の欲求だよね。どんな行為も，結局は欲求の満足が動機なんだよ。動機が利己的じゃない行為なんてないと思うな。
> A：欲求の満足が動機ならすべて利己的ってこと？でも，人助けしたいという純粋な善意は，利他的動機と言うべきだよ。
> B：うーん，だとしても，そんな利他的動機がなくても優しい社会はつくれるよ。例えば，介護やⓑ医療の保険って，自分が困ったときのためにお金を出し合う仕組みだよね。そこから助け合えるⓒ社会も生まれるんじゃないかな。

問1 下線部ⓐに関連して，家族関係を多様にする要因の一つに，生殖技術の発達がある。生殖技術をめぐる状況の記述として最も適当なものを，次の①〜④のうちから一つ選べ。

① 着床前診断を用いることにより，受精卵が胎児に成長した段階で，胎児の遺伝子や染色体に異常がないかどうかを検査することができるが，親が望まない子の出産を控えるなど，命の選別をもたらす，という批判がある。

② 親の望む遺伝子を組み込んだデザイナー・ベビーをもうけることが日本でも法的に認められ，実際にそうした子どもが誕生しているが，子どもを親の願望を実現するための道具にしてよいのか，という批判がある。

③ 代理出産（代理懐胎）には複数の方法があるが，どの方法を用いても，代理母が生まれてくる子どもの遺伝上の母親となるため，代理出産を依頼した夫婦との間で子どもの親権をめぐる争いが発生する場合がある。

④ 第三者の男性が提供した精子を用いて人工授精を行うことにより，女性が単独で子どもをもうけることも可能となっているが，将来子どもに，遺伝上の父親についての情報を知らせるかどうかが問題となる場合がある。

問2 下線部ⓑに関して，再生医療についての説明として**適当でないもの**を，次の①〜④のうちから一つ選べ。

① ＥＳ細胞やｉＰＳ細胞などの研究が進むにつれて，これまで困難とされてきた臓器などの再生への可能性が出てきた。

② ＥＳ細胞を作るために，受精卵や初期胚を実験に使ったり，医療資源として使うことの是非が議論されている。

③ ｉＰＳ細胞を作るには，脳死状態に陥った人の臓器が必要なことから，そもそも人の死とは何なのか議論されている。

④ ＥＳ細胞やｉＰＳ細胞などの研究が進むにつれて，生殖細胞を人工的に作ったりしてよいのかが問題になっている。

問3 下線部ⓒに関連して，社会と環境との関わりをめぐる様々な考え方の説明として最も適当なものを，次の①〜④のうちから一つ選べ。

① 循環型社会の考え方によれば，環境への負荷をできる限り低減するためには，資源やエネルギーを浪費するような生産や消費を抑えることに積極的に取り組むべきである。

② 循環型社会の考え方によれば，経済の好循環による社会発展を最優先するために，環境への負荷が大きい事業でも，事前に調査し評価したうえで積極的に推し進めるべきである。

③ 地球の生態系は開かれており，環境開発や資源利用は生態系に影響を与えはするが，その影響は小さいので，地球全体を開発の対象としてよいとする考え方を，地球全体主義と呼ぶ。

④ 地球の資源は有限ではあるが，活発な環境開発や資源利用による経済活動を行い，環境保全よりも人類全体の豊かさや幸福の増大を最優先すべきであるとする考え方を，地球全体主義と呼ぶ。

（問1 2019本試験第1問改　問2 2018追試験第1問改　問3 2019追試験第1問改）

【記述問題演習】

1 日本の臓器移植法で採用されている「脳死」の定義を述べなさい。

2 環境難民とはどのような問題か述べなさい。

○家族のあり方の変容，女性の社会進出，高齢化や情報通信機器の発達により，現代社会は大きく変化した。この変化した現代社会のなかで生きる私たちのあり方について考えよう。

＜重要事項チェック＞

1　変容する家族と地域社会

(1)　変容する家族

　①　家族の多様化…核家族化や小家族化の進行。

　　【1　　　　　】：夫婦及び夫婦とその未婚の子どもで構成される家族。

　　※拡大家族：親子・兄弟姉妹など，複数家族が同居する家族。

　②　【2　　　　　　　　　　】：従来の家族の機能や役割が，外部の機能集団に移行。

(2)　男女共同参画社会…**男女共同参画社会基本法**（1999）

　①　【3　　　　　　　　　】：男女が社会の対等な構成員として，職場や家庭においてともに参画し責任を分かち合う。

　②　【4　　　　　　】：社会的・文化的につくりあげられた「性差」。

　　【5　　　　　　　】の見直し…「男は仕事，女は家事・育児」などの見直し。

　③　【6　　　　　　　　　　】：生活と仕事のバランスの見直し。

(3)　高齢社会…日本は1970年高齢化社会，1994年高齢社会，2007年超高齢社会に。

　①　**少子高齢化**：総人口に占める年少人口が減少し，老年人口の比率が高い状態。

　②　【7　　　　　　　　　】の実現。

　　高齢者も障害者も健常者とともに通常の生活を営み共生していく。

(4)　地域社会の活性化…【8　　　　　　　】再生と【9　　　　　　　】活動推進。

2　情報社会

(1)　情報社会の到来

　①　【10　　　　　　　　】による大量の情報伝達。

　②　ICT 革命…**コンピュータ**と【11　　　　　　　　　】の普及。

(2)　メディア論

　①　リップマン（1889-1974　米）

　　【12　　　　　　　　】…紋切り型のイメージで，固定的なパターンにより物事を認識したり理解する。

　　【13　　　　　　】…マスメディアが提供するイメージを現実とみなす。

　②　ブーアスティン（1914-2004　米）…【14　　　　　　　　】

　③　【15　　　　　　】(1911-68　加)…メディアは人間の身体の「拡張」。

　　「メディアはメッセージである」

(3)　情報社会における諸問題

　①　**プライバシー**の侵害…個人情報の流失など。

　②　【16　　　　　　】の侵害…不正コピーによる著作権の侵害など。

　③　情報操作の問題

　④　【17　　　　　　　　】（情報格差）：情報通信技術を利用できる者とできない者の間に生まれる格差。

(4)　情報社会における課題

　　【18　　　　　　　】の育成

　　情報を自ら選択，批判的に評価・検討し，またそれを利用する能力を養う必要性。

＜メモ欄＞

〈要点整理・スケッチ〉

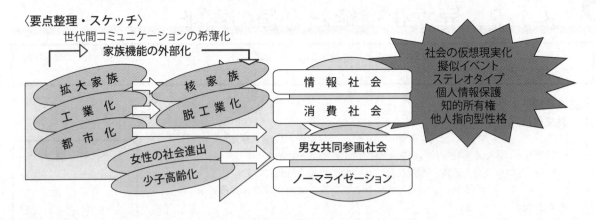

世代間コミュニケーションの希薄化
家族機能の外部化

拡大家族　工業化　都市化
核家族　脱工業化
女性の社会進出　少子高齢化

情報社会
消費社会
男女共同参画社会
ノーマライゼーション

社会の仮想現実化
擬似イベント
ステレオタイプ
個人情報保護
知的所有権
他人指向型性格

【発展学習問題】

問題　次の会話文を読み，以下の問いに答えなさい。

> A：ⓐネットゲームを遅くまでやってたら，また母親から注意されて，つい口げんかしちゃったよ。
> B：あー，分かる。うちは毎朝ⓑ家事や食事を一緒にしているよ。口うるさいのも親として当然じゃないかな。
> A：家族といっても，ⓒケータイで連絡しあったりしているから，それで十分なんじゃないかな。

問1　下線部ⓐに関連して，次の文章は，現代の情報社会をめぐる問題についての説明である。文章中の　a ・ b
に入れる語句の組合せとして最も適当なものを，下の①〜④のうちから一つ選べ。

　　近年，　a 的な特質をもつソーシャルメディアの発達により，不特定多数の人々によるコミュニケーションが活
発に行われるようになった。今では，ソーシャルメディアを経由して，新しいコミュニティや支え合いも生まれている。
その一方でインターネットには　b という，従来のマスメディアとは異なる特性から来る問題が起きている。

① a　一方向　　　　b　匿名性　　　　　② a　一方向　　　　b　画一性
③ a　双方向　　　　b　匿名性　　　　　④ a　双方向　　　　b　画一性

問2　下線部ⓑに関連して，次の二つの図は，平成23年
と平成28年において，家族と同居している人を対象
に1週間のうちで家族と一緒に食事をとる頻度を尋
ね，その結果の一部を，性別（「男性」・「女性」）と
年代別（「20〜39歳」・「40〜59歳」・「60歳以上」）に
分け，調査年ごとに示したものである。これらの図
から読み取れることとして最も適当なものを，次の
①〜④のうちから一つ選べ。

① 平成23年から平成28年にかけて，ほとんど毎日
家族と朝食をとる人の割合は，いずれの年代でも，
男性では上昇しているが，女性では低下しており，
男女の差が開いた。

② 20〜39歳の年代では，ほとんど毎日家族と朝食
をとる人の割合が，平成23年から平成28年にかけ
て，男性では上昇しているが，女性では低下して
おり，男女の差が縮まった。

③ 平成23年と平成28年のいずれにおいても，週の
半分以上家族と朝食をとる人の割合は，いずれの
年代でも，女性の方が男性よりも高く，女性の方
が家族と一緒に朝食をとる傾向にあると言える。

④ 60歳以上の年代では，男女ともに，ほとんど毎
日家族と朝食をとる人の割合が最も高く，平成23
年から平成28年にかけてその割合はさらに上昇し
ており，この年代では，家族と一緒に朝食をとる
傾向にあると言える。

図1　1週間のうちで家族と一緒に朝食をとる頻度（平成23年）

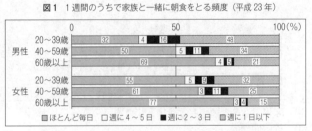

図2　1週間のうちで家族と一緒に朝食をとる頻度（平成28年）

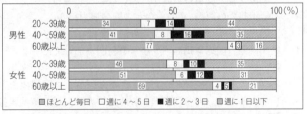

（注）図の数値は項目ごとに回答した人の割合（％）を表す（無回答は除く）。小数点以下
第1位で四捨五入しているために，総和が100とならない項目もある。

（資料）内閣府『食育に関する意識調査報告書』（平成24年）・農林水産省『食育に関する
意識調査報告書』（平成29年）より作成。

問3　下線部ⓒに関連して，情報化社会となっている現代日本について最も適当なものを，次の①〜④のうちから一つ選べ。
① 個人情報を保護する法制度の整備が急がれている。　② 情報リテラシーに対する必要性が高まっている。
③ ユビキタス社会を築くため情報公開法が成立した。　④ パブリック・アクセスの保護から著作権法が改正された。

（問1 2019追試験第1問改　問2 2019本試験第1問改　問3 2018追試験第1問改）

【記述問題演習】

1　ジェンダーとは何か説明しなさい。

2　デジタルデバイドとはどのようなことか説明しなさい。

○多種多様な文化が存在する現代社会において，国際社会における人類全体の福祉を実現するため，国際協力や国際協調のあり方や自己と国際社会のかかわりについて考えよう。

＜重要事項チェック＞

1　異文化理解

(1)【1　　　　　　　　　　】：人間の諸活動が地球規模の広がりを持つ。

多文化状況：異なる文化を持った人々が接触する機会が増加。

日本人の行動や姿勢・態度が**国際社会**において問われる時代になる。

(2)【2　　　　　　】：異なる文化が接触するときに対立や葛藤が発生…**民族紛争**等。

(3) 異文化理解

① 【3　　　　　　　　　　　　】（**自民族中心主義**）の克服。

自分の文化をすぐれたものとして，異文化を蔑視。

※【4　　　　　　　　】…サイード（1935 − 2003　米）

西洋の東洋に対する自己中心的な視点やその文化的支配を明らかにした。

② 【5　　　　　　　　】…文化はそれぞれ独自のすぐれた構造を持つ。

あらゆる文化はそれぞれ固有の価値を持っており，本質的な優劣はない。

※【6　　　　　　　　　】…進歩史観と理性的主体を措定するサルトルなどの思想を
西洋のエスノセントリズムとして厳しく批判。

③ 【7　　　　　】（マルチカルチュラリズム）

各民族の多様性・複雑性・アイデンティティを保持し，文化的に共存していく。

2　人類の福祉

(1) 人権の尊重

条約名	採択年	内　　　容
【8　　　　】	1948	人権保障の基準を示した宣言。
【9　　　　】	1966	世界人権宣言による人権を具体的に保障した条約。
【10　　　】	1965	人種差別根絶の措置について定めた条約。
【11　　　】	1979	女性に対するあらゆる形態の差別の撤廃に関する条約。
【12　　　】	1989	18歳未満の子どもの人権保障に関する条約。

(2) 文化の普及…国連教育科学文化機関（ユネスコ）→【13　　　　　　　】（1945）

(3) 貧困問題

① 【14　　　　　　　　　】（1933 −　印）…「人間の安全保障」を提唱。

飢餓が社会政策の失敗から起こることを明らかにし，潜在能力の確保を主張。

② 経済格差の解消…ODA などの開発協力ほか。

③ 国連児童基金（ユニセフ）の活動。

(4) 難民問題…国連難民高等弁務官事務所（UNHCR）

(5)【15　　　　】（非政府組織）の活動

アムネスティ・インターナショナル，国境なき医師団など。

(6)【16　　　　】（非営利組織）の活動…教育支援・技術支援など様々な支援活動。

(7)【17　　　　　　　】…途上国の生産者・労働者の生活の改善や自立を図る公
正な貿易。

(8)【18　　　】…持続可能な開発目標。世界中すべての貧困と飢餓の解消を目指す。

＜メモ欄＞

閑話休題

第1話　センの潜在能力アプローチ

センは人間の福祉（よき生）に「効用」や「財」に加え「機能」と「潜在能力（ケイパビリティー）」という概念を導入する。機能とは健康である，社会に参加できるなど財の利用によって達成できる状態や活動であり，潜在能力とは様々な機能を選択できる自由である。福祉についての潜在能力アプローチとは，福祉を達成された機能やそこから得られる効用ではなく，各人が重要と考える機能を達成するための自由で評価しようとする立場である。

第2話　文明の衝突と異文化理解

アメリカの政治学者ハンチントンは，著書『文明の衝突』のなかで，米ソの冷戦終結後，イデオロギーに代わり，文化・宗教の対立が著しくなると述べた。異文化理解から多文化共生，そして人類の平和的共存・共生が生まれるとする見方がある。一方で，グローバル化により異文化と接し知ることで，対立がそれまで以上に深まるという問題もある。ここに，人間社会のアポリアがある。「理解」と言うはたやすい。その真意は不断の探究のなかにある。

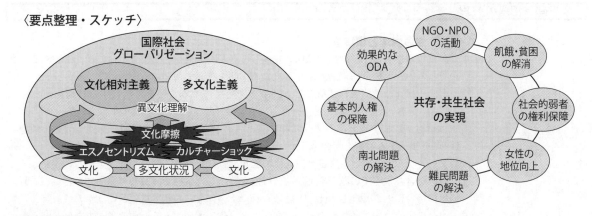

〈要点整理・スケッチ〉

【発展学習問題】

問題 次の会話文を読み，以下の問いに答えなさい。

> Ａ：「情けは人のためならず」って言う言葉があるよね。でもね，どんな行為も，結局は欲求の満足や⑧自分の利害が動機なんだよ。動機が利己的じゃない行為なんてないと思うな。
>
> Ｂ：欲求の満足が動機ならすべて利己的ってこと？　でも，純粋に人助けがしたいのを，見返りのために人助けしたいのと同じように「利己的」と呼ぶのはおかしいでしょ。人助けしたいという純粋な善意は，利他的動機と言うべきだよ。
>
> Ａ：うーん，だとしても，そんな利他的動機がなくても優しい社会はつくれるよ。例えば，介護や⑥医療の保険って，自分が困ったときのためにお金を出し合う仕組みだよね。利己的動機があるから助け合いも生まれるんじゃないかな。

問１ 下線部⑧に関連して，次の文章は，社会における利害の結び付きについての説明である。文章中の a ～ c に入れる記述をア～カから選び，その組合せとして最も適当なものを，下の①～⑧のうちから一つ選べ。

> グローバル化した現代では，遠い他者の利益も自己の利害と深く関係している。例えば，市場経済のグローバル化により，a。また，世界の飢餓や貧困などを救済することは，bので，世界全体の利益になると考えられている。さらに，差別的扱いを受けてきた人々の救済が，社会全体を利することもある。例えば，性別役割分担を c，不平等によって不利益を被る人たちを救うだけでなく，男女共同参画社会を促進し，社会全体の活性化を促すだろう。

ア　先進国の経済が発展途上国の経済発展に寄与し，経済格差が縮小した
イ　一国の経済不安が，世界全体に大きく影響するようになった
ウ　新自由主義を推進し，世界経済を発展させる
エ　人類の福祉を向上させ，国際平和につながる
オ　社会的・文化的性差に依拠するものとして問い直すことは
カ　生物学的性差に依拠するものとして再評価することは

① a－ア　b－ウ　c－オ　　② a－ア　b－ウ　c－カ　　③ a－ア　b－エ　c－オ
④ a－ア　b－エ　c－カ　　⑤ a－イ　b－ウ　c－オ　　⑥ a－イ　b－ウ　c－カ
⑦ a－イ　b－エ　c－オ　　⑧ a－イ　b－エ　c－カ

問２ 下線部⑥に関連して，現代の日本の医療における，意思の表示や決定に関する制度や原則についての記述として**適当でないもの**を，次の①～④のうちから一つ選べ。

① 1997年に成立した臓器移植法によって，脳死後の心臓や肺や肝臓などの臓器の提供が可能となった。本人による臓器提供の意思表示があれば，家族の承諾は不要とされた。

② 臓器移植法が2009年に改正され，本人による拒否の意思表示がない場合には，家族の承諾があれば臓器提供が可能となった。また，親族に優先的に臓器を提供できる意思表示も可能となった。

③ 患者と医師が十分に話し合い，患者が病状や治療法について理解したうえで，患者自身が治療の方針や方法について納得して決定する，というインフォームド・コンセントが，現代の医療の原則の一つとなっている。

④ インフォームド・コンセントの原則は，必要な情報を知り，情報に基づいて自己決定する患者の権利を尊重することで，医師と患者の関係を，従来の対等でない関係から対等な関係へと転換するものである。

（問１ 2018本試験第１問改　問２ 2019追試験第１問改）

【記述問題演習】

1　マルチカルチュラリズムとはどのような主張か説明しなさい。
2　センのケイパビリティー・アプローチとはどのようなものか説明しなさい。

＜解答欄＞

1　生命倫理と環境倫理

(1)

(1) 医療技術や生命工学の発達に伴い登場してきた，人間がどこまで生命に操作を加えることができるのかという倫理的問題を考察する学問を英語で何というか。

(2)

(2) 遺伝子操作や細胞融合技術など，生命を直接操作することを可能にする技術を何というか。

(3)

(3) 体細胞から核を取り出し未受精卵の核と入れ替え，同一の遺伝形質を持つ個体・細胞・DNA を複製する技術を何というか。

(4)

(4) ターミナル・ケアともよばれ，人生の終焉間近に行われる医療や介護を何というか。

(5)

(5) 脳幹を含むすべての脳が不可逆的に機能を停止した状態で，臓器移植法にもとづいて臓器摘出の場合にのみ「ひとの死」と認められるようになった状態を何というか。

(6)

(6) 生命の価値は絶対的なもので，生きること自体に尊厳があるとする考え方を何というか。

(7)

(7) 医療技術の発達により生命の維持が以前に比べて容易となったが，生命の維持だけでなく，患者の人間らしい生活にも配慮した医療を目指すべきだ，という考え方を何というか。

(8)

(8) 生と死をどうとらえるかは各人の見方しだいであり，尊厳死や安楽死の是非という問題については，社会的な規制を廃して個人にゆだねるべきであるとする場合，この権利を何というか。

(9)

(9) 本人の意志による作成のみが認められており，本人があらかじめ延命治療の拒否などを文書で表明するものを何というか。

(10)

(10) 患者が医師から症状や治療の内容について十分な説明を受け，それを理解したうえで，治療方針を自ら選ぶことを何というか。

(11)

(11) 女性が他の女性の身体を借りて出産してもらうことを何というか。

(12)

(12) その結果に応じて人工妊娠中絶を選択することを可能とする，遺伝的なものも含めた胎内の子どもの異常の有無に関して行われる診断を何というか。

(13)

(13) 19世紀イギリスの美術批評家で，環境の秩序と人間の活動は一体であると考え，当時の産業社会のあり方を批判した人物は誰か。

(14)

(14) 著書『沈黙の春』において，殺虫剤や化学薬品の乱用の危険性を指摘し，自然は人間の生活に役立つために存在すると考えるのは，思い上がりであると論じた人物は誰か。

(15)

(15) ボールディングが広めた，人類が地球の乗組員として一体であり，閉じた環境としての地球の未来に対して責任を共有しているということを指すことばは何か。

(16)

(16) アメリカの生物学者で，『奪われし未来』において，内分泌を乱す化学物質の危険性を指摘し，そうした物質は豊かな可能性を奪い取る力を持っていると論じたのは誰か。

(17)

(17) 資源の有限性や地球の生態系を保護・保全する責任について考える学問を何というか。

(18)

(18) ムダな消費を控え，リユース・リデュース・リサイクルなどをしながら，環境に負担をかけないようにする社会を何というか。

(19)

(19) 環境破壊や資源問題などは長期間にわたって影響を及ぼすので，子や孫ばかりでなく，はるか後の世代の人間に対しても，私たちは責任を負っているという考え方を何というか。

(20)

(20) 将来世代の利益を損なうことなく，現在世代の欲求を満たす節度ある開発を行うという考え方を何というか。

(21)

(21) 人間以外の動物や植物などを含む生態系そのものに，生存する権利を認めようとする考え方を何というか。

(22)

(22) 地球環境は有限であり，各人が自由に個人的利益を追求し続けると結果的に全員の最大損失がもたらされると，1972年に報告書『成長の限界』を発表した研究者の集まりは何か。

(23)

(23) 企業の公害予防を促進させるため，公害を発生させた企業は，汚染物質の除去費用に加え，損害の賠償や補償の費用を負担しなければならないという原則を何というか。

(24)

(24) 地元の足尾銅山の鉱毒によって農民が被害を受けている現実に直面して，銅山の操業停止を求める運動を起こしたのは誰か。

(25)

(25) 水俣病に侵された人々に対する取材を通して被害者に強い共感を示し『苦海浄土』を著して，公害問題にするどく迫った人物は誰か。

② 家族・地域社会と情報社会

(1) 文化的・社会的に生み出される男女の性差を何というか。

(2) 一見自明な文化的価値観や社会構造の中に性をめぐる支配が存在していることを明らかにし，性差別の撤廃を求める思想を何というか。

(3) 総人口に占める年少人口が減少し，老年人口の比率が高くなる社会を何というか。

(4) 男女が性差あるいは性別によって，主に家庭内の仕事を分担するという考え方を何というか。

(5) 一組の夫婦とその未婚の子どもから成る家族を何というか。

(6) 高齢者や女性を含めて，人々が働きやすい環境を整えていくとともに，仕事や家事を分かち合っていくことが求められる中で，生活と仕事のバランスを見直すことを何というか。

(7) 男女が互いの人権を尊重し，責任を分担しあって社会に参画していくことを求めた1999年施行の法律は何か。

(8) 総人口に占める65歳以上の人口割合が21％以上の社会のことを何というか。

(9) 必要な人に必要な医療・福祉サービスを提供するため，2000年から始まった社会保険制度の１つを何というか。

(10) 高齢者や障害者が生活しやすいように，障壁となるものを取り除くことを何というか。

(11) 従来，家族が果たしていた，教育・生産・介護などの役割が外部の機関にゆだねられる傾向を何というか。

(12) 障害を持った人も，そうでない人と同様に不自由なく生きられる社会を形成しようという考え方にもとづき，生活上の不便のない環境作りを目指すことを何というか。

(13) 情報の価値が高まり，大量の情報の生産や伝達・処理が営まれる社会を何というか。

(14) アメリカのジャーナリストであるリップマンのことばで，人々が直接経験するのではなく，マス・メディアが提供するイメージによって形成される世界を何というか。

(15) リップマンのことばで，メディアによって選択・加工・単純化された情報が社会集団の中で受容されることでできあがる，固定化されたイメージのことを何というか。

(16) アメリカのブーアスティンのことばで，メディアが提供する仮想現実などの「本当らしい」できごとを何というか。

(17) 人間の知的創造活動によって生み出される，表現，アイディア，技術などを保護するために，その考案者にあたえられる権利を何というか。

(18) 情報の真偽を見極め，自分自身にとって何が必要かを問うたうえで，多様な情報を主体的に取捨選択していく力を高めること，またはその力を何というか。

③ 異文化理解と人類の福祉

(1) 自らの社会集団を正当なものと考え，他の社会集団の文化を劣ったものと優劣をつける態度を何というか。

(2) サイードが指摘した，近代において西洋の文化が自らを東洋と区別し，東洋を非合理的で後進的と見なすことで西洋自身のアイデンティティを形成した思考様式を何というか。

(3) どの文化もそれぞれに固有の価値を備えており，互いの間に優劣の差をつけることはできないとする考え方を何というか。

(4) 法的な平等だけでは出生時の格差を解消できず，教育や就業の機会均等も保障されないという考え方にもとづき，不利な立場に生まれた人へ行われる積極的差別是正措置を何というか。

(5) 行政機関や公務員が自らの判断や行為に関して，市民や国民が納得できるように説明する責任のことを何というか。

(6) 自由や富など，各人がそれぞれに望む生を実現するために必要な基本財を分配する正義の原理を，社会契約説の理論にもとづき探究し，『正義論』を著したアメリカの政治哲学者は誰か。

(7) 貧困が市場の失敗から起こることを明らかにし，各人に対し，自ら価値があると認めるような諸目的を追求する自由，すなわち潜在能力を等しく保障することが重要であると指摘したのは誰か。

解答欄:
(1) ___
(2) ___
(3) ___
(4) ___
(5) ___
(6) ___
(7) ___
(8) ___
(9) ___
(10) ___
(11) ___
(12) ___
(13) ___
(14) ___
(15) ___
(16) ___
(17) ___
(18) ___

③
(1) ___
(2) ___
(3) ___
(4) ___
(5) ___
(6) ___
(7) ___

1 次の文を読み，この文の内容と合致する記述として，適当でないものを次の①～④のうちから一つ選べ。

　われわれはいわば二度生まれる。一度は生存するため，二度めは生きるために。一度は人類の一員として，二度めは性をもった人間として。…気分の変化を示す精神的徴候とともに，外観においても，はっきりした変化が生じる。顔つきはおとなびてきて，性格が刻みつけられる。…声は変わり，むしろ出なくなる。彼は子どもでもなければおとなでもない。…あの魂の器官である彼の目は，今まで何も語らなかったが，今は一つのことばをもち，表情をもっている。燃えあがろうとする火がそれらを輝かせる。前よりも生き生きとしてきたその視線は，まだ清らかな純潔をたたえている。しかし，もう，その最初の魯鈍さはもっていない。彼は，自分の目がものを言いすぎるかもしれないと感じている。…それこそ，わたしのさっき言った第二の誕生である。いまこそ人間が真に人生に対して生まれるときなのであり，人間のなすどんなことも，彼にとって無縁ではなくなるのである。

（『エミール』より）

①　私たちは二度生まれるといってよい。一度目は母の体内からの出生で生物的な意味においてであり，二度目は身体の変化にともなう精神的な意味での誕生である。

②　人間にはおとなでもなく子どもでもない時期がある。その時期に，人間は自己と向き合い，それは人生における真の誕生と言えるであろう。

③　私たちは二度生まれるといってよい。一度目は母の体内からの出生で生物的な意味においてであり，二度目は身体の変化にともなう純粋性の喪失である。

④　人間には大人でもなく子どもでもない時期がある。その時期に人間のなすすべてのことに関心をもつようになる。

2 次の文章は，プラトンが記した牢獄でのソクラテスを描いた『クリトン』の一節である。ここに記されたソクラテスの思想の内容として最も適当なものを，下の①～④のうちから一つ選べ。

ソクラテス　どんなしかたでも故意には不正をなすべきではないとわれわれは主張するか，それともあるしかたでは不正をしてよいが，あるしかたではすべきでない，と。…つまり大衆がそうだと言うにせよ，言わないにせよ，また，われわれが今よりももっとひどいめにあわなければならぬにせよ…やはり不正なことをすることは不正なことをする人にとって絶対に悪いことでもあり醜いことでもあるのか。そう主張するか，しないのか。

クリトン　主張する。

ソクラテス　それでは不正なことは絶対にしてはいけないのだね。

クリトン　ええ，もちろん，いけないよ。

ソクラテス　それでは不正なことをされても不正なことをしてかえすのは，大衆の思うところとは違って，いけないのだね，いやしくも不正なことは絶対にしてはいけないのだから。

クリトン　明らかにいけないよ。

ソクラテス　では，次にどうだ。クリトン，悪いことをするのはいいかね，それともいけないかね。

クリトン　もちろんいけないだろうね，ソクラテス。

ソクラテス　では，どうだ，悪いことをされて，大衆の言うように，悪いことをしてかえすことは正しいかね，それとも正しくないかね。

クリトン　絶対に正しくないよ。

（『クリトン』より）

①　ソクラテスはいかなる場合であっても不正をすることは許されないことであると主張した。したがって彼によれば，大衆が思っているのと同じく，不正をされても不正をしてかえすことは絶対にいけないことである。

②　大衆は不正についてあるしかたではしてもよいがあるしかたではすべきでないと思っている。それに対し，ソクラテスは不正について知ることなしに不正を論ずることそのものが間違っていると説いている。

③　ソクラテスはいかなる場合であっても不正をすることは許されないことであると主張した。したがって彼によれば，大衆が思っているような，不正をされたら不正をしかえすということは許されないのである。

④　大衆は不正についてあるしかたではしてもよいがあるしかたではすべきでないと思っている。ソクラテスは不正は許されないが，不正と悪いこととは異なるものであるからその判断は正しくないと説いている。

3 次の資料１・２は，古代ギリシアとローマの思想家が，恥と評判や名誉との関係について述べたものである。その内容として最も適当なものを，次の①〜④のうちから一つ選べ。

資料１ 〈ソクラテスがアテナイ人に向けて言った言葉〉

　金銭ができるだけ多く自分のものになるよう気を遣って恥ずかしくないのか。評判や名誉は気にしても，知恵と真実には気を遣わず，魂ができるだけ優れたものになるよう配慮しないで恥ずかしいと思わないのか。

（『ソクラテスの弁明』より）

資料２ 〈キケロが友情について語った言葉〉

　友の命や評判が危機にある状況で，友の必ずしも正しくはない望みに手を貸す必要があれば，道を外れてでも手を貸して然るべきだ。ただし，あまりに恥ずべきことが結果しない限りで。友情のために許される言動にも限度があるのだ。

（『友情について』より）

① 　ソクラテスは，知恵や真実や魂ではなく，評判や名誉ばかりを気遣うのは恥だとし，キケロは，友の命や評判のためなら，極度に恥ずべきことにならない限り，必ずしも正しくはない望みでも手助けすべきだとしている。

② 　ソクラテスは，知恵や真実や魂ではなく，評判や名誉ばかりを気遣うのは恥だとし，キケロは，友の命や評判のための手助けは，それが恥につながる限り，どのような場合でも行ってはならないとしている。

③ 　ソクラテスは，魂が優れたものになるよう配慮することより評判や名誉の追求を重視し，キケロは，友の命や評判のためなら，極度に恥ずべきことにならない限り，必ずしも正しくはない望みでも手助けすべきだとしている。

④ 　ソクラテスは，魂が優れたものになるよう配慮することより評判や名誉の追求を重視し，キケロは，友の命や評判のための手助けは，それが恥につながる限り，どのような場合でも行ってはならないとしている。

〈2021年共通テスト本試〉

4 次の文章は，プラトンの著作の一節で，ディオティマという女性がソクラテスを対話者としてエロスについて語ったものである。この文章の内容の説明として最も適当なものを，次の①〜④のうちから一つ選べ。

「こういう訳でエロスはけっして困窮することもなければ，富裕になることもありません。他方彼は智慧と無知との中間にいるのです。それはこういう訳なのです。およそ神と名のつく者は愛知者でもなく，また智者となることを願うというようなこともない（彼らはすでにそうなのですから），その他誰でも智慧ある者はもはや智慧を要求することをしないでしょう。しかし，他方，無知者もまた智慧を愛求することもなければ，また智者になりたいと願うこともないものです。…ですから自ら欠乏を感じていない者は，自らその欠乏を感じていないものを欲求するはずもありません」。「それでは，ディオティマよ，愛知者とはいったいどんな人なのですか，知者でもなくまた無知者でもないとすると，」と私は訊いた。「それはもう子どもにでも明らかなことではありませんか，愛知者が両者の中間にある者にほかならぬということは（と彼女は答える），そうしてエロスもやはりその一人なのです。なぜと言えば，智慧は疑いもなくもっとも美しいものの中に数えられています。ところがエロスとは美を求める愛なのです。そうすると，エロスは必然愛知者であるということになり，また，愛知者として知者と無知者との中間に位置している訳です。」

（『饗宴』より）

① 　エロスは智慧と無知との中間にいる者であり，智慧のある者は智慧を求めず，無知者も智者となりたいとは願わないから，神の意思に反して智慧を求めるエロスは愛知者ということになる。

② 　エロスは智慧と無知との中間にいる者であり，無知者は智を求めることを願わず，また神々といえども智者とはかぎらないから，神々もエロスと同じく愛知者ということになる。

③ 　エロスは智慧と無知との中間にいる者であり，その本質として美を求める愛であり，智慧はもっとも美しいものの一つであるから，エロスは愛知者ということになる。

④ 　エロスは智慧と無知との中間にいる者であり，その本質として困窮と富裕をもちながらも美を求める愛であるから，エロスは神々よりも優れた存在としての愛知者ということになる。

5 次の文章を読み，ここに説かれた内容の説明として最も適当なものを，以下の①〜④のうちから一つ選べ。

　ところでソクラテスは，倫理的方面の事柄についてはこれを事としたが，自然の全体についてはなんのかえりみるところもなく，そしてこの方面の事柄においてはそこに普遍的なものを問い求め，また定義することに初めて思いをめぐらした人であるが，このことをプラトンはソクラテスから承け継いで，だがしかし，次のような理由から，このことは或る別種の存在についてなさるべきことで感覚的な存在については不可能であると認めた。その理由というのは，感覚的事物は絶えず変化しているので，共通普遍の定義はどのような感覚的事物についても不可能であるというにあった。そこでプラトンは，あの別種の存在をイデアと呼び，そして，各々の感覚的事物はそれぞれの名前のイデアに従いそのイデアとの関係においてそう名付けられるのであると言った。けだし，或るイデアと同じ名前をもつ多くの感覚的事物は，そのイデアに与ることによって，そのように存在するのであるというのであるから。

（『形而上学』より）

①　ソクラテスは，自然のことについて考えることがなかったが，自然と倫理的な事柄が重なる部分について，普遍的な定義を追い求め，感覚的な存在の中で共通不変の定義を見つけ出した。

②　プラトンは，イデアの存在をソクラテスから受け継いだことで，倫理的な事柄だけでなく，感覚的な事物の中においても普遍的な定義を見つけ出すことが不可能であることを証明した。

③　ソクラテスは，感覚的な事柄が常に転化することを知っていたことから，自然のことではなく倫理的な事柄についてのみ普遍的な定義を追い求め，それはイデアという考え方でプラトンに引き継がれた。

④　プラトンは，ソクラテスが求めた普遍的な定義の考え方を受け継いだが，不変の定義づけが感覚的なものが常に転化する世界では不可能であるのを見て，別にイデアという存在を考えた。

6 次の文章はアリストテレスの著書からの一節である。ここで述べられていることについて，アリストテレスの思想を踏まえて説明した文として最も適当なものを，次の①〜④のうちから一つ選べ。

　かくして，卓越性には二通りが区別され，知性的卓越性と倫理的卓越性とがすなわちそれであるが，知性的卓越性はその発生をも成長をも大部分教示に負うものであり，まさしくこのゆえに経験と歳月とに俟つ必要があるのである。これに対して倫理的卓越性は習慣づけに基づいて生ずる。習慣・習慣づけ（エートス）という言葉から少しく転化した倫理（エートス）的という名称を得ている所以である。このことからして，もろもろの倫理的卓越性ないしは徳というものは，決して本性的に，おのずからわれわれのうちに生じてくるものでないことは明らかであろう。

（『ニコマコス倫理学』より）

①　卓越性とは徳のことであり，徳は人間が生まれながらにもっているものではない。徳は魂の働きに応じて，知性には知恵，意志には勇気，情欲には節制の徳があり，これらはすべて習慣により形成される。

②　卓越性とは徳のことであり，徳には知性的徳と倫理的徳とがある。知性的徳である知恵は人間が生まれながらに持っているもので，倫理的徳である勇気や節制は外的な規範により形成され，法や制度により完成する。

③　卓越性とは徳のことであり，徳は人間が生まれながらに持っているものではない。人間の徳には知性的徳と倫理的徳があり，どちらも習慣により形成され，偏りのない万人への愛と平和を目的とする。

④　卓越性は徳のことであり，徳には知性的徳と倫理的徳とがある。知性的徳は教示と経験により修得され，倫理的徳とは知性が感情や意志に働きかけ，正しい行為の繰り返しによって習慣づけられる習性的徳である。

7 次の文章から読み取れる内容として，最も適当なものを次の①～④のうちから一つ選べ。

「隣り人を愛し，敵を憎め」と言われていたことは，あなたがたの聞いているところである。しかし，私はあなたがたに言う。敵を愛し，迫害する者のために祈れ。こうして天にいますあなたがたの父の子となるためである。天の父は，悪い者の上にも良い者の上にも，太陽をのぼらせ，正しい者にも正しくない者にも雨を降らして下さるからである。…しかし，わたしはあなたがたに言う。敵を愛し，迫害する者のために祈れ。…それだからあなたがたの天の父が完全であるように，あなたがたも完全な者となりなさい。

(『マタイによる福音書』より)

① この教えは，大国に支配され異民族を敵視し，自民族でも差別や憎悪が生じた社会にあって，自分の弱さや罪深さと真摯に向き合い，人間としてのあるべき生き方として万人への分け隔てのない心の大切さを説いている。
② この教えは，うち続く戦乱のなかで，国力の強化のために有能な人材が求められていた時代に，身近な人にもつ真心や思いやりを他者との関わりや社会全体へと拡大すると，人間の人間たるべき徳が実現すると説いている。
③ この教えは，旧来の伝統的価値観が崩壊し，秩序が乱れ人心が失われようとしているなかで，古来から受け継がれてきた家族や地縁的結びつきが，人としてのあるべきあり方や安定した社会を取り戻すと説いている。
④ この教えは，厳しい自然と外敵の脅威などの苦難のなかで生きてきた自国民の心の拠り所は，人間はその行いにより等しく神の救いと裁きを受ける定めにあるとし，神の意にかなうことを説いている。

8 次の文章はブッダの教えを説く教典の一節である。その内容の説明として最も適当なものを，下の①～④のうちから一つ選べ。

第一にさまざまの対象に向かって愛欲快楽を追い求めるということ，これは低劣で，卑しく，世俗の者のしわざであり，とうとい道を求める者のすることではなく，真の目的にかなわない。また，第二には自らの肉体的な疲労消耗を追い求めるということ，これは苦しく，とうとい道を求める者のすることではなく，真の目的にかなわない。比丘たち，如来はそれら両極端を避けた中道をはっきりとさとった。これは，人の眼を開き，理解を生じさせ，心の静けさ・すぐれた知恵・正しいさとり・涅槃のために役立つものである。

(『パーリ語大蔵経相応部経典』より)

① 快楽を追い求めることは，人間であるかぎり避けられないことであるが，とうとい中道を求める者は肉体的な疲労消耗に拘わらず正しいさとり・涅槃を求めて苦行にいそしむのである。
② 快楽愛欲を追い求めることも，自らの肉体的消耗を追い求めることもとうとい道を求める者のすることではなく，それぞれの両極端を避けた中道を実践すれば正しいさとり・涅槃に至るのである。
③ 人間は本来的に快楽を求め苦痛を避ける存在であり，その本性に逆らうことは正しい悟り・涅槃に達することにはならないから，さまざまな対象にかぎって愛欲快楽を求める中道を実践すればよいのである。
④ 愛欲快楽を求めることと肉体的な疲労消耗を追い求めることは両極端に陥らなければ人間のありのままの中道と言えるのであるから，正しいさとり・涅槃はそのどちらも満たすことである。

9 次の文章は孔子の教えを説く『論語』の一節である。その内容の説明として適当でないものを，下の①〜④のうちから一つ選べ。

● 「子の曰わく，吾れ十有五にして学に志す。三十にして立つ。四十にして惑わず。五十にして天命を知る。六十にして耳順がう。七十にして心の欲する所に従って，矩を踰えず」。
● 「子の曰わく，学んで思わざれば則ち罔し。思うて学ばざれば則ち殆うし」。
● 「子の曰わく，君子は義に喩り，小人は利に喩る」。
● 「季路，鬼神に事えんことを問う。子の曰わく，未だ人に事うること能わず，焉んぞ能く鬼に事えん。曰わく，敢えて死を問う。曰わく，未だ生を知らず，焉んぞ死を知らん」。
● 「樊遅，仁を問う。子の曰わく，人を愛す」。
● 「子貢問うて曰わく，一言にして以て終身これを行なうべき者あるか。子の曰わく，それ恕か。己の欲せざる所，人に施すこと勿れ」。

① 孔子は，自分の一生を振り返り，若き日には学問を志し，やがて自分の生き方に自信をもち，晩年には自分の思いのままにことばを発したり行動しても，それが社会の秩序や規範から外れないようになったと述懐している。
② 孔子は，学問に関して，いくら多くのことを学んでも自分の力で考えるなければ，真理を得ることはできないし，自分の力で考えてばかりいても書物や先人から学ばなければ独断に陥り，真理を見誤るとした。
③ 孔子は，君子が大切にし自分の行為の基準とするものは義であり，小人が自分の生活の中で大切にしているのは利であるとし，自分は人民の日常的な関心よりも絶対的信仰や存在の起源の探究を求めると説いた。
④ 孔子は，人を愛することは大切なことであり，生涯にわたってもち，行うべきものは何かという弟子の問いに対しては，自分がしたくないこと，されたくないことは他人にもしないこと，させないことであると述べた。

10 諸子百家の思想を踏まえて，この資料から読み取れる内容として最も適当なものを，下の①〜④のうちから一つ選べ。

　今の世の中では，死刑を科された者が重なり合い，首かせ足かせをはめられた者がひしめき合い，刑罰を受けた者が至る所にいる。それなのに儒家や墨家はまたことさら変わった振る舞いをして，そうした罪人たちの中で腕まくりをして威勢を振るっている。ああ，ひどいことだ。彼らの厚顔無恥は甚だしい。聖人や知恵が首かせ足かせを留める楔（くさび）となっているのではないか。仁や義が手かせ足かせを固める錠前となっているのではないか。

〈『荘子』より〉

① 孔子は，周公旦の政治を理想としていたが，この資料で荘子は，聖人を範とすることが，多くの刑罰をもたらしていると考えている。
② 孟子は，徳を養えば誰でも優れた人物になれると説いたが，この資料で荘子は，人々が仁や義を欠くことで罪人になっていると嘆いている。
③ 墨家は，儒家と同様に仁と礼の思想を重んじたが，この資料で荘子は，儒家と墨家の思想の親近性を見て取り，まとめて批判している。
④ 老子は，「大道廃れて仁義あり」と述べて儒家を批判したが，この資料で荘子は，そうした老子とは異なり，仁や義に積極的な意義を認めている。

〈2021年共通テスト本試〉

11 『古事記』の内容を踏まえて，資料から読み取れる内容として最も適当なものを，下の①〜④のうちから一つ選べ。

　最初にカオスが生じた。それから次に生じたのは，広き胸のガイア（大地）……，またガイアは，実りもたらさぬ海，大波荒れるポントス（大海）をも，情愛なくして生んだ。それから，ウラノス（天）と結ばれ，深く渦巻くオケアノス（大河）を生んだ。

（ヘシオドス『神統記』より）

（注）ガイア，ポントス，ウラノス，オケアノスは，それぞれ自然を人格化した神の名

①　『古事記』では，究極の唯一神が天地を創造したとされるが，資料には，ガイアから生まれたポントスやオケアノス等，複数の神々が描かれている。
②　『古事記』では，究極の唯一神が天地を創造したとされるが，資料には，ウラノスが生んだポントスやオケアノス等，複数の神々が描かれている。
③　『古事記』には，天地を創造した究極の唯一神は登場せず，資料にも，ガイアから生まれたポントスやオケアノス等，複数の神々が描かれている。
④　『古事記』には，天地を創造した究極の唯一神は登場せず，資料にも，ウラノスが生んだポントスやオケアノス等，複数の神々が描かれている。

〈2021年共通テスト本試〉

12 次の文章は，親鸞が阿弥陀仏のはからいについて述べた一節である。ここに説かれた内容の説明として最も適当なものを，以下の①〜④のうちから一つ選べ。

　くちには願力をたのみたてまつるといひて，こゝろにはさこそ悪人をたすけんといふ願，不思議にましますといふとも，さすがよからんものをこそ，たすけたまはんずれとおもふほどに，願力をうたがひ，他力をたのみまひらするこゝろかけて，辺地の生をうけんこと，もともなげきおもひたまふべきことなり。信心さだまりなば，往生は弥陀にはからはれまひらせてすることなれば，わがはからひなるべからず。わろからんにつけてもいよいよ願力をあをぎまひらせば，自然のことはりにて柔和・忍辱のこゝろもいでくべし。すべてよろづのことにつけて，往生にはかしこきおもひを具せずして，たゞほれぼれと弥陀の御恩の深長なること，つねはおもひいだしまひらすべし。しかれば，念仏もまふされさふらう。これ自然なり。わがはからはざるを，自然とまふすなり。これすなはち，他力にてまします。しかるを，自然といふことの，別にあるやうに，われものしりがほにいふひとのさふらうよし，うけたまはる。あさましくさふらう。

（『歎異抄』より）

①　阿弥陀仏の力に頼るとき，本当に救われるのかと疑念を抱くことで極楽浄土とは異なるところへ往生するのは，最も嘆かわしいことである。信心が定まれば，極楽往生は，阿弥陀仏のはからいに，それを信じた力も自然に働くのである。
②　すべてのことにつけて，極楽往生には利口ぶることも必要なく，ただ阿弥陀仏のお心の深さに対して常にほれぼれとした気持ちを思い出すべきである。自分の力でないものを自然といい，他力であるのに，それを知っていて行わないのは情けないことである。
③　阿弥陀仏の力に頼るとき，本当に救われるのかと疑念を抱かなくても極楽浄土とは異なるところへ往生するのは，最も嘆かわしいことである。極楽往生は，阿弥陀仏のはからい次第で自然に決まることなので，我々の信念ではどうにもならないのである。
④　すべてのことにつけて，極楽往生には利口ぶることも必要なく，ただ阿弥陀仏のお心の深さに対して常にほれぼれとした気持ちを思い出すべきである。自分の力でないものは，他力であるとともに自然であることを知ったかぶるのは，情けないことである。

13 次の文章は，鎌倉仏教を代表する人物である日蓮が自らの使命の自覚について述べたものである。この文章に表れた彼の考えとして最も適当なものを，下の①〜④のうちから一つ選べ。

　善につけ悪につけ，『法華経』を捨てることは地獄の業となるであろう。それゆえ，私は大願を立てたのである。たとえ，日本国の王位を譲るから『法華経』を捨てて，『観無量寿経』などに帰依して，極楽浄土に後生をおくることを期せよ，と誘われても，また，念仏を称えなければ父母の頸をはねると脅されたとしても。このような種々の大難が起こったとしても，智者に自分の信ずる主義が敗られないかぎり，そのようなことに従うことはできない。そのほかの大難は風の前の塵のように，とるに足らないものである。我日本の柱とならん，我日本の眼目とならん，我日本の大船とならん，などと誓った大願は決して破ってはいけないのである。
＊『観無量寿経』…浄土教の中心経典。浄土三部経の一つ。

（『開目抄』より）

① 『法華経』を捨てるということは地獄の業であり，だから私は大願を立てたのである。したがって，日本国の王位を譲ると言われても父母の頸をはねると言われたとしても，日本を支える信念は揺るがない。
② 『法華経』を捨てるということは地獄の業であり，だから私は大願を立てたのである。大願は日本国を支える人物となることであり，そのためには，『観無量寿経』などに記された念仏も必要とあれば受け入れる。
③ 『法華経』を捨てて，他の教典に帰依せよという勧めは，智者とされる人が思うところではない。したがって，私は王位を譲るといわれても，父母の頸をはねると脅されても，大願を破るつもりはない。
④ 『法華経』を捨てて，後生で極楽浄土に生まれるという勧めは，智者とされる人の思うところではない。『観無量寿経』の説く教えは自分が日本の支えとなるための教えであり，その真理を自覚し修行すれば成仏できる。

14 次の文章は荻生徂徠が述べた人間の本性についての記述である。ここに説かれた内容の説明として最も適当なものを，下の①〜④のうちから一つ選べ。

　人間の天性について論ずることは，老子・荘子から始まったものであり，聖人の「道」にはなかったものである。かりにも「道」に志を持つ人ならば，人間の天性が善であると聞けばますますそれをみがくことにはげみ，人間の天性が悪であると聞けば，それを矯正することに努力する。もしも「道」に志す気がなければ，人間の天性が悪だと聞けば放置して何もせず，人間の天性が善だと聞けばそれを頼って何もしない。だから孔子は後天的な習性を重視したのである。子思・孟子も老・荘の言葉に屈服したところがあったと見え，そのために性善説を言いだして対抗したのだ。荀子においては，性善説では礼楽がすたれる結果となるに違いないと配慮したため，性悪説を言いだして反対した。これらはすべて，その時代を匡正しようとした議論であり，絶対不変の道理といえるものではない。

（『政談』より）

① 天性について論ずることは，老子・荘子によって始められ，その言葉にしたがって性善説や性悪説が登場した。これらは，聖人の真意に係わらずその時代を匡正しようとした議論で，普遍的なものであるとは言えない。
② 天性について論ずることは，聖人の「道」に無かったもので，孔子は後天的な習性を重視して「道」に志すことで天性を磨くことを説いた。この思想を継いだ者たちは，聖人の「道」を明らかにするために諸説を唱えた。
③ 天性について論ずることは，聖人の「道」に無かったもので，老子・荘子によって初めて論じられた。その後，孔子の思想を継いだ子思・孟子・荀子がそれぞれ自説を出したが，どれも絶対不変の道理とは言えない。
④ 天性について論ずることは，老子・荘子によって始められ，孔子は「道」に志すことで天性を磨き，矯正するように説いた。その後，子思・孟子・荀子たちは，聖人が天性について言及していたこを根拠に自説を唱えた。

15 次の文章は，安藤昌益が現実をきびしく見つめ，当時の体制を批判し，本来の社会と人間のあり方を説いたものである。ここに説かれた内容の説明として最も適当なものを下の①〜④のうちから１つ選べ。

　天と海とは一体であって，上もなければ下もない。すべては互性であって，両者間に差別はない。だから，男女にして一人なのであり，上もなければ下もない。すべて互性であって両者の間に差別はない。世界あまねく直耕の一行一情である。これが自然活真の人の世であって，盗み・乱れ・迷いといった名目のない真のままの平安の世なのである。…春には植え，夏には草を刈り，秋には収穫し，冬には蔵し，他人から貪らずに食生活を送る，これが礼敬なのである。植・芸・収・蔵にして一つの礼であり，他人から貪らずに自ら生産して喰うのが礼である。このように天地とともに同じ行いをするのが真の礼敬であり，真の人なのである。

（『自然真営道』より）

①　天地には，本来上下の区分も男女の区別もないが，人間は自然のままに生きることはできない。人間は互いに補い合うことが大切であり，礼とは生活も季節や自然の営みに応じながらも他に依存して，自ら生産することである。
②　天地には，本来上下の区分も男女の区別もないが，人間は自然のままに生きることはできない。自然の移り変わりに応じて生活の営みが異なるのは人間が生産力を持つからであり，人為的な礼や礼敬に過ぎないのである。
③　本来，自然界はそれぞれが互いに補い合い，つながっているので上下の区分も男女の区別もない。生活も季節に自然の営みに応じて為すべきことを為し，自ら生産するのが礼で，天地とともに同じ行いをするのが礼敬である。
④　本来，自然界はそれぞれが互いに補い合い，つながっているので上下の区分も男女の区別もない。自然の移り変わりに応じて生活の営みが異なるのは人間が生産力を持つからであり，人為的な礼や礼敬に過ぎないのである。

16 次の文章は近代文学の代表的人物である夏目漱石が，当時の近代化について問い直したものである。ここに説かれた内容として最も適当なものを，下の①〜④のうちから一つ選べ。

　私はこの自己本位ということばを自分の手に握ってから大変強くなりました。彼ら何者ぞやという気概が出ました。今まで茫然と自失していた私に，此所に立って，この道からこう行かなければならないと指図してくれたものは実にこの自己本位なのです。自白すれば，私はその四字から新たに出立したのであります。そうして今のようにただ人の尻馬にばかり乗って空騒ぎをしているようでは甚だ心元ない事だから，そう西洋人振らないでも好いという動かすべからざる理由を立派に彼らの前に投げ出して見たら，自分もさぞ愉快だろう，人もさぞ喜ぶだろうと思って，著書その他の手段によって，それを成就するのを私の生涯の事業としようと考えたのです。

（『私の個人主義』より）

①　自己本位という言葉により，自分は新たに出立し，それまで茫然自失していた状態から抜け出すことができ，西洋人に対して卑屈にならずに，人間性解放を自己の内面にある想世界に見出した。
②　自己本位という言葉により，自分は西洋人よりも精神的に未熟であることを痛感したが，自己と社会との葛藤に対しては意志を貫くことだけを考えずに，立場を踏まえて状況を受け入れることを知った。
③　自己本位という言葉により，自分は強くなり他者に関わりなく自己を主張することを知り，楽天的かつ人道的に自己の個性の成長を通じて人類の意志を実現すべきであるという信念に立った。
④　自己本位という言葉により，自分は西洋人への気概をもつようになり，無反省に西洋文化に追随することなく，自己の生き方に主体的に取り組むとともに他者を尊重することの大切さを理解した。

17 次の文章は，詩人の高村光太郎が芸術作品の永遠性について論じたものである。その内容の説明として最も適当なものを，下の①〜④のうちから一つ選べ。

　芸術上でわれわれが常に思考する永遠という観念は何であろう。……或る一つの芸術作品が永遠性を持つというのは，既に作られたものが，或る個人的観念を離れてしまって，まるで無始の太元*から存在していて今後無限に存在するとしか思えないような特質を持っている事を意味する。夢殿**の観世音像は誰かが作ったという感じを失ってしまって，まるで天地と共に既に在ったような感じがする。……真に独自の大きさを持つ芸術作品は……いつの間にか人心の内部にしみ渡る。真に大なるものは一個人的の領域から脱出して殆ど無所属的公共物となる。有りがたさが有りがたくなくなるほど万人のものとなる。

（「永遠の感覚」より）

*無始の太元：いくら遡ってもその始点を知り得ない根源
**夢殿：法隆寺東院の本堂のこと

① 芸術作品の永遠性は，作品を無始の太元からあったものであるかのように感じさせる一方で，その作者の存在を強く意識させる。
② 芸術作品の永遠性は，作品を無始の太元からあったものであるかのように感じさせる一方で，その作品もいずれは消滅することを予感させる。
③ 永遠性を有する芸術作品は，誰かの創作物であるという性質を失うとともに，人々の心の中に浸透していくこともない。
④ 永遠性を有する芸術作品は，誰かの創作物であるという性質を失うとともに，限りない過去から悠久の未来にわたって存在すると感じさせる。

〈2021年共通テスト本試〉

18 次の文章は，西田幾多郎が西洋哲学と日本の伝統思想を融合させた独自の思想について述べた一節である。ここに説かれた内容の説明として最も適当なものを，下の①〜④のうちから一つ選べ。

　善とは一言にていえば人格の実現である。これを内よりみれば，真摯なる要求の満足すなわち意識統一であって，その極は自他相忘れ主客相没するというところにいたらなければならぬ。外に現れたる事実として見れば，小は個人性の発展により，進んで人類一般の統一的発達にいたってその頂点に達するのである。…善を学問的に説明すればいろいろの説明はできるが，実地上真の善とはただ一つあるのみである。すなわち真の自己を知るというにつきている。われわれの真の自己は宇宙の本体である。真の自己を知ればただに人類一般の善と合するばかりでなく，宇宙の本体と融合し神意と冥合するのである。宗教も道徳も実にここにつきている。しかして真の自己を知り神と合する法はただ主客合一の力を自得するにあるのみである。

（『善の研究』より）

① 善とは，内から見れば意識の統一で，究極には自他や主客が自覚された状態である。また，学問的に説明すれば，宇宙の本体との融合であり，そのためには人類一般の意志を否定するしかない。
② 善とは，内から見れば意識の統一で，究極には自他や主客の区別のない状態である。また，学問的に説明すれば，善は真の自己を知ることであり，そのためには主客合一の力を自ら得る以外に方法はない。
③ 善とは，外に現れた事実としてみれば，小なる個人性を捨てて宇宙の本体へと進むことで頂点に達するものである。また，学問的に説明すれば，真の自己を知ることであり，主客合一の力によってのみ実現する。
④ 善とは，外に現れた事実としてみれば，個人から人類一般の統一的発達にいたって完成するものである。また，学問的に説明すれば，宇宙の本体との融合であり，そのためには人類一般の意志を否定するしかない。

19 次の文章は，良心をめぐるルターの思想が後世に対して果たした役割について，心理学者・精神分析学者のエリクソンが論じたものである。その内容の説明として適当でないものを，下の①～④のうちから一つ選べ。

　ルターの語った良心は，形骸化した宗教道徳の内部に溜まった澱（おり）のようなものではなかった。それは，むしろ，一人の人間が……知り得る最高のものだった。「私はここに立っている」という，後に有名になったルターの言葉＊……は，信仰においてのみならず，政治的にも，経済的にも，また知的な意味でも，自ら現実に向き合おうと決意し，その決意に自分のアイデンティティを見いだそうとした人々にとって，新たなよりどころとなった。……良心が人間各人のものであることをルターは強調し，それによって，平等，民主主義，自己決定といった一連の概念へ通じる道を開くことになる。そして，ルターを源とするこれらの概念が，……一部の人々のではなく，万人の尊厳と自由のための基盤となったのである。

(『青年ルター』より)

＊1521年の帝国議会において，宗教制度の改革を唱える自説の撤回を迫られたルターが，皇帝の要求を拒んで述べたとされる言葉

① ルターの思想は，個々人の良心を政治や経済の諸問題から切り離すことで，信仰の純粋さを守る役割を果たした。
② ルターの思想は，人が，現実世界に対峙（たいじ）することを通して自らのアイデンティティを確立しようとする努力を支える役割を果たした。
③ ルターの思想は，人間としての尊厳があらゆる人に備わっている，という考えを用意する役割を果たした。
④ ルターの思想は，平等その他，その後の社会のあり方を支える諸概念の形成を促す役割を果たした。

〈2021年共通テスト本試〉

20 次の文章はモラリストの代表的人物であるパスカルが記したものである。その内容として最も適当なものを，下の①～④のうちから一つ選べ。

　人間はひとくきの葦にすぎない。自然のなかで最も弱いものである。だが，それは考える葦である。彼をおしつぶすために，宇宙全体が武装するには及ばない。蒸気や一滴の水でも彼を殺すのに十分である。だが，たとい宇宙が彼をおしつぶしても，人間は彼を殺すものより尊いだろう。なぜなら，彼は自分が死ぬことと，宇宙の自分に対する優勢とを知っているからである。宇宙は何も知らない。だから，われわれの尊厳のすべては，考えることのなかにある。われわれはそこから立ち上がらなければならないのであって，われわれが満たすことのできない空間や時間からではない。だから，よく考えることを努めよう。ここに道徳の原理がある。

(『パンセ』より)

① 人間は，宇宙に比べて葦のように弱い存在であるが，自己の死すべき運命といかに生きるかを考えることができる点で宇宙よりも優勢である。しかし，われわれが立ち上がるところは宇宙の空間と時間にほかならない。
② 人間は，宇宙に比べれば，葦のように弱い存在であるが，考えることができることにおいて宇宙に対して優勢であり，そこに人間の尊厳がある。したがって，われわれが立ち上がるべきところは思考にほかならない。
③ 人間は，葦のように弱い存在であるが，生来の理性をはたらかせて，宇宙に対することで優勢となり，征服することができる。しかし，われわれが考えるべきことはわれわれを包み込む宇宙そのものにほかならない。
④ 人間は，葦のように弱い存在であり，宇宙に押しつぶされてしまうが，この宇宙のなかで宇宙の沈黙と神秘について考えることに人間の尊厳がある。したがって，神的存在である宇宙を知ることが道徳の原理にほかならない。

21 次の文章は社会契約思想の代表的人物であるロックが記した政治論である。その思想の内容として最も適当なものを，下の①～④のうちから一つ選べ。

　人は自分の方が正しくても，普通は自分一人の力しかないから，害悪から自分を守ったり，犯罪者を処罰したりするのに十分な力を持っていない。こういう不都合が，自然の状態においては人々の財産に混乱をもたらすので，これを避けるためにこそ，人々は結合して社会をつくるのであり，その結果，社会全体の結合した力をもって自分たちの所有権を確保し守ることができ，またそれぞれの所有の限界を定める恒久的な規則をつくり，それによって各人が自分の所有がどれくらいかを知りうるようになるのである。人々が生来もつ権力のすべてを自分たちが入る社会へ委ね，また，共同社会がそれらの人々が適当と思う人の手に立法権を委ねるのは，この目的のためである。その場合，人々は公に宣言させた法によって支配を受けようという信託をしたことになるのであるが，もしそうしなければ，人々の平和も安全も所有物も，自然の状態におけるのと同じように不確実のままにとどまることであろう。

（『統治論』より）

①　平和や安全や財産の所有をめぐっての自然状態における混乱を避けるために，人々は結合して社会をつくり，人々は生来もつ権利のすべてを所属する社会へ委ね，適当と思う人の手に立法権を委ねるのである。

②　平和や安全や財産の所有をめぐっての自然状態における混乱を避けるために，人々は生来もつすべての権利を為政者に委ね，神から授かった強大な権力にしたがわなければならないのである。

③　平和や安全や財産の所有に関して自然状態においては，それぞれの所有の限界を定める恒久的な法があるから，人々は法支配の下に公共の福祉を志向する意志に従うのである。

④　平和や安全や財産の所有に関して自然状態においては，人は害悪や犯罪から身を守ることができないから，人々が生来もつ権利を確保するためには，絶対的な権力をもつ為政者に立法権を委ねるのである。

22 次の文章は，世間の中に置かれた良心のあり方について，ルソーが述べたものである。その内容を身近な事例に置き換えた記述として最も適当なものを，下の①～④のうちから一つ選べ。

　良心は内気である。……世間の喧騒（けんそう）は良心をおびえさせる。良心は社会的通念の産物であると一般に考えられているが，社会的通念こそ，むしろ，良心の最も残酷な敵なのである。この敵に出会うと，良心は逃げ出すか，押し黙る。良心は，誰にも相手にされなくなって意欲をなくし，何も語らなくなり，応答しなくなる。そうやって良心のことを無視し続けていると，容易に追い払えなかったはずの良心をもう一度呼び戻すことはとても難しくなる。

（『エミール』より）

①　嘘（うそ）をついた後に良心が感じるやましさは，嘘が必要な場合もあるという社会の通念への反発から，逆にいっそう強くなっていくものである。

②　たとえ，年長者には従うのが世間の常識だったとしても，年長者の命令が自分の良心に照らして不正なら，そうした命令に従う人は誰もいない。

③　困っている友達を見捨てた後で良心が苛（さいな）まれるのは，良心を生み出した世の中のモラルによれば，友人は大切にするべきものであるためだ。

④　苦境にあえぐ人たちの存在を知って良心が痛んだとしても，彼らのことを軽視する風潮に流されているうちに，その痛みを感じなくなってしまう。

〈2021年共通テスト本試〉

23 次の文章は，カントが認識論について記したものである。ここに記されたカントの思想の内容を踏まえて，その具体例として最も適当なものを，下の①～④のうちから一つ選べ。

我々の認識がすべて経験をもって始まるということについては，いささかの疑いも存しない。我々の認識能力が，対象によって喚びさまされて初めてその活動を始めるのでないとしたら，認識能力はいったい何によってはたらき出すのだろうか。対象は我々の感覚を触発して，或いはみずから表象を作り出し，或いはまた我々の悟性をはたらかせてこれらの表象を比較し結合しまた分離して，感覚的印象という生の材料にいわば手を加えて対象を認識する，そしてこの認識が経験と言われるのである。…しかし我々の認識がすべて経験をもって始まるにしても，そうだからといって我々の認識が必ずしもすべて経験から生じるのではない。…我々の経験的認識ですら，我々が感覚的印象によって受け取るところのもの（直観においてあたえられたもの）に，我々自身の認識能力（悟性）が（感覚的印象は単に誘因をなすにすぎない）自分自身のうちから取り出したもの（悟性概念）が付け加わってできた合成物ということである。

（『純粋理性批判』より）

① 「ここに机がある」という認識は，「机」という物体が存在することを前提としている。したがって，認識とは外界にある何ものかを人間の感覚がありのままにとらえ，概念で整理することなのである。
② 「ここに机がある」という認識は，「机」という物体が存在することを前提としている。しかし，「机」は人間の感覚や概念の働きから独立して存在しているのではなく，人間の認識が対象を規定するのである。
③ 「ここに机がある」という場合，「机」はある物体を概念で規定することであり，物体はまず感覚でとらえられる。したがって，概念を形成する悟性よりも感覚の方がより基本的な認識の能力である。
④ 「ここに机がある」という場合，「机」である物体を概念で規定することであり，物体は感覚でとらえられる。しかし，感覚は概念をつくることができないから感覚よりも概念を形成する悟性の方が重要である。

24 ヘーゲルが記した次の文を読み，その内容の説明として最も適当なものを下の①～④のうちから一つ選べ。

真なるものは体系としてのみ現実的であるということ，あるいは，実体は本質的に主体であるということは，絶対者を精神として語る考え方のうちに表現されている。この「精神」というのは，もっとも崇高な概念であり，われわれに近い時代とその宗教とに属する。－精神的なもののみが現実的である。それは実在としては，それ自身においてあるもの，すなわち即自的存在である。他方，特定の関係のなかに身をおき，規定されているもの，他としてあり自分に対してあるもの，すなわち対自的存在である。そしてさらに，このように規定され，自分のそとにありながら，自分自身のうちにとどまっているものである。すなわち即自的・対自的にある。

（『精神現象学序説』より）

① それ自身においてあるものを即自的存在，特定の関係において規定され，他としてあり自分においてあるものを対自的存在という。精神が現実的であるとは実在としてそれ自身である即自的存在においてのことである。
② それ自身においてあるものを即自的存在，特定の関係において規定され他としてあり自分においてあるものを対自的存在という。精神が現実的であるとは即自的であり，対自的である存在においてのことである。
③ 絶対者を精神として語る考え方から導き出されるのは，精神的なもののみが現実的であるということである。人間としての精神は特定の関係のなかに身をおき他としてあり自分に対してある即自的存在である。
④ 絶対者を精神として語る考え方から導き出されるのは，精神的なものは現実的なものより崇高な概念ということである。人間としての精神は自分自身の外にありながら内にとどまっている即自的存在である。

25 ニーチェが記した次の文章を読み，その内容を踏まえて，彼の思想の説明として最も適当なものを，次の①〜④のうちから一つ選べ。

　キリスト教は，無私や愛の教えを全景に押し出すことによって，個の利害よりも類の利害が尅ち高いと評価してきたのでは断じてない。キリスト教本来の歴史的影響，宿業的影響は，逆に，まさしく利己主義を，個人的利己主義を，極端に（一個人の不死という極端にまで）上昇せしめたことである。…この普遍的な人間愛が，実際にはすべての苦悩する者，出来そこないの者，退化した者どもの優遇なのである。じじつそれは，人間を犠牲にする力を，責任を，高い義務を低下せしめ弱化せしめてしまった。キリスト教的価値尺度の範疇にしたがえば，いまなお残っているのは己の自身を犠牲にすることのみである。

（『権力への意志』より）

① キリスト教本来の歴史的影響，宿業的影響は利己主義を一個人の不死という形で否定した。そして，キリスト教は本来，神のごとく自らも隣人を愛するものとなることを説いた教えであるのだから，今の奴隷道徳から脱却するために，愛の闘争により真の自己を求めなくてはならない。

② キリスト教は苦悩する者，出来そこないの者，退化した者を優遇した。さらに，罪人のために神は存在すると説いたことにより，人間には弱者でも救われるという奴隷道徳が生まれたのであるから，これからはキリスト教道徳に代わる新たな価値観をつくらなければならない。

③ キリスト教はおのれ自身を犠牲にするという行為により人類に愛の教えを伝えた。しかし，キリスト教が説く無私の精神は奴隷道徳を生み，人々は堕落したのであるから，自己自身と向き合い，社会参加へ向けて自己を世界に投げ出して真の生き方を見出さなければならない。

④ キリスト教は劣った者が劣ったままでいても神に救われるという奴隷道徳であると言われている。したがって，神に救われるためには，自己の弱さや劣悪さを素直に認め，自己主義を捨て真の生き方を求めて，神の前にただ一人立つ絶対的な信仰心をもたなければならない。

26 次の文章は実存主義を代表するハイデッガーが自己変革に関連して人間存在について説いたものである。その内容の説明として最も適当なものを下の①〜④のうちから一つ選べ。

　「死は確かにやって来るが，当分にはまだやって来ない。」と“ひと”は言います。この「〜だが」を拠り所にして“ひと”は，死の確実性を否定します。「当分まだである」は決して消極的な陳述ではなく，“ひと”の自己解釈であり，それにより“ひと”はとりあえず“現存在”という本来的な自己が配慮できる状態にあるものを，指示しているのです。日常性は…「死について考えること」という手かせ足かせなどの絆を投げ捨てます。死は「いずれのちほど」と，しかも，「みなさんのお考えのとおり」という具合に押しやられます。こうして，“ひと”は死がどの瞬間でも可能であるという死の確実性を覆すのです。死には，「必ずやってくる」という確実性と「いつやって来るだろう」という無確実性とが密着しています。死への日常的存在は，この無確実性に確実性をあたえることによって，前者は後者を回避しています。…死は“現存在”の終わりとして，この存在するものの自分の終わりへの存在のうちに，存在しています。

（『存在と時間』より）

＊ひと：ダス・マン。日常生活に埋没して自分自身の固有の存在を見失った非本来的あり方

＊現存在：ダ・ザイン。存在することの意味を問う人間の本来的あり方。

① 「死は確かにやって来るが，当分にはまだやって来ない。」ということばによって“ひと”は死の確実性を否定している。そして，死への思いは「みなさんのお考えのとおり」という具合に客観的なものである。

② 「死は確かにやって来るが，当分にはまだやって来ない。」ということばは“ひと”が普通に抱く自己解釈である。しかし，その解釈によって“ひと”は死が「必ずやってくる」ことを知るのである。

③ 死には，「必ずやってくる」という確実性と「いつかやってくるだろう」という無確実性とが密着している。そして，人間の本来的なあり方である“現存在”の終わりは死によってもたらされるのである。

④ 死には，「必ずやってくる」という確実性と「いつかやってくるだろう」という無確実性とが密着している。しかし，人間の本来的なあり方である“現存在”は死の確実性を回避し，存在の終わりを知るのである。

27 近代哲学を批判的に考察した哲学者にウィトゲンシュタインがいる。彼の「言語ゲーム」について解説した次の文章を読み、その説明として最も適当なものを、次の①～④のうちから一つ選べ。

ウィトゲンシュタインは、言語と事実（事物）とは一対一の関係にあり、言語は事実を写す「像」で、言語の役割は事実を写すことであるとした。したがって、神や道徳的価値などは言語が対象とする実体をもたないものであるから、本来、言語の対象ではなく、近代哲学で論じられた超越者や道徳的価値は語り得ないものであり、論理的な思考の範囲外にある。しかし、後年、彼は言語は事実を写す「像」という自説を否定し、言語は言語に対応する事実や実体があるという確定的なものではなく、状況や目的あるいは意図により意味が変わるものであるとして、「言語ゲーム」という概念を説いた。「言語ゲーム」とは、日常生活における会話で、会話は人々の交流のなかで成立するルールにより成り立つゲームに類似している。私たちはこのゲームのなかで日常生活をおくっているのである。例えば、喫茶店で店の人に「コーヒー」と言ったならば、事物としての「コーヒー」が何であるかという概念はともあれ、店の人は「この客はコーヒーをオーダーした」と理解する。それは、喫茶店で客がコーヒーと言ったならば、コーヒーを飲みたいという意味でその言語を用いたというルール（前提）があるからである。私たちは言語が何の目的や意図によって用いられているかを考えながら生活しているのである。

① ウィトゲンシュタインによれば、近代哲学は言語で表すことのできない神や道徳的価値を言語を用いて論じてきた。ゆえに、これからは言語を人間関係や目的性を基本とした言語ゲームに興じることが大切である。
② ウィトゲンシュタインによれば、近代哲学は言語で表すことのできない神や道徳的価値について論じてきたという特色をもつ。これは人間知性の成果であり、存在と言語を分離する言語ゲームの視点からも正しいことである。
③ ウィトゲンシュタインは、論理的考察の範囲外である神や道徳的価値について論じた近代哲学を批判するとともに、後年は、言語そのものを再考し、私たちは言語が用いられる目的や意図を考えながら生きているとした。
④ ウィトゲンシュタインは、言語に対応する実体のない神や道徳的価値について論じてきた近代哲学を継承し、後年は、言語活動を分析し、私たちは何らかの目的や意図によって自由に言語を用いて生活しているとした。

28 次のベルクソンの文章を読み、その内容の説明として最も適当なものを、以下の①～④のうちから一つ選べ。

同じ対象を見続けるような場合でも、いま私が持っている視覚像は、ほんの少し時がたったという理由だけで、つい先ほどの像とは異なるものになる。私の記憶機能が、何がしかの過去を現在に押し込むからである。時間という道を進みながら、私の心的状態は絶えず膨張し続ける。……その過程は、ある一瞬が別の一瞬に置き換わるというようなものではない。……私たちの人格は、このようにして絶えず成長し、大きくなり、成熟する。その各々の瞬間は、以前あったものに付け加わる新しいものである。さらに言えば、それは単に新しいものというだけでなく、予見できないものでもある。……なぜなら、予見するとは、過去に知覚したものを未来に投影することであるからだ。……だが、これまでに知覚されなかったものは、必然的に予見不可能である。……私たちが芸術家として手がける生の一瞬一瞬は、一種の創造なのである。

（ベルクソン『創造的進化』）

① 私たちの人格は、過去と現在を混ぜ合わせつつ、時間を通じ絶えず成熟する。そのことで過去が刻々と変質するため、私たちは、これまでに知覚したことのない事柄をも想起できるようになる。
② 私たちのもつ記憶機能は、絶えず過去を現在へ持ち越す。したがって、私たちは、これら残存する過去を投影することによって、自らの未来を見通すことができるのである。
③ 私たちの人格は、過去と未来を融合させながら、時間を通じ不断に成長する。このため、私たちが生きる各々の瞬間は、今までにない新しさをそなえ、芸術創作にも等しい創造性を孕むこととなる。
④ 私たちのもつ記憶機能は、不断に過去を現在に押し込む。したがって、私たちは、手持ちの過去を適宜活用しつつ、今までにない芸術作品を創造することができるのである。

〈2017年センター本試〉

▶監修者

矢 倉 芳 則　　村 田 尋 如

▶執筆者

池 田 勝 也	○佐 藤 克 宣
伊 藤 竜 司	○高 梨 晃 弘
岩 渕 啓 介	○高 谷 康 博
○江 尻 憲 昭	立 野 統 子
○太 田 麻奈美	田 中 文 佳
○河 西 博 之	林　　正 憲
菊 地 潤 子	福 本 正 規
久 保 真 理	松 井 恵 一
○倉 部 英利子	山 口 晴 敬
○黒 津 豊 輝	横 平 麻紀子
小 林　　孝	○横 山　　茂
○酒 井 絵 里	渡 邊 昭 博
櫻 田 典 子	渡 辺 祥 介

（50 音順）

○は編集委員

パスポート 倫理（りんり） 問題集（もんだいしゅう） 最新版

2024 年 3 月15日　　第 1 刷発行

編　　者	パスポート倫理編集委員会＋清水書院編集部
発 行 者	野村　久一郎
印 刷 所	広研印刷株式会社　　**定価**　カバーに表示

発 行 所　　**株式会社　清水書院**

〒102-0072　東京都千代田区飯田橋3−11−6

☎ （03) 5213−7151（代）

振替　00130−3−5283

カバーデザイン／ PNQ　　イラスト／山谷和子

PASSPORT

パスポート

倫理問題集 最新版

解答・解説編

清水書院

1 1-1 人間のあり方

1	理性	2	ホモ・ファーベル	3	ホイジンガ	4	ホモ・エコノミクス	5	象徴
6	パーソナリティ	7	一次的欲求	8	二次的欲求	9	マズロー	10	自己実現の欲求
11	欲求不満	12	葛藤	13	防衛機制	14	フロイト	15	抑圧	16	合理化
17	同一化	18	反動形成	19	退行	20	昇華	21	補償		

【発展学習問題】

問1 正解は③。ベルクソンは，フランスの思想家で，人間を，道具などの物を作ることをとおして自らの内面を築き上げていく存在として捉え，**ホモ・ファーベル（工作人）** と定義した。

問2 正解は①。D. B. フライが定義したもので，人間を言語活動から捉えて，**ホモ・ロークエンス（ことばを操る動物）** と定義した。

問3 正解は②。カッシーラーは，世界の受け止め方から，動物と人間との違いを考察した。その結果，世界とのかかわり方は，動物では本能や直接的な感覚認識や知覚によるが，人間は意味を持つシンボル（象徴）の体系を作る点で両者は異なると考えた。そこで，人間は，シンボルを操ることで，実在するものに対して知覚を構造づけたり形を与えたりして，実在しないものまでも構想することもでき，人々によって共有された文化形式を変えることもできることから**アニマル・シンボリクム（象徴的動物）** と定義した。

問4 正解は③。ホイジンガは，従来から言われてきた "文化が遊戯より上位に立つ" という考え方を覆し，遊戯の中から文化が形成・発展してきたと説いた。その上で，彼は，遊戯を文化史的観点で捉え，人間を**ホモ・ルーデンス（遊戯人）** と定義した。

問5 正解は，Aが**ク**，Bが**ケ**，Cが**エ**，Dが**イ**，Eが**ウ**。頻出分野なので，よく復習しておこう。

【記述問題演習】

1 生理的欲求，安全欲求，所属と愛情の欲求，自尊欲求，そして最高位にある自己実現欲求の順で欲求が階層をなし，自己の能力や可能性の実現を願う高次の自己実現欲求の形成こそ人間性の証であるという考え。

2 自分が嫌いな相手のことを「彼が私のことを嫌っているのだから，私も彼を嫌うのは仕方ない」と感じるような，自己の不快な感情を，相手が持っていると知覚してストレスを軽減する心の働きのこと。

1 1-2 青年期の特質と課題

<重要事項チェック解答>

1	自我のめざめ	2	イニシエーション	3	第二反抗期	4	第二の誕生	5	ルソー
6	心理的離乳	7	マージナル・マン	8	レヴィン	9	ライフサイクル	10	発達課題
11	アイデンティティ	12	アイデンティティ拡散の危機	13	モラトリアム	14	神谷美恵子
15	フランクル								

【発展学習問題】

問1 正解は④。シュプランガーは，人間の内的体験や内的連関を重視し，文化や社会の要素も加えた上で，人間が文化的価値をどの領域においているかを基準に性格分類を行った。**アイゼンク**は，他人に対する振る舞いが社交的あるいは相互作用的であるかを基に，**外向性・内向性**に分類した。

問2 正解は②。エリクソンによれば，青年期以前をみると，**乳児期は基本的信頼と基本的不信の対立から希望が現れる**とし，**幼児前期は自立性と恥・疑惑**

2

の対立から**意志**が現れるとし，**幼児後期**は時流性と罪悪感の対立から**目的**が現れると，**学童期**は勤勉性と劣等感の対立から**適格**が現れるとしている。また，**成人期**は，生殖性と停滞の対立から**世話**が現れ，**老年期**は，統合と絶望・嫌悪の対立から**英知**が生まれると説いている。

問3 正解は⑤。アは，**エリクソンの説いた青年期の課題（アイデンティティ拡散の危機）**の具体例である。イは，**オルポートの成熟した人格の条件**の中にある**人生観を持つこと**の具体例である。ウは，**マズローの欲求階層説にある承認と自尊の欲求**の具体例である。

※エリクソンのライフサイクルと発達課題

発達段階	発達課題
乳 児 期	基 本 的 信 頼
幼児前期	自　　律　　性
幼児後期	自　　発　　性
学 童 期	勤　　勉　　性
青 年 期	アイデンティティ
成人前期	親　　密　　性
成 人 期	生　　殖　　性
老 年 期	自 我 の 統 合

【記述問題演習】

1　青年期の若者は，子どもの集団にも大人の集団にも属することができず，その境界に位置するため，特有の心理的な不安定さを示す存在であるということ。

2　青年期には，自分は何者なのか，何をなすべきなのかという自己についてのゆれを克服し，変わらぬ連続性と一貫性を保つ「自己」の中核部分を持ち，同時にそれが共同体の他者に共有，承認されるという「アイデンティティの確立」が求められる。

1 1-3　心と行動についての探究

＜重要事項チェック解答＞

1　末梢起源説	2　中枢起源説	3　二要因説　　4　エクマン　　5　ラッセル　　6　知覚
7　知覚の恒常性	8　錯覚　　9　記憶	10　感覚記憶　　11　短期記憶　　12　長期記憶
13　非宣言的記憶	14　宣言的記憶	15　エピソード記憶　　16　意味記憶　　17　演繹的
18　帰納的	19　アルゴリズム	20　ヒューリスティックス　　21　ピアジェ　　22　コールバーグ

【発展学習問題】

問1　正解は④。短期記憶は，感覚記憶から注意を向けられた情報が送られるもので，数秒から数十秒程度，限られた情報を保持する。この情報が印象的なものであったり，情報をリハーサルしたものが長期記憶に送られる。①宣言的記憶は長期記憶であり，知識や事実についての意味記憶と思い出や経験に関するエピソード記憶に分類される。②言葉で説明することが難しい自転車の乗り方のような運動技能などに関する記憶は，長期記憶の中でも非宣言的記憶の手続き記憶に該当する。③記憶の過程は，情報を

覚える（記銘・符号化）→覚えておく（保持・貯蔵）→必要に応じて思い出す（想起・検索）の過程からなる。

問2　正解は①。動機づけには，楽しいから，面白いからなど，その人が持つ興味や関心にもとづく内発的動機づけと，褒められたい（叱られたくない）からという賞罰や報酬にもとづき，何らかの手段とする外発的動機づけがある。Aは，興味があり自ら進んで学習している。②テストで良い点を取るためという動機づけは，外発的である。③優れた成果を出すためにという動機づけは，外発的である。

④叱られることを避けるためにという動機づけは，外発的である。

問3　正解は④。自らの内面的な正義の基準に反するという回答は，レベル3の自らの良心にもかなう原理という道徳的視点に合致する。①誰もが認めるはずの普遍的な道理に逆らうという回答は，皆に受け入れ可能というレベル3の道徳的視点である。②親に厳しく叱られて，自分が嫌な思いをするという回答は，罰を避けるためというレベル1の道徳的視点である。③警察に逮捕され，刑務所に入れられてしまうかもしれないという回答は，罰を避けるためというレベル1の道徳的視点である。

【記述問題演習】

1　視覚などの感覚器官に異常がみられなくても実際とは異なる知覚をすること。

2　長期記憶の一種で，個人の思い出や出来事などの記憶であるエピソード記憶と，知識や事実の記憶である意味記憶に分類される。

＜1編＞用語の整理　チェック

1　青年期の意義と自己形成　(1) ホモ・サピエンス（理性人）　(2) ホモ・ファーベル（工作人）　(3) アニマル・シンボリクム　(4) ホモ・ルーデンス（遊戯人）　(5) 青年期　(6) 第二次性徴　(7) レヴィン　(8) 心理的離乳　(9) マズロー　(10) 葛藤（コンフリクト）　(11) 防衛機制　(12) 抑圧　(13) 反動形成　(14) 合理化　(15) 投射　(16) 退行　(17) 昇華　(18) 逃避　(19) アドラー　(20) パーソナリティ　(21) エリクソン　(22) ライフサイクル　(23) クレッチマー　(24) シュプランガー　(25) アイデンティティ（自我同一性）　(26) アイデンティティ拡散の危機　(27) 発達課題　(28) 通過儀礼（イニシエーション）　(29) モラトリアム　(30) モラトリアム人間　(31) オルポート　(32) フランクル　(33) 神谷美恵子　(34) ピアジェ　(35) アイゼンク　(36) エクマン　(37) ラッセル　(38) W＝ジェームズ　(39) 認知　(40) 知覚の恒常性　(41) ミュラーリヤーの錯視　(42) ルビンの壺　(43) アルゴリズム　(44) ヒューリスティックス　(45) コールバーグ　(46) 慣習以前の水準　慣習的水準　慣習以後の水準

<重要事項チェック解答>

1　ホメロス　　2　ヘシオドス　　3　ロゴス　　4　テオリア　　5　フィロソフィア
6　アルケー　　7　タレス　　8　水　　9　アナクシマンドロス　　10　アナクシメネス
11　ヘラクレイトス　　12　万物は流転する　　13　ピュタゴラス　　14　数　　15　パルメニデス
16　ゼノン　　17　エンペドクレス　　18　デモクリトス　　19　原子（アトム）　　20　プロタゴラス
21　相対主義

【発展学習問題】
問題1
問1　正解は②。「テオリア」は，万物の根源から成立した自然を客観的に観察して真理を考察する精神的態度を意味する。
①「コスモス」は，宇宙の他，秩序・調和・世界なども意味するギリシャ語である。
③「レトリーケー」は，**弁論術**を意味するギリシャ語である。④「スコレー」は，ギリシャ語で暇（ひま）を意味する言葉である。
問2　正解は①。自然を客観的に観察し，「現象の根底である原理」を探究する**自然哲学者**の姿があらわれている。
②「現象の背後にある神の意志」によって万物の成立を説明したのは『**神統記**』を著した**ヘシオドス**や『**イリアス**』を著した**ホメロス**である。
③「感覚的認識の根底にある本質」は，**経験論**の立場である。
④「感覚的認識の背後にある霊的存在」は，感覚的認識と霊的存在が同時に存在して世界が成立していると解釈できる。霊的存在は**キリスト教**において聖霊として説明されるのが代表的なものである。
※**自然哲学者とアルケー**

自然哲学者	アルケー・思想
タ　レ　ス	水
アナクシマンドロス	無限なもの（ト・アペイロン）
アナクシメネス	空気
ヘラクレイトス	火
ピュタゴラス	数
パルメニデス	有のみが有る
エンペドクレス	土・水・火・空気
デモクリトス	原子（アトム）

問3　正解は③。ロゴスは，言葉や論理，または理性や理法など多くの意味を含む。臆見は，ギリシャ語で**ドクサ**と呼ばれる。
問4　正解は②と③（順不同）。②「人間的傾向」が示すように，神話に登場する神々は，明るく感情豊かで人間的な性格を持っていた。
③「善悪清濁」というギリシャの神々の特色は，世界の創造や神々の行動について語られた神話の中でみられる。
①「律法」と④「創造主」は，一神教にあらわれる特色といえる。
⑤「規範的」という特色が最もあらわれているのは，**イスラーム**である。全知全能の神であるアッラーは，人間が遵守すべき規範（シャリーア）を定めたとされる。
問5　正解は④。ホメロス著の『イリアス』や『オデュッセイア』には，自分に課された「義務」を自らの意志で全うすることを目指す人間の姿が描かれている。
問題2　正解は③。
ア　タレスは，**万物の根源（アルケー）**を水とした。
イ　デモクリトスは，原子（アトム）の集合と離散や，空虚の中を運動することで多様な万物が形成されると主張した。
ウ　プロタゴラスは，民主政治が成熟する時期に市民の要求によって登場したソフィストの代表的人物である。

【記述問題演習】
1　感覚的なものの背後にある普遍的・客観的な原理を理性によって直観的に把握しようとする態度。
2　あらゆる物事の判断基準は，判断する人間それぞれにあるとし，各人の判断以外に客観的真理が存在することを否定する考え。

2 1-2 ソクラテス

<重要事項チェック解答>

1　ソフィスト　　2　詭弁　　3　無知の知　　4　ソクラテス以上の知者はいない　　5　知への愛
6　汝自身を知れ　　7　問答法　　8　エイロネイア（皮肉）　　9　魂への配慮
10　魂（プシュケー）　　11　ただ生きるのではなく，善く生きる　　12　アレテー　　13　知徳合一
14　知行合一　　15　福徳一致　　16　ダイモニオン　　17　ソクラテスの弁明　　18　クリトン

【発展学習問題】
問題
問1　正解は③。「実利的復興をうながした」の部分が適当ではない。資料文は，「思慮や真実」や「魂」について気を遣わないことをアテナイ市民に訴えている。**ソクラテス**は，金銭や地位などの実利面ではなく，**「魂への配慮」**という人間のあり方や生き方を最も重視した。
①は，思慮や真実を重視すること。
②は，魂のあり方を重視すること。
③は，知を愛し求める主張。いずれも資料文から読み取れるものであり，ソクラテスが**「善く生きる」**ために主張した内容である。

問2　正解は②。ソクラテスは，無知の自覚のもと，善美について知者と呼ばれる者との問答を重ね，真の知を探究した。ソクラテスにあっては，普遍的な真理を愛し求めることは，魂を善くすることであり，善く生きることであった。
①「精神的な快楽を実現」するのではなく，理性に基づいた倫理を探究するのがソクラテスである。
③「各人が各人の判断によりそれぞれの真理を求める」のは，**相対主義**の考えを持つ**ソフィスト**の主張であり，ソクラテスの考えとは異なる。
④「個人よりも組織の方針を優先」すべきということではなく，普遍的な真理を追究し人間のあるべき姿を問題としたのがソクラテスである。

※**自然哲学者・ソフィスト・ソクラテス**

対象	普遍主義	相対主義
自然（ピュシス）	自然哲学者	
社会（ノモス）	ソクラテス	ソフィスト

問3　正解はイ。問いにある論理的順序は，ウ→ア→

オ→イ→キ→ク→エ→カで展開する。ソクラテスの問答は，探究する命題を明確にしてから吟味を開始する特徴がある。問いは，**「知徳合一」**及び**「知行合一」**を説明することが求められている。このことから「吟味すべき対象をまず絞ること」にまず取り組み，その後「知徳合一」及び「知行合一」の内容の説明に入る展開になる。
ウは，吟味すべき対象としての「勇気」の提示である。ア→オで「勇気」の吟味がなされ，イで「知徳合一」の説明に至っている。さらに，キ→ク→エでは，「勇気を知っている」ことの吟味がなされ，カで「知行合一」の説明に至っている。
問いは，徳についての問答法の展開であった。以下は，ソクラテスが脱獄することは正しいことかを問答法によって確かめる論理の順序である。

※**ソクラテスが死刑を受け入れる論理**

> ①　ただ生きるよりも善く生きることが重要
> ②　善く生きる＝正しく生きる
> ③　脱獄は不正
> ④　脱獄をする＝不正に生きる＝善く生きることはできない（ただ生きることはできる）
> ⑤　それゆえ，脱獄はしない＝死刑を受け入れる

【記述問題演習】
1　自分の無知を自覚せよ，そしてその自覚にもとづいて真の知恵を求めよ，という意味としてとらえた。
2　対話相手に同意を求めながら相手の主張の問題点を明らかにしていき，対話相手に「無知」を自覚させ，真の知の探究を促す方法。

<重要事項チェック解答>

1 イデア	2 理性	3 善のイデア	4 現実界	5 アナムネーシス	6 エロース
7 愛知	8 気概	9 欲望	10 知恵	11 勇気	12 節制	13 正義	14 統治者
15 防衛者	16 生産者	17 四元徳	18 理想国家	19 哲人政治	20 哲学者

【発展学習問題】

問題1　正解は②。

ア「アナムネーシス」（想起）は，我々が何らかの事を知ることは，人間の魂がもともと住んでいたイデア界のイデアを思い出すことであるというプラトンの考えである。

イ「エロース」は，真の実在であるイデアへの憧れであり，恋い慕う精神をいう。したがって，人間の魂をイデアへ向かわせる動機となるのが，エロースである。「プシュケー」は，ギリシャ語で人間の魂のことをいう。

問題2

問1　正解は①。プラトンは，知恵を備えた統治者が治める国を理想国家と考えた。知恵を有するには「哲学者が統治者となるか，統治者が哲学をするか」と述べた。理想国家の具体的形態を哲人政治という。②の王道政治は，孟子による徳のある君子の政治である。

問2　正解は③。「四元徳」は，古代ギリシャで重視された知恵・勇気・節制・正義の4つの徳をいう。プラトンは，人間の魂は，「知恵」，「気概（意志）」，「欲望」の3つの部分からなると考えた（魂の三分説）。魂を善くするためには，善のイデアに向けた理性のはたらきによって知恵を，欲望を統制し理性を助けるはたらきにより勇気を，極端を避け理性にしたがうことで節制を，実現する必要がある。この3つの徳が調和したとき，秩序と調和が最も保たれた正義を実現することができる。理想国家は，人間の3つの部分からなる魂の秩序に対応している。国家の統治者の階級は知恵を備え，防衛者（軍人）の階級は勇気を備え，生産者の階級は節制を備えた時，国家全体が調和と秩序のとれた最善の状態となり，正義の国家が実現するのである。

問3　正解は①。選択文①は，プラトンが考える普遍的な事物そのものである真の実在のとらえ方と，真の実在を人間が認識できるという思想の根拠が示されている。前半は，理性によってとらえることができる普遍的な真の実在であるイデアについての主張である。後半は，人間の魂がもともとイデア界にあり，真の実在を知ることは，かつて魂がみていたイデアを思い出すこと（アナムネーシス）に他ならないという内容を示している。

②は，「経験的な事実から出発」して原理を探究するという部分が不適当。プラトンが説くのは，理性のはたらきによる原理の探究である。

③は，「万人が認める統治者」の部分が不適当。プラトンは，哲人が統治者となるか統治者が哲学をすることを求めている。

④は，「民衆からの支持を得た」の部分がプラトンの考える統治者の内容として不適当。

※イデア界と現象界

イデア界	永遠不滅・完全・本質・普遍的 真実在・理性・魂の故郷
現象界	生成変化・不完全・個々の事物 模像・感覚・肉体という牢獄

【記述問題演習】

1　感覚的に把握できる個々の事物は真の実在（イデア）の影にすぎないが，人間の魂はかつて真の実在の世界に住んでいたので，それを想起することで真理を把握できると考えた。

2　多くの人々は，感覚されたものを実在だと思い込んでいるが，それはちょうど，洞窟の壁に向かってつながれている囚人が，壁に映った背後の事物の影を実物だと思い込んでしまうのと似ているということ。

＜重要事項チェック解答＞

1 ニコマコス倫理学	2 形相	3 質料	4 可能態	5 現実態	6 最高善
7 観想	8 理性	9 知性的徳	10 思慮	11 倫理的徳	12 習性的徳 13 中庸
14 人間は本性上，ポリス的動物である		15 正義	16 全体的正義	17 部分的正義	
18 配分的正義	19 調整的正義	20 友愛			

【発展学習問題】

問題1

問1 正解は⑤。資料文を読んだだけで【 X 】に入る適当な語句を判断することは難しい。資料文，資料の解説文及び生徒の会話文の全体から判断することになる。以下は，正解に至るための一つのプロセスを示している。ただし，正解に至る過程は一つではない。また，同様の出題であったとしても資料文を重視するか，会話文を重視するかは問題による。したがって，多くの内容を読み取る必要がある問題に対しては，注目する部分を自分で判断しなければならない。

この問いでは，まず，資料の解説文に注目する。解説文の後半に「質料にヘルメス像となる【 X 】態が含まれている」とある。アリストテレスは，**質料**に**形相**としての彫像となる可能性が含まれている状態を**可能態**とよんだ。このことから，【 X 】の部分は，可能態と判断できる。さらに，会話文をみると，最初の部分で生徒Yが あ と【 X 】を同様に扱っている。したがって， あ は，可能という語句が入ると判断できる。

そして，生徒Ｚは，「現実のヘルメス像」との対比に触れ，また，アリストテレスがプラトンのいう**イデア**を否定していないことに言及した後に「現実の反対は い 」という言及に至っている。プラトンにとってイデアは，完全であり理想を示すことであった。このことと，現実の反対としての い という会話文から「理想」という語句を選択することができる。

会話文は，生徒Yが生徒Ｚの内容を受けて う を提案している。「形相は事物の う 」であるとの言及と，生徒Ｚの「素材のなかに う 的に内在して

いる」との言及より，形相という事物の本質について話されていると判断できる。したがって， う は，「本質」という語句を選ぶことができる。

問2 正解は②。アリストテレスは，現実を重視する立場から，プラトンの**イデア論**を批判した。**プラトン**は，普遍的で完全なそのものであるイデアを理性でのみとらえることが可能なもので，現実世界には存在しないとした。アリストテレスは，現実世界において存在する個々の事物にイデアとしての本質が内在すると考えた。アリストテレスがいう**形相**は，個物に内在する本質のことである。そして，**質料**は，形相を実現する素材であり材料である。

①は，「赤さ」は素材ではなく，質料といえない。

③は，雨や雪は，かたちを変えた素材であり形相といえない。

④彫刻家の道具や技術は，彫像に含まれる形相ではない。

※プラトンとアリストテレス

プラトン	アリストテレス
イデア	エイドス（形相）
事物に外在（イデア界）	事物に内在

問題2 正解は⑥。アリストテレスは，プラトンのように徳を一つの完全なものとしてではなく，分けて考えた。彼は『**ニコマコス倫理学**』のなかで，人間の有する魂を理性的部分と感情・欲望（情欲）による部分に分け，それぞれに対応して徳を**知性的徳**と**倫理的徳**に分類した。倫理的徳は，情欲にもとづく極端を避け，常に適切で適度な**中庸**を選択した行動を繰り返すことで修得される。倫理的徳は，**習性的徳**とも表現される。次の表は，アリストテレスの徳論をまとめたものである。

※アリストテレスの徳論

徳	知性的徳	知恵（理論知）	学習に
		思慮（フロネーシス）（実践知）→中庸を指示	よって身につく
	倫理（習性）的徳	中庸を選ぶ行為の繰り返しによって習慣づけられる	

※アリストテレスの正義論

全体的正義		ポリスの法を遵守する
部分的正義	配分的正義	名誉や財貨を能力や業績に応じて配分
	調整的正義	裁判や取引における利害・損失の均等な調整

アリストテレスは，**倫理的徳**のなかで特に**正義**と**友愛（フィリア）**を重視した。友愛（フィリア）は，お互いに有する徳をもつ者の間で培うことができる徳で，共同体における共同生活に必須なものである（「**人間は，本性上ポリス的動物である**」）。正義は，**全体的正義**と**部分的正義**に分けられる。右上の表は，アリストテレスの正義論をまとめたものである。

【記述問題演習】

1 動植物に様々な種が存在しているのは，種ごとに固有な形相が各個体に内在し，それが発現してくることによると考えた。

2 例えば，金銭や財に関して，必要以上に惜しんだり浪費したりしないよう習慣づけることで，おおらかな人になるように，思慮が示す中庸を繰り返し選ぶことで形成される。

2 1-5 ストア派とエピクロス派

<重要事項チェック解答>

| 1 | ヘレニズム | 2 | 個人 | 3 | 魂 | 4 | ゼノン | 5 | 禁欲主義 | 6 | 理性 | 7 | アパテイア |
8 自然と一致して（に従って）生きよ　9 情念　10 自然　11 世界市民主義
12 世界市民　13 セネカ　14 エピクテトス　15 エピクロス　16 快楽主義　17 快楽
18 アタラクシア　19 隠れて生きよ　20 プロティノス

【発展学習問題】

問1 正解は③。キプロスの**ゼノン**を祖とする**ストア学派**は，**禁欲主義**を主張した。禁欲主義は，自制により情念（**パトス**）や欲望に動かされない**アパテイア**の境地を目指す立場である。

問2 正解は①。**エピクロス**は，真の幸福が，些細なことにも満足する自己充足（**アウタルケイア**）の姿勢のもと，不安や動揺からの解放にあると主張した。

問3 正解は④。オランダの法学者である**グロティウス**は，**自然法**は本来人間が持つ理性にもとづくと主張した。ストア派による理性のはたらきを世界の中心とする思想は，人間の理性にもとづく自然法思想や人権思想につながるものである。

問4 正解は⑦。**エピクロス**は，**快楽主義**を主張した。彼のいう快楽は，魂の平静な状態（**アタラクシア**）であり，精神的な快楽である。C君は，B君が一般的な快楽の意味を「否定」していることに触れつつ，エピクロスが「永続」的で安定した快楽を求

め，精神的な「心」の大切さを重視していると理解したことを説明している。

※ストア派とエピクロス派

ストア派	学派	エピクロス派
ゼノン	代表的思想家	エピクロス
禁欲主義	思想	快楽主義
アパテイア（情念に動かされない状態）	理想の境地	アタラクシア（魂の平安）
自然（理性）に従って生きよ	生活信条	隠れて生きよ
自己充足（アウタルケイア）ローマ時代に隆盛	その他のキーワード	アウタルケイア唯物論（死を恐れない）

【記述問題演習】

1 欲望を抑えて，いかなる感情にも心を動揺させることのない状態。

2 感覚的な快楽の追求や，世間との必要以上の接触は心の平静な状態を乱し，かえって人間にとって苦痛の原因となるから。

2 2-1 ユダヤ教とイエスの思想

＜重要事項チェック解答＞

1 旧約聖書	2 ヤハウェ	3 裁き	4 選民思想	5 律法	6 モーセの十戒
7 バビロン捕囚	8 預言者	9 終末観	10 メシア思想	11 福音書	12 十字架
13 律法主義	14 アガペー	15 愛	16 神への愛	17 隣人愛	18 黄金律
19 神の国	20 福音				

【発展学習問題】

問1 正解は⑥。**ユダヤ教**はイスラエル（ヘブライ）人の民族宗教であり，イスラエル人は**唯一神ヤハウェ**への絶対的信仰と**律法**を遵守することで神から恵み（救い）を与えられる。この神との契約により，イスラエル人は神から特別に選ばれた民族であるという**選民思想**を持つ。アは「民族の違いや……関わりなく誰でも救われる」が誤り。

問2 正解は③。律法はモーセが神から授かったとされる**十戒**がもととなっており，ここに神とイスラエル民族との契約が成立したとされる。③はイエスの教えである。

問3 正解は⑤。ア：「悔い改めよ。神の国は近づいた」は『マルコによる福音書』にあるイエスの言葉であるが，ヨハネやイエスはイスラエルに地上の栄光がもたらされるとは説いていない。地上の栄光とは，例えば，この世での社会的地位の高さ，富の多さ，建国し王として支配するなどの世俗的，物質的な豊かさや成功のことである。

※ユダヤ教・キリスト教・イスラーム（教）

	ユダヤ教	キリスト教	イスラーム（教）
宗教観	民族宗教	世界宗教	世界宗教
神（一神教なので同じ神）	ヤハウェ 裁きの神 怒りの神	主 愛の神	アッラー
聖典	旧約聖書	旧約聖書 新約聖書	クルアーン（旧約・新約も聖典）
特徴	選民思想 偶像禁止 十戒 モーセ	アガペー 隣人愛 イエス（神の子・キリスト）	偶像禁止 六信五行 ムハンマド（最後にして最大の預言者）

【記述問題演習】

1 イスラエルの民だけが，神ヤハウェから使命を帯びて選ばれ恩恵にあずかるという考え。

2 神の人間に対する無差別・平等・無償の愛のこと。

2 2-2 キリスト教の展開とイスラーム（教）

＜重要事項チェック解答＞

1 原始キリスト教	2 メシア	3 贖罪	4 ペテロ	5 パウロ	6 回心	7 原罪
8 信仰	9 希望	10 愛	11 アウグスティヌス	12 教父哲学	13 恩寵	
14 三位一体説	15 トマス・アクィナス	16 スコラ哲学	17 自然法	18 ムハンマド		
19 アッラー	20 聖遷	21 クルアーン	22 六信	23 五行		

【発展学習問題】

問題1 正解は④。 a は律法主義が正解。**律法主義**とは，**ユダヤ教**の律法を遵守することに重きをおく考え方のこと。**福音**とは喜びの知らせのことであり，**福音主義**とは**イエス**が説いた福音の教えを重視する考え方である。 b は贖罪が正解。**贖罪**とは，神の子であるイエスが人々の罪を背負って身代わりとなり十字架刑に処せられ，人間が罪から解放されるという考え方である。**原罪**とは，人間が生まれながらに持つ，自分では贖うことのできない罪のこと。

問題2 正解は②。**アウグスティヌス**は4〜5世紀の初期キリスト教会最大の教父で，パウロが説いた**原**

罪観，贖罪，三元徳，恩寵，三位一体説などを理論化した。

②の「自然の光」は，トマス・アクィナスの用語で「信仰の真理（光）」の対語である。よって誤り。

問題3　正解は②。**トマス・アクィナスはアリストテレス哲学**を研究し，信仰と理性の調和に努めた。

①「等しい価値」が誤り。「哲学は神学の侍女」ということばに示されるように，理性の探究は信仰によって完成するとした。また両者は補い合うべきものと考えた。

③**キリスト教の三元徳を示したのはアウグスティヌス**であり，またその内容は理性ではなく，**信仰・希望・愛**である。

④前半は**ストア派のゼノン**の思想の説明である。

※キリスト教の思想家

パウロ	回心・原罪・贖罪・信仰義認・三元徳（信仰・希望・愛）・異邦人への伝道
アウグスティヌス	教父哲学・三位一体説・恩寵・神の国
トマス・アクィナス	スコラ哲学・アリストテレス哲学を利用

問題4　正解は①。ムハンマドはイスラーム（教）においては，**最大にして最後の預言者**と位置づけられているが，アブラハム，ノア，モーセ，イエスも預言者として数えられている。

②完全な教えが記されているのは『**クルアーン**』であるが，神がモーセに下した律法や『**新約聖書**』なども啓典とされている。

③**礼拝はラマダーン**の月にだけ行うのではなく，1日5回，聖地メッカの方角に向かって祈りを捧げるものである。

④**ウンマ**とはムスリムの共同体およびイスラーム国家を指す。ムハンマドの後継者はカリフという。

※イスラームの六信五行

六信	アッラー・天使・聖典・預言者・来世・天命
五行	信仰告白・礼拝・断食・喜捨・巡礼

【記述問題演習】

1　原初の人間が自由意志を悪用して神に背いたため，すべての人間は生まれつき原罪を負っている。それゆえ人間は自由意志によってではなく，神からの一方的な恩寵によってのみ救済され，善に向かうことができるようになると考えた。

2　貧者を救済するために，ムスリムの収入資産と貯蓄の両方に課せられる一種の救貧税のこと。

2 3-1　バラモン教と仏陀の思想(1)

<重要事項チェック解答>

1　バラモン教	2　ヴェーダ	3　ウパニシャッド	4　輪廻	5　業	6　解脱
7　梵我一如	8　ブラフマン	9　アートマン	10　ジャイナ教	11　ヴァルダマーナ	
12　不殺生	13　苦行	14　仏陀	15　四苦	16　愛別離苦	17　怨憎会苦	18　求不得苦
19　五蘊盛苦	20　煩悩	21　三毒	22　我執	23　無明	

【発展学習問題】

問題1　正解は④。古代インドの**ウパニシャッド哲学**では，真実の自己である**アートマン**の自覚により，宇宙の絶対不変の最高原理ブラフマンとの合一が実現し，人間は**輪廻**の苦しみから**解脱**できるとした。

①自然（理性）に従って感情や欲望を抑制して生きることで**不動心（アパテイア）**の境地に達すると説いたのはゼノンである。

②人間には理に基いた本然の性と気に基いた気質の

性からなる。理気二元論は朱子の思想。

③**バラモン教**では，善悪の「業」によって現世・来世が決定され，生と死を繰り返すという考え方を輪廻という。「人間として生まれ変わることが最高の幸福」というのは誤り。

問題2　正解は②。**ヒンドゥー教**は，『ヴェーダ』信仰とバラモン教を受け継ぎ，4世紀のグプタ朝時代にインド土着の宗教となった。

問題3

問1 正解は④。ア：**四諦**とは，**苦諦**（人生はすべて苦しみであるという真理）・**集諦**（苦は煩悩の集まりからおこるという真理）・**滅諦**（苦を滅した境地が涅槃であるという真理）・**道諦**（苦を滅する方法は八正道であるという真理）のこと。三帰とは，三宝（仏・法・僧）に帰依すること。イ：**無明**とは，縁起の法について真に理解できないこと。**三毒**とは，貪（飽くなき欲望），瞋（自分の思い通りにならない人への恨みや憎しみ），癡（この世の真理について無知である）のこと。ウ：**我執**とは，この世界と人生の真理を認識せずに精神的にも身体的・物質的にも自己にとらわれていることで，煩悩の原因そのもののこと。五蘊とは，色（肉体や物質）・受（感情，感覚）・想（観念）・行（心のはたらき）・識（認識，判断）からすべてがつくられる。五蘊は絶えず変化し無常である。

※四諦

苦諦	人生は苦しみである
集諦	苦しみの原因は煩悩にある
滅諦	煩悩を滅すれば涅槃に至る
道諦	涅槃に至るための修行法は八正道である

問2 正解は②。この世に独立不変のものはなく，すべては繋がっているという真理を**縁起**という。

①は**梵我一如**，③・④はバラモン教以来の伝統的教えではあるが，④の「現世での善行」はバラモン教でも後に否定される。

【記述問題演習】

1 人間は永遠に生死を繰り返す（輪廻）が，次の世に何に生まれるかは，現世での行為（業）によって決まるということ。

2 仏陀によると，すべてのものは変化し恒常的なものではなく，永遠不変の実体などないにもかかわらず，それを理解しないで変化するものに執着することで苦しみが生じる。

2 3-2 仏陀の思想(2)と仏教の展開

<重要事項チェック解答>

1 一切皆苦	2 諸行無常	3 諸法無我	4 縁起	5 涅槃寂静	6 涅槃（ニルヴァーナ）

7 四諦　8 苦諦　9 集諦　10 滅諦　11 道諦　12 八正道　13 中道　14 慈悲
15 上座部　16 大乗仏教　17 菩薩　18 一切衆生悉有仏性　19 六波羅蜜　20 空
21 ナーガールジュナ　22 唯識　23 アサンガ　24 ヴァスバンドゥ

【発展学習問題】

問題1 正解は②。**一切皆苦**とは，人生のすべては苦に満ちた世界であるという真理。**諸行無常**とは，この世のすべてのものは生滅変化し常住不変のものは一つも存在しないという真理である。**諸法無我**とは，人間の中にも事物にも，不変な実体としての我は存在しないという真理。**涅槃寂静**とは，煩悩を断ち切り，迷いも苦しみも消えた涅槃の世界に至ることを理想とする境地のこと。

※四法印

一切皆苦 <small>いっさいかいく</small>	この世の一切は苦しみである。
諸行無常 <small>しょぎょうむじょう</small>	すべてのものは絶えず変化・消滅する。
諸法無我 <small>しょほうむが</small>	絶対不変の存在などない。
涅槃寂静 <small>ねはんじゃくじょう</small>	苦悩から脱した境地。

問題2 正解は①。八正道は悟りを達成するための実践的方法であり，正業とは「正しい行為」のこと。**六波羅蜜**とは大乗仏教の修行者が実践すべき6つの徳目。なお，輪廻は仏教以前のインド思想における概念である。以上を正しく踏まえるのは①である。

問題3 正解は②。**大乗仏教**における**菩薩**は悟りを開こうとする求道者だが，すべての生きとし生けるものを救済するために自己の悟りを後回しにして献身する。

①「自己の悟りを完成させたのちに」が誤り。

③「シャカのみを信じることで救われる」が誤り。

④「ブッダの定めた**戒律**の遵守により心の安らぎが得られる」が誤り。

問題4 正解は④。この世に存在するすべてのもの

は，縁起の法によって生成消滅するものであるから，永遠不変の実体をもたない（無自性）という「空」の思想は大乗仏教の根本となる思想である。
①プラトンのイデア論。無著（アサンガ）は大乗仏教を発展させ，唯識の思想を説いた。唯識とは，あらゆる存在は，人の心・精神作用によって生み出された表象であるという思想のこと。
②バークリー，ヒュームなど西洋近代の経験論の立場に近い。
③「外界の事物は固定的実在性をもち」が誤り。世親はすべての現象を生み出す心のはたらきを阿頼耶識とよんだ。人間は阿頼耶識から発生する世界にとらわれているが，すべてが心の作用であることを悟れば，迷いの世界を脱することができると説いた。

※上座部と大乗

上座部仏教		大乗仏教
東南アジアなど	伝播	中国・朝鮮・日本など
阿羅漢	理想	菩薩
自利	修行	利他・六波羅蜜

【記述問題演習】
1 菩薩は一切衆生の救済を目指す大乗仏教の理想像なのに対し，阿羅漢は厳しい修行を通じて自ら悟りを開いた聖者を指し，上座部（小乗）仏教の理想像。
2 慈悲とは生きとし生けるものすべてに対して利益と安楽をあたえ（与楽），不利益と苦痛を取り除こう（抜苦）とする精神のこと。

2 4-1 諸子百家と孔子

<重要事項チェック解答>

1 儒家	2 道家	3 法家	4 韓非子	5 墨家	6 兵家	7 農家	8 論語
9 仁	10 愛	11 孝悌	12 忠	13 恕	14 克己復礼	15 礼	16 君子
17 中庸	18 修己治人	19 徳治主義	20 法治主義				

【発展学習問題】
問1 正解は④。「天下において，水ほど柔らかくしなやかなものはない」は無為自然に基づく生き方で，常に謙虚に人と争わない態度（柔弱謙下）であり，これは老子の言葉である。
問2 正解は②。孔子は，徳を修めた君子が為政者となって道に従い，仁・礼の徳を民衆に感化することによって，秩序と調和に基づく国を治めることを理想とした。これを徳治主義という。
①「人間は生まれながらに善の心をもっている」は性善説であり，孟子が唱えた。「社会秩序……制裁が不可欠」は韓非子が唱えた法治主義のこと。
③「あるがままに生きる」とは，老子が説いた「道（タオ）」のこと。
④「万人への慈しみや憐れみ」とは，墨子が説いた兼愛である。
問3 正解は②。「礼」は人間が従うべき伝統的社会規範を意味するものであり，「仁」は心のあり方で，あらゆる徳の根本にあるもの。
①「宗教的権威を超えて万人への普遍的愛」が誤り。
③「礼は封建制度を解体した精神的基盤」が誤り。孔子は礼の復興を通して社会秩序と平和を回復しようとした。
④「『仁』を修めたのちに自ら形成される」が誤り。
問4 正解は④。 ⅰ ：孔子が目指していたのは，自己自身の道徳的修養を積み，人格を完成させ，その徳によって人々を感化して治めるというものであった。
ⅱ ：孝は親子や親族の間の親愛の情を基礎として，子が父母や先祖に仕える義務のこと。悌は年少者が年長者に対して敬意をもって従う義務のこと。
ⅲ ：忠は自己の良心に忠実なこと（真心）。恕は他人の身になって考える同情心のこと（思いやり）。

※愛

エロース	不完全な人間の完全なイデアへの憧れ（価値を求める愛）
フィリア	共同体の一員同士の友愛
アガペー	完全な神の絶対愛，無差別平等の愛，無償の愛，無条件の愛
慈　悲	生きとし生けるものへの慈しみと思いやり
仁	家族の自然な情愛をおし広めた人間愛
兼　愛	身分や親疎に関係なく，すべての人が互いに交わし合う無差別・対等の愛

【記述問題演習】

1　周王朝の勢力がしだいに衰えて，春秋・戦国時代に入り，諸侯が富国強兵のため，国内外から身分を問わず有能な人材を求めていた。

2　仁とは人間関係の根本となる心のあり方で人間への愛を意味し，礼とは仁を客観化した行為の規範である。

2　4-2　儒家思想の展開

＜重要事項チェック解答＞

1	性善説	2	惻隠	3	羞悪	4	辞譲	5	是非	6	仁	7	義	8	礼

1　性善説　　2　惻隠　　3　羞悪　　4　辞譲　　5　是非　　6　仁　　7　義　　8　礼
9　智　　10　浩然の気　　11　大丈夫　　12　五倫　　13　王道　　14　易姓革命　　15　性悪説
16　礼　　17　理気二元論　　18　居敬　　19　窮理　　20　格物致知　　21　心即理　　22　致良知
23　知行合一

【発展学習問題】

問1　正解は④。

a：「人の性は悪にして，善なるものは偽」と**性悪説**を唱えたのは**荀子**。四書の『大学』の言葉である「**修身・斉家・治国・平天下**」とは**修己治人**という**孔子**が述べた理念があらわれた言葉。自己の人格を完成することにより，家や地域社会，そして世界を平和にすることができると説いた。

b：**荀子**は人間の悪の本性は，礼によって後天的に矯正できるとした。そのため，「**規範**」が当てはまる。「**天命**」とは天から与えられた変えられない運命，寿命のこと。

問2　正解は③。孟子は**性善説**を説いた。

①「厳しい措置を講ずることも必要」から賞罰の厳しい励行により人民を統治する**法治主義**の**法家**の立場。

②「博愛の心」から**墨子**の立場。

④孔子の思想。孔子は**礼**に心のあり方である**仁**の具体的実践としての意味をもたせ，仁と礼が人間と社会の道を作り上げるものであるとした。

※五倫

関係	父子	君臣	夫婦	長幼	朋友
倫理	親	義	別	序	信

問3　正解は④。知ることと行うことは同じ心の良知から発する作用（**知行合一**）と説いたのは，**王陽明**である。①**居敬窮理**。②**理気二元論**。③**性即理**。

問4　正解は③。王陽明は心は理そのもので（**心即理**），人間は生まれながらにして善悪是非の判断能力（**良知**）を備えており，これを完全に発揮し（**致良知**），実践することが善であると説いた。

【記述問題演習】

1　王が徳に反する政治を行うなら，民衆の支持を失い，天命が別の者に移るという考え。

2　孟子は性善説を唱え，孔子の説いた心のあり方としての「仁」を重視したが，一方，荀子は性悪説を唱え，仁の客観的なあり方としての「礼」を重視した。

＜重要事項チェック解答＞

1 道	2 無	3 無為自然	4 自然	5 柔弱謙下	6 知足	7 小国寡民
8 大道廃れて仁義あり	9 万物斉同	10 無用の用	11 逍遙遊	12 心斎坐忘		
13 真人	14 墨子	15 兼愛	16 交利	17 非攻	18 節用	19 韓非子
20 法治主義						

【発展学習問題】

問題1

問1 正解は③。**老子**は孔子が説く仁や礼は人為的に作られたものであると否定し、「**道**」に従って生きる**無為自然**を説いた。

問2 正解は④。老子の思想、無為自然について述べている。無為とは人為的努力をやめて無作為になること、自然とはおのずからそうなるの意味で、道と一体となるとき、大いなる摂理がはたらき、秩序が実現される。老子は無為自然を人間の生き方と政治のあり方の理想と考えた。
①**孔子**の思想。②「是非……あるがままの実在の世界」は**荘子**の思想。③「道徳にこだわらず……生きるべきである」は**エピクロスの快楽主義**。エピクロスは苦しみは悪であり、悩みや動揺のない状態である快が善であり、外界のわずらわしさに影響されない心の平静さのことを**アタラクシア**と呼んだ。

問3 正解は③。**柔弱謙下**のこと。老子は、水のような生き方こそ、柔は剛を制して最終的に勝利を収めると説いた。
①**朱子**の**居敬窮理**のこと。②**王陽明**の**致良知**のこと。④**荀子**の**礼治主義**のこと。

問4 正解は④。善悪・美醜などの区別は相対的なものであり、すべてが斉しい価値をもつとする考えを**万物斉同**という。知恵や執着を捨てて自己を忘れて自然と一体になることを**心斎坐忘**と呼び、その境地に達した理想的な人間像を**真人**と呼んだ。
①「為政者が徳を失ったならば、天は為政者を交替させる」という考えを**易姓革命**という。②**孔子**の儒教の思想。
③**王陽明**は人間には生来、善悪や是非を判断する能力が備わっているとした。これを致良知という。ま

た、知ることと行動することは同じ心の良知から発すると説いた（**知行合一**）。

問題2 正解は③。墨子は自他を区別することなく、身分や血縁に関わりなく万人に平等に向けられる無差別の愛を**兼愛**と呼んだ。

※「道」の比較

儒　家	道　家
人間が行うべき人倫の「道」、道徳規範	宇宙の根本原理、万物の根源、「無」

※心の平安を求める思想

アパテイア	ゼノン（ストア派）	自然の本性である理性に従って感情や欲望を抑制する。
アタラクシア	エピクロス	感覚的な快楽の追求や、世間との必要以上の接触を遠ざける。
ニルヴァーナ（涅槃）	ゴータマ・シッダッダ	苦しみを生み出す原因を正しく理解することで、苦しみをなくす。
逍遙遊	荘子	己の心を虚にして、心身とも天地自然と一体になる。
則天去私	夏目漱石	小さな自我へのこだわりを捨て、自我を超えたより大きなものへと自らをゆだねる。

【記述問題演習】

1 穏やかなへりくだった態度で、常に人と争わないように暮らし、何ごともあるがままに任せて生きること。

2 万物は存在として同価値であり、すべてが一体となったまとまりをもって調和しているということ。

1　**ギリシャ思想**　⑴　ロゴス　　⑵　タレス　　⑶　ソフィスト　　⑷　プロタゴラス
　　⑸　ソクラテス　　⑹　知行合一　　⑺　プラトン　　⑻　エロース　　⑼　哲人政治（哲人王政治）
　　⑽　アリストテレス　　⑾　習性的徳（倫理的徳）　　⑿　中庸（メソテース）　　⒀　調整的正義
　　⒁　ストア派　　⒂　エピクロス派
2　**キリスト教・イスラーム（教）**　⑴　選民思想　　⑵　律法　　⑶　モーセ　　⑷　メシア
　　⑸　新約聖書　　⑹　福音　　⑺　原罪　　⑻　恩寵　　⑼　パウロ　　⑽　アウグスティヌス
　　⑾　スコラ哲学　　⑿　トマス・アクィナス　　⒀　アッラー　　⒁　ムハンマド（マホメット）
　　⒂　クルアーン（コーラン）
3　**インド思想**　⑴　ジャイナ教　　⑵　梵我一如　　⑶　輪廻　　⑷　解脱　　⑸　涅槃　　⑹　煩悩
　　⑺　無明　　⑻　大乗仏教　　⑼　慈悲　　⑽　ナーガールジュナ（竜樹）
4　**中国思想**　⑴　論語　　⑵　仁　　⑶　孟子　　⑷　荀子　　⑸　韓非子　　⑹　居敬窮理
　　⑺　良知　　⑻　老子　　⑼　荘子

3　1-1　日本の風土と古代日本人の思想

＜重要事項チェック解答＞

1　和辻哲郎　　2　モンスーン　　3　砂漠　　4　牧場　　5　受容　　6　合理　　7　八百万神（や　おろずのかみ）
8　祟り　　9　古事記　　10　天照大神（あまてらすおおみかみ）　　11　ハレ　　12　ケ　　13　まれびと　　14　穢れ（けがれ）
15　祓い　　16　禊（みそぎ）　　17　清き明き心　　18　万葉集

【発展学習問題】

問1　正解は④。③は，『古事記』にある，死んだ伊邪那美命に会いに行った伊邪那岐命の話にある。

問2　正解は④。日本に伝来した仏教の源流についての問題である。$\boxed{a}$が生まれ変わりについてが答えであることが分かれば，$\boxed{b}$は**輪廻**であることがわかる。$\boxed{c}$は，「結果をもたらす力を持つ行為」とあるので**カルマ（業）**が正解となる。

問3　正解は③。文脈から日本の神についての特徴を選ぶことになるので，③が正解となる。
①の創造主・裁きの神は，ユダヤ教の神である。
②は**祟り神**がもたらすが正しい。
④にある祟り神は，**祀る**ことで人々を守る神にかわるとされている。

問4　正解は①。折口信夫は，神は**まれびと**を起源とすると説いた。
②は，**古学**ではなく**新国学**が正しい。
③の「村落にとどまる……日本の神の原型である」は，**柳田国男**の思想である。
④は，「人類学や生物学の知見」ではなく「生活様式や信仰，民間伝承といった文学以外の資料」である。

【記述問題演習】

1　豊かな自然の中では，人間は自然に対抗する気分をおこさず，自然に対して受容的・忍従的になると考えた。

2　古代の日本人が大切にしていた心のあり方で，うそ偽りのない，何も包み隠さず，つくろい飾ることのない心のこと。

＜重要事項チェック解答＞

1　聖徳太子	2　十七条憲法	3　和	4　凡夫	5　三経義疏	6　世間虚仮，唯仏是真
7　鎮護国家	8　鑑真	9　行基	10　加持祈禱	11　最澄	12　法華経
13　一切衆生悉有仏性	14　山家学生式	15　空海	16　大日如来	17　密教	
18　即身成仏	19　三教指帰	20　神仏習合	21　本地垂迹説		

【発展学習問題】

問1　正解は④。十七条憲法では，第1条に「和をもって貴しとなす。」，第2条に「篤く三宝を敬へ。三宝とは仏・法・僧なり。」，第10条に「……ともに是れ凡夫ならくのみ。」とある。どれも重要事項であるので，押さえておこう。

問2　正解は②。文脈から，東大寺の盧舎那仏は，国分寺・国分尼寺の建立の総仕上げとして造立され，鎮護国家の象徴となった。

問3　正解は③。空海は最澄とは異なり，南都六宗との対立はなく，むしろ理解を示し，東大寺別当に就任している。また，空海が唐からもたらした真言宗は，大日如来を本尊とし，三密を修めて即身成仏することを説いた。

問4　正解は④。最澄は，空海とともに唐に渡り，帰国後天台宗を開いた。彼は『法華経』に説かれている一乗思想を中核とし，人間，動物に限らず草木も成仏できるとする一切衆生悉有仏性を説いて，成仏できる者は限られていると説く法相宗の徳一と論争を繰り返した。また，南都六宗と対立し，大乗戒壇の設立を朝廷に願い出て，死後認められた。

【記述問題演習】

1　仏の教えの本質はただ一つであるという『法華経』の教えを中心とし，すべての衆生に仏性があることを強調した。

2　インドの仏や菩薩が衆生救済のために，仮に神となって日本の国土に現れるとする考え方。

＜重要事項チェック解答＞

1　末法思想	2　末法	3　阿弥陀仏	4　空也	5　源信	6　厭離穢土，欣求浄土
7　観想念仏	8　法然	9　他力	10　専修念仏	11　南無阿弥陀仏	12　称名
13　親鸞	14　悪人正機	15　悪人	16　歎異抄	17　絶対他力	18　報恩感謝
19　自然法爾	20　一遍	21　踊り念仏			

【発展学習問題】

問1　正解は②。法然は，浄土宗を開いて『選択本願念仏集』を著した。彼は，その著書で，あらゆる宗派の教えを踏まえた上で，釈迦の教えを説いた教典の中でどれが最も優れた教典かではなく，末法の世にとって最もふさわしいものはどれか，という視点で，極楽浄土へ往生する教え（浄土門）を選んだ。そして，法然は，さらに聖道門（難行）と浄土門（易行）に分けた。末法の世では，聖道門による修行を行っても，本質的なところで根本的な誤解をし

ていることに気づくことができないと考えた。そこで，ただただ仏の力を信じてその力に支えられて仏国土へ往生することしか方法がないと説いた。法然は，どうあがいても救われることができない凡夫に焦点を当てて，凡夫が仏と一体になるためにどうすることがよいのかを真剣に考えた結果，称名念仏を選んだ。そこには，悟りにはほど遠い劣った存在に見られている凡夫が"自力で悟りを得ることができる存在と同じところまで行ける"という新しい価値基準を示したという逆転的な発想があり，当時として

は大変革新的なものとして受け取られた。法然の教えは，弟子の**親鸞**によって受け継がれた。彼は，念仏を称えるのは阿弥陀仏のはからいであると説いた（**報恩感謝の念仏**）。また，**一遍**は空也の踊り念仏を取り入れてより多くの人々に広めた。

問2 正解は③。唯円の著書『**歎異抄**』の第二条と第四条には，**浄土**という言葉が出てくる。浄土は，阿弥陀仏が築き上げた世界であるから，自力を捨て阿弥陀仏の力にすがる他力こそが阿弥陀仏の**本願**にかなっていると説く。

問3 正解は④。**悪人**とは，自己の無力と限界を自覚しつつも自力で悟りを得ることができない人のことである。ここが分かれば，①～③が善人の例になっていて，誤りであることがわかる。

※鎌倉仏教の特徴

選択	易行	専修
各宗派が明確な教えを選ぶ	一般の人でもできる修行	ひたすらそれのみを行うこと

※鎌倉仏教のまとめ

法然	浄土宗	専修念仏	他力救済
親鸞	浄土真宗	絶対他力	悪人正機
一遍	時宗	踊念仏	極楽往生
栄西	臨済宗	公案禅	禅定・解脱
道元	曹洞宗	只管打坐	身心脱落
日蓮	日蓮宗	法華経信仰	立正安国

【記述問題演習】

1 仏陀の入滅後，徐々に教えが廃れていき，修行する者も悟りを得る者もいなくなり，教法のみが残る世が到来するという考え。

2 煩悩を抱えた人間が浄土に往生できるのは，完全に阿弥陀仏の救済の力によるものであり，自ら唱えているように思っている念仏や信心すら，阿弥陀仏の働きに由来するという立場。

3 2-3 仏教の日本的展開(2)

＜重要事項チェック解答＞

1 栄西	2 公案	3 道元	4 正法眼蔵	5 只管打坐（しかんたざ）	6 身心脱落	7 修証一等（しゅしょういっとう）
8 日蓮	9 立正安国論	10 法華経	11 唱題	12 南無妙法蓮華経		13 四箇格言
14 無常観	15 幽玄	16 わび	17 さび	18 千利休		19 松尾芭蕉

【発展学習問題】

問1 **a** の正解は①。**b** の正解は②。**a** は，「ただひたすら禅に打ち込めば（**只管打坐**），そのまま悟りを得ることができる」とあるので，これを説いた人物は曹洞宗を開いた**道元**である。

b は，「他宗を激しく攻撃した」（**四箇格言**）という言葉があるので，日蓮宗（法華宗）を開いた**日蓮**。道元は，栄西とともに末法であっても**自力**で悟りを得ることができるという立場を貫いた。一方，日蓮は，この世に仏国土を実現するために求められるものは，すべて『**法華経**』に記されていると考え，鎌倉幕府に『**立正安国論**』を提出して，『法華経』の教えに基づいて政治を改めることを説いた。さらにやがては国難が来ると言って元寇の襲来を予言した。彼は，様々な弾圧にも負けず，人々に「**南無妙法蓮華経**」を唱えること（唱題）を広めた。源信は『**往生要集**』を著して，**厭離穢土**，**欣求浄土**を広めた。

問2 正解は⑦。**法然**は，身分や能力に応じた称え方はしていない。また，禅に**公案**を取り入れて悟りを得る修行を広めたのは，**臨済宗**を開いた**栄西**である。

問3 正解は④。「わび」は，物質的に不要なものをそぎ落として得られる安住の心である。貧素・不足のなかにあって，そこから心の充足をみいだそうとする意識とも言われ，村田珠光によって始まった侘び茶の発展とともに確立していった美意識である。

「**幽玄**」は，もともと仏教思想の本質が深遠であ

り微妙なことを意味していたが，日本に伝わると，芸術における美の奥深いところにある本質を表す言葉になった。

「さび」は，閑寂さのなかにおのずとある，奥深さや豊かなものを感じられる美しさである。見かけや外装とは関係のない，古びたものの内側からにじみ出てくるような美しさとも言い，松尾芭蕉の俳句によって確立した美意識である。

「いき」は江戸町人の美意識のことで，九鬼周造の著書『いきの構造』によると，「意気込みを持つことを意味する意気地」，「艶めかしさを意味する媚態」，「さっぱりとした気風を意味する諦め」の3つを要素として成り立っているという。

【記述問題演習】

1 坐禅の修行は悟りのための手段ではなく，修行を行うことがそのまま悟りであるということ。

2 誰にでも実践可能な易行を選び一つの行へ集中したことや，無知な人や罪人にも救済の道を開き，庶民の間に信仰が広がる契機となったことなどが挙げられる。

3 3-1　日本における儒教の受容

＜重要事項チェック解答＞

1　藤原惺窩	2　林羅山	3　理	4　上下定分の理	5　敬	6　存心持敬
7　山崎闇斎	8　垂加神道	9　新井白石	10　雨森芳州	11　中江藤樹	12　孝
13　愛敬	14　時	15　処	16　位	17　良知	18　知行合一	19　熊沢蕃山	20　治山治水

【発展学習問題】

問1　正解は③。a〜dの4つの文の順序は起承転結を整序すれば正解できる。cは「天地の上下」が人間にも当てはまるという大前提であり，その次にdで人間社会にある「臣下」の差別が述べられている。これは，「臣下にも」という語からも文脈上理解できる。さらにbでは，cとdを受けて，「国が治まること」に主題が転じ，aにより結びとなる「人心を治める」ことが述べられる。林羅山は，藤原惺窩から朱子学を学び，江戸幕府の支配原理として定着させた。朱子学は，宋の時代に登場した朱熹（朱子）によって，これまでの儒教の教えに哲学的要素を加えて大成された。万物の原理を理とし，それが人間社会では五常（仁・義・礼・智・信）という道徳的秩序の本質となって現れていると説く。林羅山は，この理を封建社会における身分秩序の本質である上下定分の理を説いた。羅山は，自己の欲望を抑えて日常の所作や言動をつつしむ（敬）ことを行動の指針とした。上下定分の理を常に実践するために，基本となる人間関係におけるあり方である五倫（君臣の義・父子の親・夫婦の別・長幼の序・朋友の信）を挙げた。

問2　正解は③。中江藤樹は，朱子学を日常の中で実践することに疑問を感じていたところ，陽明学と出会った。その後，陽明学の主体的に実践することの重要性を柱において自らの思想を確立し，日本における陽明学の祖となった。彼は，理を用いて説明される陽明学の理論的なところをすべて省き，身分に関係なくすべての人に共通して内在するものを孝と位置づけ，その基本は敬愛であるとした。そして，孝の実践は，誰もが生まれ持っている良知（是非善悪の判断力）が，内省の工夫を加えることで自らの修養に生かす知行合一があり，内省の工夫の押さえどころとして，時（時期）・処（場所）・位（身分）を重視した。彼の思想は，熊沢蕃山に受け継がれた。順序立ててその意味を説明することができるか，用語一つひとつの意味を丁寧に確認しながら復習しておこう。

【記述問題演習】

1　上下定分の理とは，万物の間には上下尊卑の秩序があり，このことは人間社会の法則としての人倫の道においても例外ではないとする考え。

2　中江藤樹は，「愛敬」すなわち真心をもって人と親しみ，目上の人を敬い目下の人を軽侮しない心である「孝」をすべての人間関係の根本とした。

＜重要事項チェック解答＞

1　山鹿素行	2　古学	3　士道	4　三民の師表	5　葉隠	6　伊藤仁斎	7　古義学
8　人倫日用の道	9　愛	10　誠	11　真実無偽	12　忠信	13　忠	14　信
15　荻生徂徠	16　古文辞学	17　先王の道	18　安天下の道	19　礼楽刑政	20　経世済民	

【発展学習問題】

問1　　a　の正解は④。山鹿素行と伊藤仁斎は，朱子学を批判して孔子に立ち返るべきだと主張した。

問2　　i　の正解は②。　ii　の正解は④。武士が目指す道とあるため，　i　は②が正解となる。**山鹿素行**は，武士道を確立し，**古学**を創始した。彼は，武士は，儒教道徳を体現する模範的存在であるとし，農民・職人・商人の先頭に立って指導する立場にあるとする**三民の師**を説き，三民の師こそが士の職分つまり**士道**であるとし，支配者階級としての武士のあり方を示した。また，　ii　は，「理を重視すると他者に対して心が狭くなってしまう」とあるので④が正解となる。**伊藤仁斎**は，仁の本質は愛であると説き，愛は人間関係の基本であるだけでなく，物事すべての基本であると述べた。彼は，愛は**誠**の徳によって成り立つとし，**真実無為**が誠の本質であるとした。そして，**忠信と忠恕**の実践を自ら進んで行うことによって儒学の理想が実現できると主張した。伊藤仁斎は，『**論語**』だけでなく，さらに『**孟子**』を読み，儒学本来の意味を明らかにする**古義学**を創始した。中国古典の読解技法は，日本の古典に対しても応用されるようになり，**国学**の誕生をもたらした。

問3　正解は②。朱子学を批判した最大のポイントは，理論を重視するあまり，実践を軽視して日常に役に立たない知識になってしまうことにあった。このような批判から，古学の他に国学が生まれ，さらには身分を超えた民衆の思想が登場する。本文穴埋め問題では，ただ空欄の前後を読むのではなく，全体の流れをつかみながら判断する力を身につけておく必要がある。

問4　正解は④。**赤穂浪士の討ち入り**とは，1701年に赤穂藩主の浅野長矩が，私怨により江戸城の松の廊下で高家の吉良義央に切りつけて負傷させた事件。当時，江戸城では朝廷からの使者の接待の最中であったことと，負傷した吉良義央が抜刀しなかったことから，切りつけた浅野長矩は即日切腹し赤穂藩は改易となった。吉良義央はお咎め無しという裁きに納得いかなかった浅野家家臣47名が，2年後に吉良義央に対して主君の仇討ちをした事件である。幕府は討ち入りに対して，主君に対する忠義を貫いた義人とするか，秩序を破り公儀を乱した不義であるとするかで意見が対立した。**室鳩巣**は，義人であるとしたが，**荻生徂徠**は秩序を重んじ不義であると主張した。その結果，荻生徂徠の意見が採用されて，討ち入りをした家臣全員は切腹の処分となった。

【記述問題演習】

1　古学は，朱子学が理を強調するあまり，しばしば孔子や孟子の言行とかけはなれた主張を展開する独断的傾向を批判し，儒教古典を文献学的に忠実に解読して，聖人の思想を直接くみとっていこうとする方法を主張した。

2　荻生徂徠は，儒学の本来の精神を，中国古代の理想の君主が，国を治め民を安んずるために人為的につくった経世済民の道である聖人の道，すなわち古代の「先王之道」に立ち返ることであると考えた。

＜重要事項チェック解答＞

1	契沖	2	賀茂真淵	3	ますらをぶり	4	高く直き心	5	本居宣長	6	惟神の道

7	漢意	8	真心	9	もののあはれ	10	平田篤胤	11	復古神道	12	石田梅岩
13	石門心学	14	正直	15	倹約	16	安藤昌益	17	法世	18	自然世	19	万人直耕
20	二宮尊徳	21	報徳	22	分度	23	推譲						

【発展学習問題】

問1で①を選択した場合の正解

　問2　②　　**問3**　②　　**問4**　④

　問1の①を説いた**本居宣長**は，**惟神の道**について述べているので**問2**は②が正解となり，彼が大成させた国学は和歌で詠まれる心の本質を問うものとして発展した経緯から**問3**は②が，**問4**は④が正解となる。

問1で②を選択した場合の正解

　問2　④　　**問3**　④　　**問4**　②

　問1の②を説いた**石田梅岩**は，「真の商人」について述べているので**問2**は④が正解となり，商工業の発展を背景に商人の売利を正当化したことから**問3**は④が，**問4**は②が正解となる。

問1で③を選択した場合の正解

　問2　①　　**問3**　③　　**問4**　①

　問1の③を説いた**安藤昌益**は，**万人直耕**を説いているので**問2**は①が正解となり，現実の世を法世と呼んで批判し，本来の自然世に変えるべきだと説いた

ことから**問3**は③が，**問4**は①が正解となる。

問1で④を選択した場合の正解

　問2　③　　**問3**　①　　**問4**　③

　問1の④を説いた**二宮尊徳**は，**天道**と**人道**について述べているので**問2**は③が正解となり，彼は農村復興に尽力したことから**問3**は①が，**問4**は③が正解となる。

【記述問題演習】

1　本居宣長は，日本神話の神々の振る舞いに発する習俗に，私心を捨てて従うことを惟神の道として重視した。この道は，道理によって道を理解しようとする考え方（＝「漢意」）を捨てるところに見いだされるもので，ありのままの「真心」にかなったものであるとする。

2　石田梅岩は，商人の職分の意義を説き，常に正直と倹約の心で商売に懸命に励むなら，利潤追求も正当な営みになると唱えた。

＜重要事項チェック解答＞

1	解体新書	2	渡辺崋山	3	佐久間象山	4	東洋道徳・西洋芸術	5	吉田松陰	6	明六社
7	森有礼	8	西周	9	明六雑誌	10	福沢諭吉	11	門閥制度は親の敵で御座る		
12	天賦人権論	13	独立自尊	14	実学	15	一身独立して一国独立す	16	脱亜論	
17	植木枝盛	18	中江兆民	19	自由民権運動	20	恩賜的	21	恢（回）復的		

【発展学習問題】

問1　正解は，　a　が①，　b　が②，　c　が④。
　　　　　　　　　i　が②，　ii　が③，　iii　が④。

　a　は，「人々の独立心を育てて近代国家にふさわしい国をめざそうとした」とあるので，①が正解。

したがって，　i　は②が正解となる。**福沢諭吉**は，**天賦人権論**を唱えて人権の平等を説くが，社会的な地位の違いなどがあるのは，学問があるかないかの違いにあるとし，**実学**を学ぶことを推奨した。彼は，実学をとおして実際の社会現象なり生活が成り

立っている事象の奥にある道理をつかむことが重要であるとし，実学を学ぶことで人民全体の水準が保たれることで，よりよい政府ができると考えた。そのためには，臆病になったり無関心や無責任な心を捨てて，主体的・積極的に学び，それを自らの力で生かしていく気風，すなわち**独立自尊**の精神の必要性を説いた。そして，何事も人に操られていては外国に国を売るようなことになりかねないと述べ，政府だけに任せておくだけでは近代国家は成り立たない（**一身独立して一国独立す**）とし，国民の育成を目指した。

b は，「フランスに留学経験がある」とあるので，②が正解。したがって ii は③が正解となる。**中江兆民**は，フランス留学中にルソーの『**社会契約論**』を学んだ。帰国後それを翻訳して『**民約訳解**』を著したことで，**東洋のルソー**と呼ばれ，**自由民権運動**に大きな影響を与えた。為政者から与えられた**恩賜的民権**を，本来の人権である**恢復（回復）的民権**にしていくには，国民が物事にある根本的な道理に沿って考えることができるように道徳をおこして教育を盛んにすることだと考えた。

c は「私擬憲法を作成し」とあるので，④が正解。したがって iii は④が正解となる。**植木枝盛**は，**主権在民**と**天賦人権**を柱とし，**抵抗権**を認めた**東洋大日本国国憲按**を作成し，『**民権自由論**』を著して，**自由民権運動**を思想面で支えた。**佐久間象山**

は，これからの日本は，古来日本の伝統的精神の上に，西洋の進んだ科学技術や軍事などを受容して日本を近代国家に生まれ変わらせることが重要であると考え，**東洋道徳，西洋芸術**を説いた。

問2 正解は①。杉田玄白は，解剖学の翻訳書として『解体新書』の刊行に尽力した。

②は，条理学が正しい。

③は，幕府の鎖国政策を批判したが正しい。

④は，適塾を開いたが正しい。

問3 正解は②。吉田松陰は，『孟子』にある「至誠にして動かざる者は未だ之れあらざるなり」の言葉に感銘を受けた。そして，**誠**の心を徹底的に貫くことによって道は拓け，さらにその心は多くの人々を動かし，死後も伝わり続けると考えた。さらに，誠の心で天下万民の上に立つ君主たる天皇の下に結集して国難を乗り切り，日本を近代国家に導くことができるとする**一君万民論**を説いた。

【記述問題演習】

1 東洋の道徳（和魂）と西洋の科学技術（洋才）のそれぞれの長所を取り入れて，国力を充実させるという考え。

2 「恩賜的民権」とは，為政者によって上から人民に恵みあたえられた民権のことであり，「恢復的（回復的）民権」とは，人民が下から勝ち取った民権のこと。

3 5-2 キリスト教の受容と国家主義・社会主義

＜重要事項チェック解答＞

1	内村鑑三	2	二つのJ	3	不敬事件	4	非戦論	5	無教会主義	6	新島襄
7	植村正久	8	新渡戸稲造	9	武士道	10	徳富蘇峰	11	平民主義	12	国家主義
13	西村茂樹	14	三宅雪嶺	15	国粋主義	16	北一輝	17	超国家主義	18	幸徳秋水
19	平民新聞	20	片山潜	21	木下尚江	22	河上肇				

【発展学習問題】

問1 正解は①。イエスは，律法の本質にあるものは神の愛であるとし，神の愛と隣人愛を説いた。

②は，裁きの神として信仰しているユダヤ教の神である。

③は，和辻哲郎が『古事記』『日本書紀』にみられる神の性格について述べたものである。

④は，柳田国男の著書『祖先の話』にある，人々が昔から信じられてきている祖先の霊との関わりを述べたものである。

問2 正解は④。『旧約聖書』の「創世記」にある楽園追放の話を根拠に，人間は原罪を背負っているとした。アウグスティヌスは，そうした人間を救い永遠の命を与えるのは神の愛しかないという恩寵を唱

えた。このように，日本思想は**仏教・儒教・キリスト教**など海外から伝わったものが多いため，関連する源流思想とのつながりも復習しておこう。

問3 正解は④。
①『**代表的日本人**』は，**内村鑑三**の著書である。
②同志社を設立した**新島襄**の思想である。
③『**武士道**』は**新渡戸稲造**の著書で，**植村正久**は，教会と伝道に生涯を捧げて日本プロテスタント教会の中心的存在となった人物である。

問4 正解は③。**南方熊楠**は，鎮守の森が破壊されるとして**神社合祀令**に反対した。

【記述問題演習】
1 無教会主義とは，教会の教義や組織にとらわれることなく，聖書のみにもとづく信仰を主張し，独立した個人として神の前に立つことを主張する考え。
2 急激な西洋化による道徳秩序の混乱を危惧し，儒学を基本に西洋の哲学などを部分的に折衷して，皇室崇拝を唱えた道徳のこと。

3 5-3　近代的自我の確立と大正期の思潮

＜重要事項チェック解答＞

1　近代的自我	2　夏目漱石	3　内発的	4　外発的	5　自己本位	6　個人主義
7　則天去私	8　森鷗外	9　諦念	10　ロマン	11　北村透谷	12　島崎藤村
13　与謝野晶子	14　武者小路実篤	15　吉野作造	16　民本主義	17　平塚らいてう	
18　青鞜	19　女性	20　部落解放運動			

【発展学習問題】
問1 正解は①。**夏目漱石**は，**自己本位**を説いた。そこには，文明開化をとおして欧米の文物が流入され，ただただ欧米人の評することに盲従している人々が多いことを危惧し，一人の独立した日本人としての個の確立こそが重要であるという思いがある。個の確立は，個人の自由とともに，一人一人の幸福のために個性の発展をもたらすという彼の強い信念があった。この考え方は，晩年になって**則天去私**という境地をもたらした。
②**森鷗外**の諦念（レジグナチオン）である。
③**北村透谷**の想世界である。彼は，内面的な自我を確立するために内部生命論を説いた。
④和辻哲郎が「人間の学」と呼んだ倫理学の柱となる概念である。彼は，著書『**人間の学としての倫理学**』の中で，個人と社会との相互作用の重要性に着目して人間を**間柄的な存在**であると考えた。その上で，個人だけになると利己主義に陥り，社会だけになると個々人を抑圧する全体主義に陥ることを説いた。
問2 正解は①。**吉野作造**は，**民本主義**をとおして普通選挙の実現と政党内閣の実現を訴えた。
問3 正解は⑤。

アの**木下尚江**や**片山潜**らとともに，社会民主党を結成したのは**安部磯雄**である。彼は，同志社を卒業後アメリカでさらに神学を学び，帰国後は社会主義運動に参加し，日露戦争では**内村鑑三**とともに**非戦論**を説いた。
イの**中江兆民**の思想を受けて，社会主義の思想を深めたのは**幸徳秋水**である。彼は安部磯雄らとともに社会民主党を結成し，日露戦争では『**平民新聞**』をとおして**非戦論**を唱えた。渡米してからは，無政府主義の影響を受けて議会主義を否定し，**大逆事件**で逮捕された。
ウの**青鞜社**の設立者は**平塚らいてう**で，**女性解放運動**の中心的存在となり，**市川房枝・奥むめお**らと新婦人協会を設立した。彼女らの主張は，**大正デモクラシー**の潮流に乗って多くの女性たちに支持され，**女性参政権運動**も展開した。**景山（福田）英子**は，**岸田俊子**らとともに**自由民権運動**に参加して男女同権を訴え，女性解放運動の出発点を担った。

【記述問題演習】
1 他人に依存せず，自分の考え信ずるところを基本として，内面的自己の主体性を確立すること。単なる利己主義とは異なり，自他が互いを尊重しあい，

それぞれの個性を存分に発揮して生きることでなければならない。

2 デモクラシーの訳語ではあるが，主権の運用は人民の幸福と福利を目的とするという考え方。

3 5-4 近代日本哲学の成立と昭和期の思想

＜重要事項チェック解答＞

1 西田幾多郎	2 善の研究	3 純粋経験	4 主客未分	5 和辻哲郎		
6 人間の学としての倫理学	7 間柄的存在	8 風土	9 柳田国男	10 常民	11 習俗	
12 折口信夫	13 まれびと	14 南方熊楠	15 柳宗悦	16 民芸	17 宮沢賢治	
18 小林秀雄	19 坂口安吾	20 丸山真男				

【発展学習問題】

問1 正解は①。西田幾多郎が説いた**絶対無**の考え方は，**純粋経験**を突き詰めたところの境地と言える。彼は，**デカルト**以来の伝統的な考え方になっている西洋哲学における**二元的思想**を批判し，**物心一元論**の立場に立った。したがって，②と④は誤り。また，世界の実相は，多なるものと１つの世界が相互に矛盾して対立しながら同一であるという**絶対矛盾の自己同一**を唱えたので，③は誤りである。

問2 正解は④。**柳宗悦**は，これまで下手物として扱われてきた日常の品々に，独特の優れた美があることを発見し，**民芸**と名付け，その普及に努めた。

①は**柳田国男**の著書『**先祖の話**』にある祖先の霊について述べたものである。

②は**伊波普猷**についての記述で，彼は**沖縄民俗学**の確立に尽力した。

③は**九鬼周造**の思想で，彼は著書『**「いき」の構造**』の中で，江戸時代の美意識として「いき」とは何かを述べ，「いき」の反対にあるものは「野暮」であるとした。

問3 正解は②。**丸山真男**は，著書『**超国家主義の論理と心理**』で，日本人の無責任な体質とファシズムについて批判的検討を行っている。**坂口安吾**は，著書『**堕落論**』で，人間が本来の姿に戻ることを**堕落**と呼び，太宰治らとともに無頼派と言われた。**諦念**は，**森鴎外**の思想である。

【記述問題演習】

1 人間は他人から孤立した状況では存在しえず，関係性の中で生きる存在であるということ。

2 文献に頼らず，民間伝承や信仰を素材として，庶民の生活の中に伝わっている文化を研究する学問のこと。

| 1 | 日本の風土と古代日本人の思想 | (1) 和辻哲郎 | (2) 折口信夫 | (3) アニミズム |

1　日本の風土と古代日本人の思想　(1) 和辻哲郎　(2) 折口信夫　(3) アニミズム
(4) 柳田国男

2　仏教の受容と日本的展開　(1) 聖徳太子　(2) 十七条憲法　(3) 鎮護国家　(4) 行基
(5) 南都六宗　(6) 最澄　(7) 一切衆生悉有仏性　(8) 密教　(9) 神仏習合
(10) 本地垂迹説　(11) 浄土信仰　(12) 法然　(13) 親鸞　(14) 自然法爾　(15) 只管打坐
(16) 身心脱落　(17) 日蓮

3　儒教の日本的展開　(1) 林羅山　(2) 上下定分の理　(3) 山崎闇斎　(4) 山鹿素行
(5) 葉隠　(6) 伊藤仁斎　(7) 誠　(8) 荻生徂徠　(9) 先王の道　(10) 経世済民

4　国学と民衆の思想　(1) 契沖　(2) 賀茂真淵　(3) 本居宣長　(4) もののあは(わ)れ
(5) 平田篤胤　(6) 石田梅岩　(7) 安藤昌益

5　西洋近代思想と日本　(1) 佐久間象山　(2) 吉田松陰　(3) 明六社　(4) 福沢諭吉
(5) 中江兆民　(6) 内村鑑三　(7) 新渡戸稲造　(8) 西村茂樹　(9) 夏目漱石
(10) 西田幾多郎　(11) 柳宗悦

4 1-1　ルネサンス

＜重要事項チェック解答＞

1　ルネサンス　　2　ヒューマニズム　　3　ギリシャ・ローマの古典文化　　4　万能人
5　ピコ・デラ・ミランドラ　　6　人間の尊厳について　　7　自由意志　　8　マキャベリ
9　君主論　　10　マキャベリズム　　11　ダンテ　　12　デカメロン　　13　ボッティチェリ
14　レオナルド・ダ・ヴィンチ　　15　ミケランジェロ　　16　ラファエロ　　17　エラスムス
18　トマス・モア

【発展学習問題】

問1　正解は④。人文主義（ヒューマニズム）はギリシャ・ローマの古典文献研究から生まれた**人間性尊重の精神**を特徴とする。ボッカチオが著した『**デカメロン**』では，高名・高徳で名高い人間の赤裸々な情欲や金銭欲・名誉欲が余すところなく語られており，「信仰による貞潔の必要を説いた」のではないので誤りである。

①エラスムスの『**痴愚神礼讃**』は，聖職者の腐敗・堕落を風刺的に批判した作品。**ルター**との間に「**自由意志論争**」が行われ，エラスムスは人間の**自由意志**を認める立場をとる。

②ピコ・デラ・ミランドラは神が人間に**自由意志**をあたえたと考えた。

③ダンテの『**神曲**』は魂の浄化を描いた。

問2　正解は①・③（順不同）。【　X　】には「近代化」が入る。

①マキャベリは『**君主論**』で政教分離を説く。

③ウェーバーは『**プロテスタンティズムの倫理と資本主義の精神**』で，プロテスタントの禁欲的職業倫理が資本主義発展の精神的支柱となり，**脱魔術化**が**合理化**を導き，西洋の**近代化**に貢献したと説いた。

②フィチーノは当時のプラトン研究の第一人者として活躍したが，近代化を説いたのではない。

④**トマス・モア**は『**ユートピア**』で，私有財産による貧富の差を指摘したのであり，**社会主義**による社会の近代化を説いたのではない。

問3　正解は②。ボッティチェリは「**ヴィーナスの誕生**」において女性の肉体美を描いた。

①「**最後の晩餐**」はレオナルド・ダ・ヴィンチの作品。

③「アテネの学堂」を描いたのはラファエロであり，プラトンの指を上に向けて描き，天上界のイデア論を**理想主義**として示し，アリストテレスの指を

下に向けて描き，地上界において個物に内在する**イデアが形相（エイドス）**として実現されるという**現実主義**を指の動きで示した。

【記述問題演習】
1 人文主義（ヒューマニズム）とは元来は古代ギリシャ・ローマの古典研究を指したが，そこから中世の封建的権威から人間性を解放し，人間の尊厳を重視するルネサンスをつらぬく思想・運動となった。
2 ピコ・デラ・ミランドラは人間の尊厳の根拠を，人間は自由な意志によって自分自身のあり方を決めることができる点に求めた。

4 1-2 宗教改革・モラリスト

＜重要事項チェック解答＞

1 贖宥状（免罪符）	2 ルター	3 95ヵ条の論題	4 信仰義認説	5 聖書中心主義
6 万人司祭主義	7 職業召命観	8 カルヴァン	9 予定説	10 カルヴィニズム
11 M.ウェーバー	12 プロテスタンティズム	13 イエズス会	14 モンテーニュ	
15 ク・セ・ジュ	16 パスカル	17 中間者	18 考える葦	19 幾何学的精神
20 繊細な精神				

【発展学習問題】
問1 正解は a が④， b が①， i が③， ii が①。aにはキリスト教的人文主義の立場から**自由意志**を論じ，それを認めると説いた④**エラスムス**が入る。bには反対の主張をした①**ルター**が入り，彼は神が人間に自由意志をあたえたことを認めなかった。この二人の論争を**自由意志論争**という。従ってiには③が入り，iiには①が入る。人名②には言葉②が対応し，人名③に対応する言葉は④である。
問2 正解は③。リード文の文脈は，信仰を神と人間の相互作用と捉える。人間から神への信仰の営み，神から人間への救済が相互作用である。ここから③**カルヴァン**の**予定説**が あ に当てはまる。キリスト者は自己の救済を知り得ないが信仰に励む行為によって自己の救済を確信する。この信仰の営みは消極的ではなく，救済を目指した積極的な営みである。
①**エラスムス**のカトリック批判は文脈に合わない。
②**ルター**の**職業召命観，万人司祭主義**は文脈に合わない。
④**ウェーバー**によれば，**プロテスタンティズム**（カルヴィニズム）の禁欲的職業倫理は資本主義発展の精神的支柱として説かれたものであり，文脈に合わない。
問3 正解は②。**パスカル**は『**パンセ**』において，人間を偉大さと惨めさの間にある**中間者**と捉え，人間の惨めさとは人間存在の弱さであり，偉大さとは無限の宇宙をも包括しうる思考力，**理性**を備えていることである。このような中間者としての人間存在をパスカルは「**考える葦**」と表現した。パスカルとともにモラリストの代表として押さえたい**モンテーニュ**は，『**エセー**』において「**私は何を知るか（ク・セ・ジュ）**」を課題に真実について思索した。

【記述問題演習】
1 罪の救済はすべて神の意志によって定められており，教会の教義や儀式はもちろん，個人の信仰によるものでもないという考え方。
2 人間は自然界のなかでは最も弱い存在であるが，一方で人間は考えることができる点で，あるいは自分の悲惨さを知っているという点で偉大であるとして，人間を偉大と悲惨の中間者ととらえた。

＜重要事項チェック解答＞

1 コペルニクス	2 ガリレイ	3 ニュートン	4 機械論的自然観	5 ベーコン

1 コペルニクス　　2 ガリレイ　　3 ニュートン　　4 機械論的自然観　　5 ベーコン
6 知は力なり　　7 イドラ　　8 種族のイドラ　　9 洞窟のイドラ　　10 市場のイドラ
11 劇場のイドラ　　12 帰納法　　13 ロック　　14 バークリー　　15 ヒューム　　16 デカルト
17 方法的懐疑　　18 私は考える，ゆえに私は存在している（我思う，ゆえに我あり）　　19 演繹法
20 物心二元論　　21 スピノザ　　22 ライプニッツ

【発展学習問題】

問1　正解は④。ベーコンは４つのイドラをあげ，大勢の人が集まる場所での虚言や噂話が真実と誤解されやすい**市場のイドラ**，③人間という種族に共通する偏見，例えば感覚で認識した内容を真実と思い込む**種族のイドラ**，①環境に制約された認識を正しいと思い込む**洞窟のイドラ**，②権威の主張を真実と思い込みやすい**劇場のイドラ**を指摘した。

※イドラ

種族のイドラ	人間という種族に共通の偏見
洞窟のイドラ	個人の性格・環境から生じる偏見
市場のイドラ	言語の不適切な使用から生じる偏見
劇場のイドラ	伝統と権威への盲信から生じる偏見

問2　正解は a が①，b が②。i が③，ii が②。リード文の「b は……人間の認識能力としての理性を重視した」から**人名 b**，**言葉 ii** には**大陸合理論**が該当し，「それに反対して……」から，**人名 a**，**言葉 i** には**イギリス経験論**が該当することが分かるが，言葉の選択肢と考え合わせると a には①ロックが入り，i には③が入る。b には②ライプニッツが入り，ii には②「人間には生来，真偽・善悪の観念がある」が入る。ライプニッツはロックの**言葉**③「人間の心は白紙（タブラ＝ラサ）である」を批判した。**人名**③経験論者バークリーは「存在するとは知覚されることである」と述べ，存在は知覚（＝経験）に基づく観念であると説いた。**人名**④経験論者ヒュームは懐疑論を唱え，**言葉**①「心は知覚の束である」と述べた。ヒュームは**知覚（＝経験）が結びついて知が成立**すると考えた。**言葉**①はスピノザのもの，**言葉**④は目的論的自然観を示すものである。

問3　正解は②・④（順不同）。知の源泉として，先天的な認識能力である**理性**を根拠に据えるのが大陸合理論の考え方。

②は**演繹法**の考え方を説明した文として大陸合理論に適合する。一般法則を事例に適用して，それが当てはまるか否かを推論して結論を導き出す思考法。デカルトが提起した。

④**デカルト**が『**方法序説**』で方法的懐疑により導き出した**明晰判明な原理**「私は考える，ゆえに私は存在する（コギト・エルゴ・スム）」を正しく説明している。思考する私の存在だけは疑い得ない事実であるとみなし，**思考（コギト）に近代的自我（主体）**を見出した。

①**帰納法**の考え方。ベーコンが提起した。**観察・実験（＝経験）**から事実を集め，共通する性質から**一般法則を導き出し，仮説を実証する思考法**である。

③「**知は力なり**」と述べたベーコンの思想。自然法則の知は人間が生活を豊かなものにする力になると考えた。

問4　正解は①。「**知は力なり**」と考えたのはベーコンであるから誤りである。ポーランドの天文学者**コペルニクス**は『**天体の回転について（天球回転論）**』を著し，**地動説**を唱えた。

②**ガリレイ**は『**天文対話**』を著し，落体の法則，慣性の法則を究明し，**天体望遠鏡**を発明して観測結果に基づき，**地動説**を説いた。

③**ニュートン**は『**プリンキピア**』を著し，**万有引力の法則**を発見し，近代物理学・古典力学の祖といわれる。

④**ケプラー**は**惑星運動の三法則**を発見した。地球の公転軌道が楕円を描くことを証明し，地動説を実証した。近代科学は**機械論的自然観**を提唱した。

※経験論と合理論

経験論	合理論
知識の源泉は経験	知識の源泉は理性
帰納法	**演繹法**
個々の経験的事実	一般的原理
↓	↓
一般的な原理・原則	個々の事実
観察・実験	論証

※合理論の系譜

スピノザ	『エチカ』・汎神論（神即自然）・「永遠の相のもとに」
ライプニッツ	『モナドロジー（単子論）』・モナド・予定調和

※経験論の系譜

ホッブズ	機械的運動論・自由とは外的障害がないこと
ロック	『人間知性論』，白紙（タブラ・ラサ）
バークリー	「存在するとは知覚されること」
ヒューム	『人性論』，「心は知覚の束」，因果律の否定

【記述問題演習】

1 帰納法とは，観察や実験によって得られた個々の具体的事例から，それらに共通する一般的な法則を導く方法（実験的方法）であり，演繹法とは，一般的な真理から出発して個々の現象を説明していく方法（数学的方法）である。

2 目的論的自然観とは，自然観の運動・変化にはすべて目的があるという考えであり，機械論的自然観とは，自然の事物をすべて客観的に数量化可能ととらえ，因果法則のもとでそれらを説明する考え。

4 1-4　社会契約説

＜重要事項チェック解答＞

1 自然状態	2 自然権	3 ホッブズ	4 自己保存の欲求	5 万人の万人に対する闘争
6 絶対服従	7 リヴァイアサン	8 ロック	9 信託	10 議会制民主主義
11 抵抗権・革命権	12 市民政府二論	13 ルソー	14 憐れみの感情	15 自然に帰れ
16 一般意志	17 直接民主制	18 社会契約論	19 全体意志	20 グロティウス

【発展学習問題】

1 正解は，　ア　がd，　イ　がb，　ウ　がe。
リード文から「人間の本性である理性は自然の秩序と一致する」とあるので，　ア　には自然法を提唱したdの**グロティウス**が入り，『**戦争と平和の法**』において，自然法を市民の社会秩序と考え，戦時において守られるべき法を**国際法**として提起した。
　イ　には「これに対し，ロックの社会契約説は…」とあることから，ロックと異なり，結果として絶対君主の統治を説いた**ホッブズ**の社会契約説が入る。ホッブズが考える**自然権**は，**自己保存の欲求**であり，自己の生命や安全が保障される権利である。人民は君主に自然権を**完全譲渡**し，君主は官僚と常備軍を駆使して人民の自然権を保障する。その結果，ホッブズは**絶対王政を擁護**する立場を示した。主著は『**リヴァイアサン**』。

　ウ　には「人間の自由と平等を説く」からeのルソーの社会契約説が入る。ルソーは自然権を**人間の自由・平等**とみなし，**直接民主制**の原理に基づき，人民の公共の福祉を意味する**一般意志**を定め，人民は一般意志に自然権を譲渡し，それに服従する限りで自由を得ると説いた。自己利益の追求は**特殊意志**となり，その総和である**全体意志**は一般意志ではない。ルソーの社会契約説は『**社会契約論**』で述べられ，**私有財産**が人間社会の不平等をもたらしたと主張した著書は『**人間不平等起源論**』である。

問2 正解は①。ロックの社会契約説を論理的順序に従って全体として意味が通るように並べ替えると，
c「人は誰でも自分の身体を自分の意志に従って用いる権利をもつ。」→b「人は自らの労働によって自然物に手を加えたものは自分のものとする。」→a「人々は各自の自然権を安定させるために，契約

を交わして政府をつくる。」→d「人は自らの自然権を侵害するような政府に対しては抵抗権をもつ。」となる。

この文は，**自然権**，特に**所有権**の起源が自己の身体の使用にあることを述べ，次に身体を動かして（労働によって）加工した自然物が自己の所有権の下にあることを述べ，各自の所有権を保障するために人民によって選出された政府が，所有権を保障する**社会契約**を人民との間に締結し，人民は自然権を政府に**委譲（信託）**する。もし政府が人民の所有権を侵害した場合，人民は政府に対する**抵抗権（革命権）**を行使しうると説明している。ロックの社会契約説は，人民主権，間接（議会制）民主制，革命権の容認などの特色があり，『統治二論』において主張され，**イギリス名誉革命，アメリカ独立革命，フランス革命**に大きな影響をあたえた。

問3　正解は②。個々人の私的利益である特殊意志の総和である全体意志は，公共の福祉を意味する一般意志ではないので誤りである。

問4　正解は④。【　X　】には④「所有」が入る。所有権は**社会契約**によって政府によって保障され，

限界も定められることに注意したい。

※**社会契約説の比較**

ホッブズ	ロック	ルソー
『リヴァイアサン』	『統治論』	『社会契約論』
万人の万人に対する闘争状態	生命・自由・財産という自然権を持つ	理想状態 ↓私有財産 不平等
自然権を統治者に全面譲渡（委譲），絶対服従	自然権の一部を統治者（議会）に一部信託，抵抗権（革命権）持つ	一般意志による統治
絶対王政の側面擁護	議会制民主主義	直接民主主義（人民主権）

【記述問題演習】

1　ホッブズは，自然状態においては，人間は自分自身の生命を保存するために，自らの力を好きなように用いる自然権を持っているから，いかなる人間にも安全が保証されない「万人の万人に対する闘争状態」に陥るとする。

2　ルソーによると一般意志とは，全人民の共通部分にもとづく意志であり，常に正しく，常に公の利益を目指す志である。

4 1-5　カント

＜重要事項チェック解答＞

1　実践理性批判	2　批判主義	3　理性	4　理論理性	5　コペルニクス的転回
6　物自体	7　自然法則	8　自由	9　義務	10　実践理性　11　道徳法則
12　仮言命法	13　定言命法	14　動機主義	15　善意志	16　人格　17　人格主義
18　目的の国	19　目的	20　手段	21　永遠平和（永久平和）	

【発展学習問題】

問1　正解は①・④（順不同）。【　X　】には「現象」が入る。**カント**は，悟性が先天的に備わる概念を対象に当てはめ，**現象**を捉える認識論を主張し，**物自体**（事物の本質）については認識不可能であるとした。

①**シェリング**は，『人間的自由の本質』において，現象としての対象を**知的直観**によって捉え，**絶対者**（神，真理）に到達する観念論を提起した。

④**スピノザ**は『エチカ』において，**神即自然**と捉え，現象としての対象を神とみなす**汎神論**を説いた。

②**フィヒテ**は『全知識学の基礎』において，**絶対的自我**が対象を捉える働きを事行と主張した。現象を超えて自己自身を定立する無限の働きは絶対的自我にはない。

③**ヘーゲル**は『精神現象学』において，主観的精神と客観的精神を統一する働きをするのが**絶対的精神**であると説いた。

問2　正解は③。絵画を水彩画と認識するのは鑑賞経験の積み重ねによると説明するのは**経験論**の考え方によるので誤り。

①先天的な**悟性概念**による対象の認識はカントの説明として正しい。

② 「対象が認識に従う」と考えるのがカントの認識論なので正しい。

④ 先天的な概念として**時間**と**空間**を認識の枠組みとして考えるのがカントの認識論なので正しい。『**純粋理性批判**』で純粋理性（理論理性）の認識能力の可能と限界が論じられる。

問3 正解は②。カントの道徳哲学は**意志の自律**を自由と捉え，道徳的行為の動機を問う動機主義に特徴がある。カントは『**道徳形而上学原論**』・『**実践理性批判**』において，「あなたの意志の**格率**が常に同時に普遍的な法則と一致するように行為せよ」と述べ，道徳的行為への意志決定が人間の**良心**（道徳法則）と一致することを行為の目的とみなした。ここから意志決定は無条件に意志決定する**定言命法**が説かれる。「不正な行いを……自分の判断によって為された**自由な行為**であったことを意識している」という記述はカントの**意志の自律**（自由）と動機主義を正しく説明している。

① 「自らの不正な行いを……自分では回避できない出来事として解釈できる」，「自分には責めがないことを自らにも他人にも表明する自由がある」が誤り。自分の責任を他に転嫁し，自分の不正な行為を意志の自律による自由な行為として捉えていない。

③ 「自らの不正な行いを……自分では回避できない出来事として解釈できる」，「その行いが遠い過去のことになると，それを思い出すたびに後悔するようになり，道徳的意識が高まる」という記述は，自分の意志決定を他に転嫁する責任回避が述べられ，行為の動機が意志の自律としての自由なものではなく，過去の記憶の想起によって道徳意識が高まるのではなく，道徳意識は行為の動機として問われるのであるからこの説明も誤りである。

④ 「人の行いは過失や不注意の結果にすぎない場合もあり，その行いに対する非難から自分を守るために人は道徳法則に訴える」が誤り。道徳法則は行為の動機として問われるものであるからである。

【記述問題演習】

1 カントは，認識や実践における理性の役割を強調しただけではなく，理性能力そのものをも吟味し，理性のできることとできないことを明確に区別しようとしたから。

2 人々が，他人を自分のための手段とのみ見なして行為することなく，お互いに人格として尊重しあって生きる社会のこと。

4 2-1 ヘーゲル

＜重要事項チェック解答＞

1 ドイツ観念論	2 フィヒテ	3 シェリング	4 精神現象学	5 弁証法	6 正
7 反	8 合	9 止揚	10 絶対精神	11 理性的なものは現実的であり，現実的なものは	
理性的である。	12 自己外化	13 自由	14 人倫	15 法	16 道徳 17 家族
18 市民社会	19 欲望の体系	20 国家			

【発展学習問題】

問1 正解は③。ヘーゲルが『**精神現象学**』で説明した**弁証法**は，すべての存在や認識が**矛盾**や**対立**を通して高次なものへと展開されると考える。**正**（矛盾を自覚しない知の段階）→**反**（矛盾が対立するものとして自覚される知の段階）→**合**（矛盾・対立が**止揚**（アウフヘーベン）され真の知に到達する段階）と展開される。

① **構造主義**の考え方。主観的な意識を規定するのが**社会的・文化的なシステム**（構造）であると考える。

② **言語哲学・分析哲学**を提起した**ウィトゲンシュタイン**の思想。言語の機能と限界を分析した結果，ウィトゲンシュタインは『**論理哲学論考**』において，「**語り得ないものは沈黙しなければならない**」と述べ，『**哲学探究**』では，日常言語の使用は**言語ゲーム**として展開されると述べた。

④ **プラグマティズム**の思想。プラグマティズムは，真理の基準を**有用性**に求め，政治的・社会的解決へ向けての行動を導く原理となるとした。

問2　正解は①・②（順不同）。【　X　】には「精神」が入る。

①パスカルが『パンセ』で説いた論理的・科学的な「幾何学的精神」と人間の複雑で微妙な感情を捉える「繊細な精神」を正しく説明した文。

②シェリングが『人間的自由の本質』において述べた、人間の精神は絶対者（神，真理）を知的直観において捉えることを正しく説明した文。

③マルクスの史的唯物論（唯物史観）は，物質的な生産関係（下部構造）が精神文化（上部構造）を規定すると考えるので誤りである。

④ミルの質的功利主義について述べた文。ミルは精神的快楽を重視し，ベンサムは物質的快楽を重視する量的功利主義を主張した。

問3　正解は②。ヘーゲルは『法の哲学』で，主観的な道徳と客観的な法を総合する人倫において理想社会が実現されると説いたので正しい。

①欲望の体系としての市民社会は人倫の喪失態に陥るが，市民社会で道徳が育まれるのではない。法の下で人倫を実現する近代国家において道徳が実現される。

③「法は〜自立した個人の自由を妨げるもの」ではなく，個人の自由を確立するもの。

④家族は，血縁に基づく団結が実現されるが，人倫の喪失態に陥る市民社会を客観的な法の下で止揚するのは近代国家における人倫であるので誤りである。

【記述問題演習】

1　世界の歴史とは，精神が人間の活動を媒介として，自らの本質である自由を自覚し実現していく必然的な進歩の過程であり，この過程で自由な人間がしだいに増えていくと考えた。

2　カントの道徳論は主観的で形式的であり，人間が歴史的で社会的な対人関係のなかに存在していることを軽視しているが，実際の道徳的行為は人間関係や社会制度と深くかかわっているから，これらを通して道徳を具体化しなければならないという批判。

4 2-2 功利主義

<重要事項チェック解答>

1　アダム＝スミス　　2　共感（シンパシー）　　3　レッセーフェール（自由放任）　　4　見えざる手
5　ベンサム　　6　快楽　　7　結果主義　　8　最大多数の最大幸福　　9　快楽計算　　10　範囲
11　制裁　　12　（外からの）強制　　13　政治的（法律的）　　14　ミル　　15　満足した豚であるよりは不満足なソクラテスである方がよい　　16　精神的快楽　　17　献身　　18　黄金律　　19　内的制裁
20　他者危害の原則

【発展学習問題】

問1　正解は①・④（順不同）。【　X　】には「共感（同情心・憐れみ）」が入る。

①カントが主張した道徳法則は他者の不幸に対する共感ではなく，自己の行為の格率を普遍的な自然法則（道徳法則）に適合させることを意味するから正しい。共感は主観的な感情であり，個人差がみられ，法則定立的に機能しない。

④ルソーは人間の自然状態に根ざした感情として憐れみ（共感）を重視し，市民社会における道徳的原理とみなしたので正しい。

②モンテーニュは宗教戦争における和解への道を教義の正統性にではなく，相手の立場に対する理解と共感に見出したので誤り。

③パスカルは，人間の複雑で微妙な感情を捉える精神を「繊細な精神」として重視したので誤りである。

問2　正解は， a が④， b が①， i が④，ii が①。

リード文中に人名 b は「献身的行為を功利主義の理想と考えた」とあるので，人名 b には①ミルが入る。そこから言葉 ii には①「満足した愚か者より不満足なソクラテスのほうがよい」が入る。その反対の立場として量的功利主義，物質的快楽を重視した④ベンサムが人名 a に入り，言葉 i には④「最大多数の最大幸福を実現するのが功利主義の使

命である」が入る。人名②の**コント**は言葉②の「人間の知識として**実証的段階**を最高段階とみなすべきである」に対応し、人名③の**スペンサー**は言葉③の「人間社会の進化は生物同様，単線的に成し遂げられる」が対応する。

問3　正解は④。ムハンマドが唯一神アッラーの言葉をメッカの人々に伝えたことは，献身的行為ではなく，**神の啓示**を意味するので誤りである。

①発展途上国の福祉の向上に努めることは献身的行為である。

②被災地で自らの意志で救援活動を行うことは自発的な献身的行為を意味する。

③**イエス**が説いた隣人愛の教えは見返りを求めない，他者への自発的な献身的行為を意味する。インドで献身的行為により孤児を救済した**マザー・テレサ**の行為なども献身的行為としてあげられる。ミルが献身的行為として例示したのは，イエスの医療行為による救済である。これが無償の**神の愛（アガペー）**を意味するからである。ミルの主著は『**功利主義**』であり，『**自由論**』では，**他者危害の原則**を説いた。

※動機主義と結果主義

動機主義	結果主義
カント	功利主義
	（ベンサム，ミル）
善意志	快楽
義務に従う	幸福を増す
動機重視	結果重視

※ベンサムとミル

ベンサム	ミル
量的功利主義	質的功利主義
快楽計算	不満足なソクラテス
外的制裁	内的制裁

【記述問題演習】

1　人間の感ずる様々な快苦を比較するときには，それらの量のみならず質をも考慮に入れなければならないとして，快楽に質的差異を導入した点。

2　功利主義者は，行為の道徳的価値を決定するのは行為のもたらす結果にほかならないと考えるが，カントは，結果にかかわらず道徳的義務にもとづいて行為したかどうかが道徳的価値を決定すると考えた。

---

4 2-3　プラグマティズムと進化論

＜重要事項チェック解答＞

1　パース	2　実用主義	3　ジェームズ	4　有用性	5　デューイ　　6　道具主義
7　創造的知性	8　民主主義	9　コント	10　実証主義	11　科学的（実証的）
12　産業型	13　ダーウィン	14　種の起源	15　進化論	16　スペンサー　　17　社会進化論
18　社会有機体説				

【発展学習問題】

問1　正解は，　a　が①，　b　が③。　ⅰ　が③，　ⅱ　が①。人名　a　には，文中に「社会進化論」とあることから人名①のスペンサーが入る。言葉　ⅰ　には③の「単線的・一方向的」が入る。ダーウィンの進化論は単線的・一方向的な進化を説く。サルから人間への進化も同様である。人名　b　には，それに異議を唱えた③のベルクソンが入り，言葉　ⅱ　には，①の「エラン・ヴィタール（生命の飛躍）」が入る。ベルクソンは『創造的進化』において，生命の予測不可能な多方向に拡散する進化という独自の生命進化論を説いた。

問2　正解は④。コントは**実証主義**を提起した社会学者である。知は事実によって証明（実証）されなければ真理とは認められないと説く。学問は，**神学的段階→形而上学的段階→実証的段階**へと発展し，各段階は人間社会の進歩に対応すると主張した。実証的段階に対応する社会は**産業的段階**であると説いた。

①**デューイ**のプラグマティズムの思想。人間の知性は民主主義や教育を改善するための**創造的知性**でなければならないと説いた。人間の知識や学問は，行動のための**道具**でなければならないという**道具主義**を主張した。主著は『**民主主義と教育**』・『哲学の改

造』。

②サルトルの実存主義の思想。サルトルは『実存主義はヒューマニズムである』において、ペーパーナイフなどの物は「本質が実存に先立つ」が、人間の場合は「実存が本質に先立つ」と述べた。人間の本質は自由にあり、主体的な意志決定が社会参加（アンガージュマン）を可能にすると説いた。

③ヘーゲルの絶対的精神について述べた文。ヘーゲルは、『精神現象学』において、主観的精神（正）は客観的精神（反）によって否定され、両者の矛盾・対立を絶対的精神（合）が止揚（アウフヘーベン）すると考える弁証法を提唱した。

問3 正解は①・②（順不同）。出典はジェームズの『プラグマティズム』。【 X 】には「有用」が入る。ジェームズはプラグマティズムの格率（真理の基準）として「有用性」を主張し、有用な知識が真理であると述べた。ある信仰が信者の生にとって有用であるならば、その宗教の教えは信者にとって真理であると説いた。

①パースは、学問の真理性を行為の結果・効用を基準に判定し、有用であるものを真理と考えた。プラグマティズムは、パースがバーバード大学に設けた形而上学クラブで、プラグマティズムの格率が提起されたことに始まり、ジェームズやデューイによっ

て継承されていった。

②デューイのプラグマティズムの思想を正しく述べた文。道具主義と創造的知性が正しく説明されている。

③ミルの功利主義について誤って説明した文。この文では【 X 】に入る語句は「自由」でなければ、他者危害の原則を正しく説明する文にならない。他者危害の原則は、他者に危害を加えない限り人間の行動は自由であると考えるからである。

④ベンサムの功利主義を誤って説明した文。この文も【 X 】には「自由」を入れなければ文意が通らない。法に基づく政治（法律）的制裁（刑罰）は、個人の幸福追求が他者の幸福追求を不法に侵害する行為が原因となっているからである。ベンサムは、合法的である限り個人の自己利益追求は自由であると考える。

【記述問題演習】

1 プラグマティズムとは、経験論の伝統を受け継ぎ、知識や観念をそれが引き起こす結果によって絶えず検証しようとする思想。

2 一定の習慣のもとでの安定した生活が揺らぎ出すときに働く、環境との安定的な関係を構築するために、新しい習慣を定着させようとする知性のこと。

4 2-4 マルクス

＜重要事項チェック解答＞

1 オーウェン	2 サン・シモン	3 フーリエ	4 科学的社会主義	5 共産主義
6 社会主義	7 マルクス	8 資本論	9 エンゲルス	10 労働 11 労働疎外
12 唯物史観	13 上部構造	14 下部構造	15 階級闘争	16 ブルジョアジー
17 プロレタリアート	18 フェビアン	19 ウェッブ夫妻	20 社会民主	
21 ベルンシュタイン	22 マルクス・レーニン主義			

【発展学習問題】

問1 正解は①。オーウェンの空想的社会主義を正しく説明した文。空想的社会主義はマルクス・エンゲルスが名づけた呼び名で、資本家が人道主義的立場から労働者の環境改善を図る思想。オーウェンはアメリカに渡り、共同所有・共同生活のニューハーモニー村を建設するが、経営に失敗した。

②サン・シモンではなく、フーリエの空想的社会主

義。不正や欺瞞に満ちた産業社会を廃棄し、農業を基本とする理想的な共同社会（ファランジュ）の建設を説いた。

③フーリエではなく、サン・シモンの空想的社会主義。サン・シモンは資本家・労働者で構成される産業者が、財産で生活する有閑階級を支配する産業社会を構想し、そのために生産協働組合の設立を説いた。

④プルードンの無政府主義の思想であるが，マルクス・エンゲルスは当初プルードン・サークルに所属していたが，見解の相違から袂を分かった。無政府主義は，ブルジョワ政府を暴力的手段により打倒することを構想した。独立小生産者の生産協働組合を国家に代わる政治的組織とみなす。

※初期社会主義

サン・シモン	産業社会
フーリエ	ファランジュ(協同社会)
オーウェン	労働条件の改善，ニューハーモニー村建設

問2 正解は①・④（順不同）。【 X 】には「私有財産」が入る。マルクスは私有財産の廃棄による共産主義を提唱する。
①トマス・モアの思想を正しく述べた文。『ユートピア』で私有財産を否定し，平等な社会を構想する。
④ヘーゲルの人倫思想を正しく述べた文。**欲望の体系としての市民社会**の**人倫の喪失態**を国家における法が解決し，**人倫**が実現される。
②カントではなく，ルソーの社会契約説。『**人間不**

平等起源論』で不平等な社会の歴史的起源を私有財産に求め，一般意志による平等化を説いた。
問3 正解は③。**社会民主主義（修正マルクス主義）は革命を否定し，漸進的な社会改良**による社会主義の実現を説く。ベルンシュタインの社会民主主義（修正マルクス主義）を正しく述べる。
①「直接民主制による急進的な」が誤り。
②「革命の必要性を訴える」が誤り。
④「議会制民主主義に基づく労働者政党」が誤り。エンゲルスとマルクスの思想はマルクス主義ともよばれる。

【記述問題演習】
1 人間は，物質的な生産力の発展段階に応じた一定の生産関係に組み込まれているが，この生産力と生産関係の矛盾が社会革命を引き起こし，新しい生産関係を生み出していくという歴史観。
2 労働は本来，人間にとって豊かで創造的な活動であるが，資本主義社会においては，生産物のみならず，労働者自身までもが商品化され，労働が苦役となり，人間性が失われた状況が露呈すること。

4 3-1 実存主義(1)

＜重要事項チェック解答＞

1 主体的真理	2 水平化	3 美的	4 絶望	5 倫理的	6 宗教的	7 単独者
8 ニヒリズム	9 ルサンチマン	10 奴隷道徳（弱者の道徳）		11 神は死んだ		
12 力への意志	13 永劫回帰	14 運命愛	15 超人	16 限界状況	17 包括者	
18 実存	19 実存的交わり	20 愛しながらの闘い				

【発展学習問題】
問1 正解は①・③（順不同）。【 X 】には「理念」が入る。キルケゴールが探求したのは生きる拠り所となる**主体的真理**（理念）であった。
①ヘーゲルは，**絶対精神（理念）**を世界史における**自由の自己実現**と捉えた。
③デューイはプラグマティズムの理念を，**創造的知性**を道具として用いて民主主義や教育を改善させることに求めた。
②カントの道徳哲学は，道徳法則を「行為した結果」ではなく，「**行為の動機**」に適用すべきことを説いた。

④コントは実証主義によって産業社会の矛盾が解決されるのではなく，実証主義に対応する社会が産業社会であると考えた。
問2 正解は④。「運命（偶然）を自ら選んだこととして捉え，運命と一体化する」は，ニーチェの運命愛の思想と一致する。
①「その運命に重大な意味をあたえる」が誤り。運命を自己にあたえられたものとして受け入れるのがニーチェの運命愛。
②「起こることも起こらないこともあり得たのだ」と意味づけをする考えが誤り。運命（偶然）には意味がなく，永遠に同じ事のくり返し（**永劫回帰**）を

ニーチェは説く。

③「その運命に耐えねばならない」が誤り。運命愛の説明になっていない。

問3 正解は④。ヤスパースは限界状況（争い・苦悩・責め・死）に向き合うことで**実存**（真の自己）に目覚めると説いた。

①「限界状況を知る」のではなく、向き合うことで実存に目覚める。

②「限界状況に耐えること」で実存に目覚めるのではなく、それに向き合うことが必要。

③「（限界）状況を変えるべき」が誤り。限界状況を変えることは不可能であり、それに向き合うことで実存に目覚める可能性が拓ける。

【記述問題演習】

1 キルケゴールは、主体的真理を求める実存のあり方には、感性的快楽を追い求める「あれも　これも」の美的実存、その生き方に絶望し倫理的に「あれか　これか」の決断を行おうとする倫理的実存、さらに絶望のうちに単独者として神と向き合う宗教的実存の、三段階があるとした。

2 意味や目的のない世界をあえて引き受け、力強く生きる人間の理想像のこと。

4 3-2 実存主義(2)と現象学

＜重要事項チェック解答＞

1　存在と時間	2　現存在（ダーザイン）	3　世界内存在	4　死への存在	5　ダス・マン
6　存在の忘却	7　故郷の喪失	8　実存は本質に先立つ	9　自由	10　投企
11　自由の刑	12　アンガージュマン	13　フッサール	14　現象学的還元	15　エポケー
16　メルロ・ポンティ	17　身体	18　レヴィナス	19　他性	

【発展学習問題】

問1 正解は③・④（順不同）。【　Ｘ　】には「反省（省察）」が入る。フッサールの現象学は対象について判断停止（エポケー）を行い、反省によって**本質直観**することによって対象の本質を捉える**現象学（超越論）的還元**により、主観は客観に一致するとみなす思考。主著に『イデーン』がある。

③デカルトは『方法序説』において、方法的懐疑により「私は考える、ゆえに私はある」という真理に到達した。

④対象（客観）が認識（主観）に従うという**カント**の認識論を正しく説明。

①「観念は外界の事物そのままの知覚の束である」が誤り。ヒュームによれば、事物が外界に存在することは証明できない（**懐疑論**）。

②「観念は外界に存在する事物を知覚によって捉える」が誤り。バークリーは外界における事物の存在を否定し、**知覚**によって得られた**観念**のみ唱えた。

問2 正解は、<u>ア</u>が②、<u>イ</u>が④。

<u>ア</u>には人間としての在り方を説いた**実存主義**が入る。②**ハイデガー**は『存在と時間』において人間の在り方を「**死への存在**」と定義し、死への**先駆的決意**による**被投的投企**に実存の可能性を見出した。

<u>イ</u>には人間としての生き方を説いた実存主義の説明として正しい④が入る。サルトルは自己の意志決定に人間の**自由**を認め、**主体的な企投**としての**社会参加（アンガージュマン）**を説いた。

①ボーヴォワールは『第二の性』で「女は女になるのだ」と説いた。

③「運命愛によって生きる超人」を説いたのはニーチェである。

問3 正解は、レヴィナスが④、メルロ・ポンティが①。**レヴィナス**は、他者を自己の全体性の彼方にある無限の存在者であると説き、**他者の他性**を主張した。主著は『**全体性と無限**』。メルロ・ポンティは**身体論的現象学**を提起し、杖が脚の一部となるように、道具は身体の延長として機能するという**身体性**の概念を提起した。主著は『**知覚の現象学**』。

キルケゴール	水平化，絶望，実存の三段階，主体的真理
ニーチェ	ニヒリズム，ルサンチマン，奴隷道徳，「神は死んだ」，超人，永劫回帰
ヤスパース	限界状況，実存的交わり（愛しながらの闘い）
ハイデッガー	現存在，ダス・マン（ひと），世界-内-存在，死への存在（死へとかかわる存在）
サルトル	「実存は本質に先立つ」，投企，アンガージュマン

【記述問題演習】

1 日常性に埋没し，自分としてではなく，不特定で匿名的な非本来的あり方をしている存在のこと。

2 日常的な道具は使用目的があらかじめ定められており，本質が現実の存在に先立っているが，人間は，自らつくるところ以外の何ものでもなく，絶えず未来へ向けて自己を投げ出し，新たな自己を創造していかなくてはならない存在であるということ。

4 4-1 現代のヒューマニズムと現代の思想⑴

<重要事項チェック解答>

1 シュヴァイツァー	2 生命への畏敬	3 ガンディー 4 サティヤーグラハ
5 ブラフマチャリヤー	6 アヒンサー	7 マザー・テレサ 8 キング牧師 9 フロイト
10 精神分析学 11 エス	12 無意識 13 自我	14 超自我 15 防衛機制 16 補償
17 ユング 18 集合的無意識	19 元型 20 ベルクソン	21 エラン・ヴィタール

【発展学習問題】

問1 正解は③。ガンディーの非暴力主義の思想は，インドの土着の思想に根ざし，相手に屈することなく，**不服従を貫くことで相手の良心に訴える現代ヒューマニズム**を説く思想である。

問2 正解は，[a]が②，[b]が④。[i]が②，[ii]が③。

人名[a]は，「密林の聖者」と呼ばれた②のシュヴァイツァーが入る。

言葉[i]は②の「生を維持し，促進するのは善である」と述べた。

人名[b]には④のマザー・テレサが入る。

言葉[ii]は③の「他者の苦しみを目にしながら無関心でいることは罪である」と述べた。

問3 正解は，フロイトが①，ユングが②。精神分析をフロイトは**超自我（スーパー・エゴ）**が欲動（リビドー）を統制し，**自我（エゴ）**を監督する機能をもつと**無意識**の領域に独自の分析を行った。主著は『**精神分析学入門**』。無意識の領域で機能する**防衛機制**も頻出事項（本書8・9頁参照）。**ユング**は個人

の無意識の根底に**集合的無意識**があると主張し，その無意識における人類共通の普遍的類型として「**元型（アーキタイプ）**」とよばれる概念を提唱した。例えば**太母（グレートマザー）**などが例示されている。

※**現代のヒューマニスト**

トルストイ	『戦争と平和』
ロマン・ロラン	戦闘的ヒューマニズム
シュヴァイツァー	生命への畏敬
ラッセル	アインシュタインらと反核運動
ガンディー	非暴力主義，サティヤーグラハ
マザー・テレサ	キリスト教にもとづく奉仕活動

【記述問題演習】

1 生きようとする意志を持つあらゆる生命に対する畏敬の念のこと。

2 機械論的な生物進化論では説明できない，宇宙における生命進化の根源となる，生命の創造的な力のこと。

＜重要事項チェック解答＞

1　ソシュール	2　ラング	3　パロール	4　レヴィ・ストロース	5　野生の思考

1　ソシュール　　2　ラング　　3　パロール　　4　レヴィ・ストロース　　5　野生の思考
6　ラカン　　7　フーコー　　8　狂気の歴史　　9　デリダ　　10　脱構築
11　ドゥルーズ　　12　リオタール　　13　ウィトゲンシュタイン　　14　語りえぬものについては沈黙
　しなければならない　　15　言語ゲーム　　16　クーン　　17　パラダイム　　18　科学革命
19　クワイン　　20　ホーリズム（全体論）　　21　ポパー

【発展学習問題】

問1　正解は，　ア　がe，　イ　がd，　ウ　がb。
　　ア　には「言語の構造」から，**構造主義言語学**を提唱した**ソシュール**が入る。**意味作用（シニフィアン）**と**意味（シニフィエ）**の関係に着目した。
　　イ　には「未開社会の構造」から，**構造主義人類学**を提起した**レヴィ・ストロース**が入る。**親族の基本構造**を分析し，非科学的な「**野生の思考**」が西洋近代の「文明の思考」に劣るものではないことを証明した。
　　ウ　には「近代理性を非理性との関係から分析した」から，**フーコー**が入る。フーコーは『**狂気の歴史**』，『**監獄の誕生**』において，**一望監視装置（パノプティコン）**が，**理性が非理性（狂気）を取り込む権力関係**に着目して近代理性を批判した。

問2　正解は②・④（順不同）。【　X　】には「**物語**」が入る。リオタールは『**ポストモダンの条件**』を著し，世界全体を解釈する大きな思想的枠組みを「**大きな物語**」と呼び，その終焉をポストモダンの条件とみなした。
　②デリダは西洋の**ロゴス中心主義**を**脱構築**により批判した。主著は『**エクリチュールと差異**』。
　④ドゥルーズは『**差異と反復**』において，西洋近代の「**大きな物語**」がイデオロギーの反復によって生まれたと主張し，**差異（微分）**の思想によって，**根茎（リゾーム）**のように知の体系の無意味・無関心を説いた。ガタリとの共著に『**アンチ・オイデプス**』，『**千のプラトー**』がある。
　①クーンは『**科学革命の構造**』を著し，科学革命は，**知の全体的枠組み（パラダイム）**の劇的な転換により生じたと主張した。
　③クワインは，1つひとつの命題については確かめられず，命題の体系についてのみ検証するという**知の全体論（ホーリズム）**を主張した。

【記述問題演習】

1　未開社会と文明社会に共通する人間の根源的な思考の次元で，具体的な経験や自然物を用い感覚的に因果律を導き出す思考方法。
2　科学史家クーンが唱えたその時代に支配的な科学的常識や理論的枠組みのこと。

＜重要事項チェック解答＞

1　フロム　　2　自由からの逃走　　3　社会的性格　　4　ホルクハイマー　　5　アドルノ
6　道具的理性　　7　権威主義的性格　　8　ハーバーマス　　9　対話的理性
10　コミュニケーション的合理性　　11　マックス・ウェーバー　　12　脱呪術化　　13　官僚制
14　G.H.ミード　　15　一般化された他者　　16　リースマン　　17　他人指向型
18　ボーヴォワール　　19　人は女に生まれるのではない，女になるのだ
20　ハンナ・アーレント　　21　公共性

【発展学習問題】

問1 正解は， a が③， b が②。 i が④，
ii が③。

人名 a には，「「野蛮」に陥った理性を近代思想
の側から批判する」から，③のホルクハイマー・ア
ドルノが入る。彼らは共著で『啓蒙の弁証法』を著
し，言葉 i に入る④の「道具的理性に陥った近
代理性に向き合うために批判的理性が必要である」
と考える批判理論を提唱した。

人名 b には，「「野蛮」を支持した人間の社会的心
理を省察する」から，②のフロムが入る。フロムは
言葉 ii に入る③の「自由を獲得した人間は……
自由から逃走する」と述べ，ファシズムを支持した
社会的心理を分析した。

問2 正解は②。 あ には「対立し合う議論の中に
合意と和解を見出す」から②ハーバーマスのコミュ
ニケーション的理性（対話的理性）が当てはまる。

問3 正解は①・③（順不同）。【 X 】には「労
働」が入る。

①マルクスは，労働の資本家による搾取が労働者の
人間疎外の原因であると分析した。

③カントは，行為（労働）は相手の人格の尊重を目
的とすべきであると考え，「目的の国」を提唱した。

【記述問題演習】

1 倫理や真理を追究することを放棄し，主観的な利
害関心の目的実現のために，自然や人間を含む事物
を支配し操作するための道具と堕してしまった理性
のこと。

2 対話的理性によって，人と人とが対等の立場で自
由に議論をし，強制を伴うことなく合意を形成する
こと。

4 4-4　現代の思想(4)

＜重要事項チェック解答＞

1　ロールズ	2　正義論	3　原初状態	4　無知のヴェール	5　公正としての正義
6　平等な自由の原理	7　公正な機会均等の原理		8　格差原理	9　リベラリズム
10　ネオリベラリズム	11　フリードマン	12　リバタリアニズム		13　ノージック
14　最小国家	15　ハイエク	16　コミュニタリアニズム	17　サンデル	18　マッキンタイア
19　ソロー	20　レオポルド	21　世代間倫理	22　ハンス＝ヨナス	

【発展学習問題】

問1 正解は①。前半は，ロールズの**公正な機会均等
の原理**を説明し，人の道徳的な価値は才能や技能で
決まるものではないと述べるが，道徳と才能・技能
は別問題なので正しい。

②前半の二項対立的な図式を問い直す必要があると
ロールズは考えたのではない。

③才能ある人ではなく，最も恵まれた境遇にある人
が私財を税として最も恵まれない境遇の人に提供す
べきとロールズは考える。

④個々人の才能に応じた社会の利益の分配をロール
ズは説いたのではなく，最も恵まれない境遇の人へ
の分配を主張した。ロールズが『正義論』で提起し
た「公正としての正義」の原理に含まれるものとし
て，他に社会の全成員が基本的な自由を享受すべき
と考える**平等な自由の原理**，不平等は最も恵まれな

い人の境遇を改善する義務を負うと考える**格差原理**
がある。

問2 正解は⑤。アはリバタリアニズムの思想家ノー
ジックが提起した「最小国家」を正しく説明してい
る。個人の自由を最大限に尊重すれば，国家の役割
は個々人の活動の自由を保障する治安の維持だけで
よいからである。**イはコミュタリアニズムの思想家
マッキンタイアの思想の説明として正しい。リバタ
リアニズムはロールズのリベラリズム**に対して，自
由をより拡張する方向で批判した。コミュニタリア
ニズムは，個人を歴史的・文化的伝統に支える共同
体を重視する観点から孤立した個人を想定するリベ
ラリズムを批判した。マッキンタイアは，共同体に
不可欠な**共通善**を徳とみなす**徳倫理学**を提唱した。
ハイエクは福祉国家を志向するケインズ主義を批判
し，市場原理主義を重視した。

問3　正解は②。ハンス＝ヨナスは，環境保全を無条件の義務とみなし，**未来倫理**としての**世代間倫理**を説いた。

③レオポルドは生態系の破壊をもたらす資本主義に対して肯定的ではなく，生態系を擁護するために**土地倫理**を説いた。

④は19世紀に自然との共生を説いたソローの思想。

【記述問題演習】

1　リバタリアニズムは個人の自由を最大限に尊重するのに対し，コミュニタリアニズムは個人を支える共同体の共通善を倫理とみなす。

2　国家の役割を，犯罪を防ぐ等治安の維持に限定し，個々人の自由を最大限に尊重すること。

〈4編〉用語の整理　チェック

1　合理的精神と人間の尊厳　(1)　万能人　　(2)　エラスムス　　(3)　信仰義認説　　(4)　予定説　(5)　モラリスト　　(6)　パスカル　　(7)　ク・セ・ジュ　　(8)　ベーコン　　(9)　知は力なり　(10)　ロック　　(11)　デカルト　　(12)　演繹法　(13)　私は考える，ゆえに私は存在している（コギト・エルゴ・スム）　　(14)　ホッブズ　(15)　ロック　　(16)　ルソー　　(17)　自律　　(18)　目的の国　　(19)　定言命法　　(20)　『純粋理性批判』

2　近代市民社会の倫理　(1)　市民社会　　(2)　国家　　(3)　『精神現象学』　　(4)　弁証法　(5)　アダム・スミス　　(6)　功利性の原理　　(7)　量的功利主義　　(8)　質的功利主義　(9)　他者危害の原則　　(10)　パース　　(11)　ジェームズ　　(12)　デューイ　　(13)　コント　(14)　スペンサー　　(15)　オーウェン　　(16)　共産主義　　(17)　労働疎外　　(18)　唯物史観

3　主体性の回復・現代の思想　(1)　キルケゴール　　(2)　ニーチェ　　(3)　ヤスパース　(4)　ハイデッガー　　(5)　サルトル　　(6)　シュヴァイツァー　　(7)　フロイト　　(8)　ユング　(9)　ホルクハイマー　　(10)　アドルノ　　(11)　レヴィ・ストロース

5 1-1·2　生命倫理と環境倫理

＜重要事項チェック解答＞

1　クローン　　2　出生前診断　　3　QOL　　4　尊厳死　　5　安楽死　　6　脳死
7　インフォームド・コンセント　　8　リヴィング・ウィル　　9　環境破壊
10　レイチェル・カーソン　　11　宇宙船地球号　　12　生態系　　13　成長の限界
14　持続可能な開発　　15　リサイクル・リユース・リデュース　　16　自然の生存権
17　世代間倫理　　18　地球の有限性

【発展学習問題】

問1　正解は④。**人工授精**によって生まれた子が，遺伝上の親や代理母が誰かを知る権利のことを「**出自を知る権利**」といい，日本では法制度化が検討されている。特に，非配偶者間人工授精（AID）で第三者からの精子提供によって出産した場合，生まれた子は出産した側の子となる。出産した側の親は，AIDで産まれたことを告知したくないという思いが強い一方で，産まれてきた子は，後にその事実を知った時の心理的なショックが非常に大きく，親子の信頼関係や自らのアイデンティティ構築の根幹に

重大な影響を与えかねないという問題がある。このような中で，「出自を知る権利」を認めるか否かについて，意見が対立している。

①**着床前診断**は，受精してから着床するまでの間に細胞を取り出して調べ，遺伝上の病気があれば，母体に戻さないというものである。

②**デザイナー・ベビー**については，日本ではまだ法制度化されていない。

③遺伝上の母親は，依頼した側の母親で，**代理母**ではない。しかし，法律上の母親については，民法では自然分娩を前提に，子の認知に対して母親は不要

とされてきた。しかし、医療の進歩で**代理出産**が可能になると、親権をめぐる裁判が起こり、最高裁判所で、自然分娩の立場から代理母が法律上（戸籍上）の母親となり、依頼した母の子にすることは、特別養子縁組によって可能になるとの判断が示された。

問2　正解は③。ｉＰＳ細胞は、患者本人からの体細胞によって培養できるため、ドナーからの提供は不要である。人の死についての議論は、2009年の改正臓器移植法成立の際に起こったものである。

問3　正解は①。
②資源の循環利用を目指すことにあるため、"経済の好循環"のところが誤り。

③地球の生態系は閉じたものであるため、"開かれており"のところが誤り。
④地球全体主義とは、資源の有限性に着目して、地球環境保護を優先する立場をいう。

【記述問題演習】
1　脳死とは、脳幹を含む全脳の機能が不可逆的に停止した状態のことである。
2　汚染された土地や環境が破壊されてしまった土地に暮らし続けている人々のことで、安全な土地へと移住することができるよう、早急に対策を立てる必要があるとされる。

5　2-1・2　家族・地域社会と情報社会

＜重要事項チェック解答＞

1　核家族	2　家族機能の外部化	3　男女共同参画社会	4　ジェンダー
5　性別役割分担	6　ワーク-ライフ-バランス	7　ノーマライゼーション	8　コミュニティ
9　ボランティア	10　マス・メディア	11　インターネット	12　ステレオタイプ
13　擬似環境	14　擬似イベント	15　マクルーハン	16　知的所有権　17　デジタルデバイド
18　情報リテラシー			

【発展学習問題】
問1　正解は③。ソーシャルメディアは、誰もが情報を受け取ることができるとともに、発信もできることから双方向的である。また、従来の**マスメディア**にはない問題として匿名性がある。匿名性から、他人を安易に誹謗中傷することが起きたり、フェイクニュース（嘘のニュース）が流れるという問題が起きている。

問2　正解は②。
①40〜59歳の男性で、割合が低下している。
③平成28年の60歳以上の女性の該当項目の割合をみると、同年代の男性より低くなっている。
④60歳以上の年代で、女性の割合は、平成28年に低下している。

問3　正解は②。
①**個人情報保護法**は2003年に公布されている。この法律で、保護される個人情報とは、生存する個人に

関する情報であって、当該情報に含まれる氏名、生年月日その他の記述等により特定の個人を識別することができるものである。したがって、本人が死亡した場合は保護の対象外となるが、遺族は保護の対象に含まれる。
③**情報公開法**は、書面による開示請求について定めており、インターネットによる請求は認められていない。
④**パブリック・アクセス**とは、メディアなどの公的情報に対する閲覧権のことで、著作権法の規定とは異なる。

【記述問題演習】
1　男女の生物学的な性差（セックス）に対し、社会的・文化的につくり上げられた性差のこと。
2　個人・企業・国家などが情報技術を使用できるかどうかで待遇・貧富・機会などに生じる格差のこと。

＜重要事項チェック解答＞

1　グローバリゼーション	2　文化摩擦　　3　エスノセントリズム　　4　オリエンタリズム
5　文化相対主義　　6　レヴィ・ストロース　　7　多文化主義　　8　世界人権宣言	
9　国際人権規約　　10　人種差別撤廃条約　　11　女性差別撤廃条約　　12　子どもの権利条約	
13　ユネスコ憲章　　14　アマルティア・セン　　15　NGO　　16　NPO　　17　フェアトレード	
18　SDGs	

【発展学習問題】

問1　正解は⑦。 a は，その前に「遠い他者の利害も自己の利害と深く関係している」とあり，また**グローバル化**は，経済競争が世界規模で行われることを意味しており，競争の結果生じる格差は回避できないことから，イが正解となる。 b は，直前に「世界の飢餓や貧困などを救済することは」とあるので，エが正解となる。ウの**新自由主義**とは，国や地方公共団体による公的事業を民間の自由な活力に任せて，サービスを充実化させるとともに経済成長を促そうとする経済政策のこと。1980年代になって，先進国が深刻な財政赤字による財政削減が緊急の課題になったことが背景にある。 c は，その前に「差別的扱いを受けてきた人々の救済が」があり，その後に「不平等によって不利益を被る人たちを救うだけなく，**男女共同参画社会を推進し**」と続くことから，オが正解となる。カの生物学的差異には，男女の性差が含まれ，これに依拠すると不平等を被る人たちの救済にならないため不適である。

問2　正解は①。本人による臓器提供の意思表示が生前書面で行われていることの他に，家族から提供についての拒否がないことが条件とされていたため，誤りである。

②2009年に改正された**臓器移植法**では，これまで当面見合わせていた臓器の親族に対する優先提供を認め，臓器摘出とそれに係る脳死判定の要件で，本人による拒否の意思表示がない場合，家族の承諾があれば臓器提供が可能となった。また，家族の書面による承諾があれば，15歳未満の者からの臓器提供が可能となったが，その際，被虐待児への対応を適切に行うこととしている。

③・④**インフォームドコンセント**は，患者の**自己決定権**を実現するための重要な手段である。インフォームドコンセントは，1997年に行われた医療法の第3次改正で，第1条の4第2項として「医療を提供するに当たり，適切な説明を行い，医療を受ける者の理解を得るよう努めなければならない」ことが明記され，義務化された。判例では，適切に説明する範囲に，病名，現症状とその原因，治療行為の内容とそれをする理由などが必要であるとしている。

【記述問題演習】

1　異なる文化を持つ人々が，一つの国家や社会に存在している場合に，それぞれの持つ多様性や自律性を最大限に尊重しつつ，より望ましい共存をはかろうとする考え方。

2　各人に対し自ら価値があると認めるような諸目的を追求する自由，すなわち潜在能力（ケイパビリティ）を等しく保障することを重視する考え。

1　生命倫理と環境倫理　(1)　バイオエシックス　　(2)　バイオテクノロジー　　(3)　クローン技術

(4)　終末期医療　(5)　脳死　(6)　生命の尊厳（SOL）　(7)　生命の質（QOL）

(8)　自己決定権　(9)　リヴィング・ウィル　(10)　インフォームド・コンセント　(11)　代理出産

(12)　出生前診断　(13)　ラスキン　(14)　レイチェル・カーソン　(15)　宇宙船地球号

(16)　コルボーン　(17)　環境倫理　(18)　循環型社会　(19)　世代間倫理　(20)　持続可能な開発

(21)　自然の生存権　(22)　ローマ・クラブ　(23)　PPP　(24)　田中正造　(25)　石牟礼道子

2　家族・地域社会と情報社会　(1)　ジェンダー　　(2)　フェミニズム　　(3)　少子高齢社会

(4)　性別役割分担　(5)　核家族　(6)　ワーク-ライフ-バランス　(7)　男女共同参画社会基本法

(8)　超高齢社会　(9)　介護保険制度　(10)　バリアフリー　(11)　家族機能の外部化

(12)　ノーマライゼーション　(13)　情報社会　(14)　擬似環境　(15)　ステレオタイプ

(16)　擬似イベント　(17)　知的所有権　(18)　情報リテラシー

3　異文化理解と人類の福祉　(1)　エスノセントリズム（自民族中心主義）　　(2)　オリエンタリズム

(3)　文化相対主義　(4)　アファーマティブ・アクション（ポジティブ・アクション）

(5)　アカウンタビリティ（説明責任）　(6)　ロールズ　(7)　アマルティア・セン

資料読解問題～共通テスト対策

1　正解は③（誤り）

③　「二度目は身体の変化にともなう純粋性の喪失である」が不適当である。**ルソー**はフランスの哲学者，教育学者，文学者。『**エミール**』は教育書の不朽の名作で，孤児のエミールが優れた教師や周囲の人々により理想的に成長していく姿が記されている。このなかで，彼は人間の本性をありのままに伸張させる教育を唱え，当時における文明化を批判した。また，青年期は「**第二の誕生**」と表現されている。

①　青年期は，身体の変化にともなう精神的な意味での誕生と言える。

②　青年期は，人間が自己と向き合う時期で，人生における真の誕生と言える。

④　青年期は，大人でもなく子どもでもない時期であり，その時期に人間のなすすべてのことに関心をもつようになる。

2　正解は③。

③　**プラトン**の『**ソクラテスの弁明**』によると，ソクラテスは，「国家の神々を認めず，青年を惑わせた」という罪状で裁判にかけられたが，自分の正しさを主張し市民の道徳的な堕落を批判したため死刑を宣告された。資料文が記されている『**クリトン**』では，牢獄でのソクラテスと友人クリトンの対話を通して，「ただ生きるのではなく，善く生きるこ

と」が大切であるというソクラテスの哲学が語られている。「いかなる場合であっても不正をすることは許されないこと」であり，「大衆が思っているような，不正をされたら不正をしかえすということは許されない」から，たとえ判決が誤ったものであっても，それに反して脱走することは不正であるからすべきでないのである。こうして，彼は国外への逃亡をすすめる友人たちの申し出を拒絶し，国法に反することなく，不正せずに刑死した。

①　「大衆が思っているのと同じく」が不適当。資料文によれば，大衆は「不正をされても不正をしてかえすことは絶対にいけないこと」とは思っていない。

②　「不正について知ることなしに不正を論ずることそのものが間違っていると説いている」が不適当。何かを論ずるとき，それを正しく知ることなしには出来ないというのはソクラテスの問答法における基本的な態度であるが，資料文には記されていない。

④　「ソクラテスは不正は許されないが，不正と悪いこととは異なるものであるからその判断は正しくないと説いている」が不適当。ソクラテスは「不正」と「悪いこと」を同じ観点でとらえていることが資料文から読みとれる。

3　正解は①。

資料1は，**プラトンが描いたソクラテス**についての資料である。ソクラテスは，「**ただ生きるのではなく善く生きる**」ことが大切であると言い，魂（プシュケー）をできるだけよくするという「**魂への配慮**」を説いた。

資料2は，ローマの政治学者で，**ストア派の思想**を受け継いだ**キケロ**についての資料である。ストア派は，**ゼノン**を創始とし，宇宙を支配する**理法（ロゴス）**に従い欲望や感情に左右されない**禁欲主義**の生き方を説いた。資料の「友情のために許される言動にも限度がある」といった，友の命を含めた行動などは，すべて宇宙を支配する**理法（ロゴス）**への従いを意味する。

① ソクラテスのいう「魂への配慮」の考えが表れている。資料の中でキケロは，友情のための行動の判断基準として「あまりに恥ずべき」という結果を限度としており，その範囲内であれば，友人のための行動は許されると主張している。「あまりに恥ずべき」は，ストア派の思想を受けつぐキケロがいう理法（ロゴス）の道と解釈できる。

② 選択文は「恥につながる」ことすべての行動を排除する内容となっているが，資料文ではあまりにも恥ずべきことを引き起こさない限りにおいてである。選択文と資料文の内容に，恥の示す範囲と恥から引き起こされる行動に違いがあり，合致しない。

③・④ 選択文の「ソクラテスは魂が…評判や名誉の追求を重視し，」が資料文と一致しない。

4 正解は③。

③ 『**饗宴**』は**ソクラテス**を主人公にした**プラトン**の代表的な作品で，エロス（恋愛の神）について，当時の知識人が語り合った様子が描かれている。そのソクラテスは自分の説ではなく，ディオティマという女性から聞いた説として述べている。**プラトンはイデア界と現実（現象）界の二元論（二世界主義）**の立場をとる。**イデア**とは生成変化する現象を超越する永遠・不変の真実在であり，人間の魂はこの世に肉体をもって生まれる前にはイデア界にあり，そこでイデアを知っていた。プラトンは真実在や真理・価値を知るとは我々の魂がイデアを想起（**アナムネーシス**）することであるとし，イデアに向かう魂の働き（恋慕）を元来は恋愛の神である**エロス**とよんだ。

③ エロスは富裕の神と困窮の神とから生まれ，そ

の両方の性質を備え，また，神のような智者ではないが，その中間に位置し，知を求める愛知者である。愛が向かう最も美しいものは，美のイデアであり，それを求めることが最も気高い愛である。

① 「エロスは智慧と無知との中間にいる者であり，智慧のある者は智慧を求めず，無知者も智者となりたいとは願わない」は読みとれるが，「神の意思に反して智慧を求めるエロス」は不適当である。

② 「エロスは智慧と無知との中間にいる者であり，無知者は智を求めることを願わず」は読みとれるが，「神々といえども智者とはかぎらないから，神々もエロスと同じく愛知者」が不適当である。

④ 「エロスは智慧と無知との中間にいる者であり，その本質として困窮と富裕をもちながらも美を求める愛」は読みとれるが，「エロスは神々よりも優れた存在としての愛知者」は不適当である。

5 正解は④。

アリストテレスは，**プラトンがイデア論**に至ったのは，**ソクラテス**が普遍的なものを探究するなかで，感覚的事物が存在する世界（現象界）は絶えず転化しているから共通普遍の定義が不可能であり，普遍的なものが存在する別の世界を設定したことが契機であるとしている。

① 「感覚的な存在の中で共通不変の定義を見つけ出した」が不適当。

② 「倫理的な事柄だけでなく，感覚的な事物の中においても普遍的な定義を見つけ出すことが不可能であることを証明した」が不適当。

③ 「感覚的な事柄が常に転化することを知っていたことから，自然のことではなく倫理的な事柄についてのみ普遍的な定義を追い求め」が不適当。

6 正解は④。

④ **アリストテレス**は，プラトンの二元論の考え方を否定して，理想や本質は現実界に内在するという一元論と現実主義を説いた。徳についても現実主義の立場から知性の働きの善さである**知性的徳**と行動・態度・感情に関わる**習性（倫理）的徳**に分類した。理性的徳には，実利実用を離れて純粋に真理を探究する**観想（テオリア）**と善悪や適切な行動・態度を判断する**思慮（フロネーシス）**などがある。知性は感情・欲望・意志を統制して，現実生活における習慣付けにより倫理（習性）的徳を形成する。そのときの統制の原理が超過と不足の両極端を避けた

ほどよさである**中庸（メソテース）**である。例えば，臆病と無謀の中庸が勇気であり，卑下と虚栄の中庸が自尊である。

① プラトンの魂の三機能と徳をモチーフにしたものである。プラトンは人間の魂はその働きから知性・気概・情欲に分類され，それぞれの徳として**知恵・勇気・節制**があり，総合的に実現すると正義の徳が生まれる。これらを**四元徳**という。さらにそれらの徳は統治者・軍人（防衛者）・生産者という階層とつながり，各階層がそれぞれの徳を実現すると，理想国家が成立する。**理想国家**は統治者が哲学者である**哲人（哲人王）政治**の形態をとる。

② 「知恵は人間が生まれながらに持っているもの」が資料文にはない。また，法や制度の強調は古代中国の**法家**の思想をイメージにおいたものである。

③ 知性的徳は習慣によりつくられるとは記されていない。また，「偏りのない万人への愛と平和」はキリスト教や古代中国の**墨家**の思想をイメージしたものである。

7 正解は①。

① 『**新約聖書**』の『マタイによる福音書からの文章で，**イエス**が説いた神の愛（**アガペー**）について記したものである。「敵を愛し，迫害する者のために祈れ」「天の父が完全であるように，あなた方も完全な者となりなさい」が自分の弱さや罪深さと真摯に向き合い，人間としてのあるべき生き方として万人への分け隔てのない心の大切さを説いている」と合致する。アガペーとは，無価値な人間に向けられる**無償の愛**であり，何らかの代償を求めるものではなく，万人への**無差別平等**の愛である。そして，人間のあるべき生き方は，神があらゆる人々を愛するように自らも他人を愛することにより，神の愛に応えることであり，その愛は，自分に敵対するもの，憎むもの，迫害するものにまで向けられる。

② 孔子の思想についての説明である。

③ 儒家の思想に共通する立場の説明である。

④ ユダヤ教の教えについての説明である。

8 正解は②。

② ブッダの教えのなかで，**八正道**についての資料である。八正道とは快楽と苦行のどちらにも偏ることのない中正（**中道**）の具体的実践であり，正しい認識および見解（**正見**），正しい考えかた（**正思**），

正しい言葉遣い（**正語**），正しい行為（**正業**），正しい生活（**正命**）正しい努力（**正精進**），正しさを忘れないこと（**正念**）正しく心を保つこと（**正定**）である。

① 「苦行にいそしむ」が不適当である。ブッダは快楽と苦行の両極端とを避けた中道を説いた。

③ 「人間は本来的に快楽を求め苦痛を避ける存在」であり，「その本性に逆らうことは正しい悟り・涅槃に達することはならない」から，「さまざまな対象にかぎって愛欲快楽を求める中道を実践すればよい」が不適当である。

④ 「愛欲快楽を求めることと肉体的な疲労消耗を追い求めることは両極端に陥らなければ人間のありのままの中道と言える」が不適当である。

9 正解は③（誤り）。

③ 資料には「未だ人に事うること能わず，焉んぞ能く鬼に事えん」，「未だ生を知らず，焉んぞ死を知らん」とあり，「自分は人民の日常的な関心よりも絶対的信仰や存在の起源の探究を求める」が不適当である。以下は孔子の思想についての説明である。

孔子は人間が個人としても社会に生きる存在として，もつべき最も重要な徳を**仁**とよんだ。仁について，孔子は多様な表現をとっているが，端的に言えば，自己への誠実さと他者への思いやりであり，根底にあるのは親子や血縁の間にある自然な情愛である。

礼は，仁を行為として体現したもので仁は礼により具体化され，礼は仁により内面化される。日常生活においては，社会規範として示される。礼は，古代における宗教的儀礼を起源としてそれが社会集団を維持する規範や秩序となっていった。孔子はその礼が仁の表れであるとして道徳的な意味をもたせた。

孝悌は，孔子の弟子の有子が「仁の本」と説いた自然な情愛のことである。**孝**は親子の情愛で親は子を慈しみ，子は親を慕う感情である。**悌**は，兄弟姉妹の間や地縁における年長者への恭順の心であり，どちらも自然な感情である。有子は孔子が説く仁は，肉親の間の自然な情愛を，社会における人間関係に広く拡大することによって実現すると解説した。

恕は他者への思いやりの心であり，孔子は弟子の子貢の問いに，生涯にわたり行うべきものは恕であ

ると答えている。また，弟子の曾子は「夫子の道は忠恕のみ」と述べ，仁をわかりやすく言うと自己を偽らない誠実な心（真心）である忠と他者への慈しみ，思いやりである恕であると説いた。

10　正解は①。

　荘子は，老子が主張した**無為自然**の思想を受け継ぎ発展させた。彼は，**儒家や墨家**が説く人為的価値判断を相対的なものとして退け，対立や差別を超越して，何ものにもとらわれることのない自由な精神で安らかに生きることを求めた。

　資料文は，儒家や墨家による人為的な判断や秩序の構築を批判し，**仁や義**は，人々を規制し，聖人の知恵が模範とされ，刑罰を科する際の判断に用いられていると指摘している。

①　**孔子**は，周公旦による政治を理想とした。荘子は，資料の中で聖人または仁や義が人為的な判断の根拠として利用され，本来の意義を果たしていないことを嘆いている部分と一致しており，正しい。

②　資料は，仁や義の存在そのものが刑罰を生み出す温床になっているという。「仁や義を欠くことで罪人になっている」が誤り。

③　墨家は，儒家の思想を**別愛**と呼んで批判した。荘子は，墨家と儒家は対立するが両方とも人為にもとづく判断であることをまとめて批判している。

④　老子の求める道を継承したのが荘子である。したがって，荘子は，仁や義に意義を認めていない。

11　正解は③。

　『古事記』にみられる神々の性格について，古代ギリシアの神話との比較をとおして問う問題である。また，『古事記』の資料は掲載せずに，日本の神の性格についての知識を問う形になっている。

③　日本神話に登場する神には，唯一神は存在しない。**和辻哲郎**によると，日本神話に登場する神々は，**祀る神**と**祀られる神**に分類でき，特に天照大神は，両方の性格を備えながら神々と通じていることからとりわけ神聖な存在とされている。また，『ヘシオドス』に描かれている神も日本神話と同様に多数登場し，**多神教**である。

①　日本神話は多神教であることから，「究極の唯一神が天地を創造した」が誤りである。

②　①と同様に「究極の唯一神が天地を創造した」が誤りであるとともに，資料ではガイアはポントスを生み，ウラノスと結ばれてさらにオケアノスを生

んだとあるので，「ウラノスが生んだポントスやオケアノス…」が誤りである。

④　「ウラノスが生んだポントスやオケアノス…」が誤りである。

12　正解は④。

　親鸞は浄土真宗の開祖で，**法然**に学び，**阿弥陀仏**による救いを信じ，**絶対他力**，**悪人正機**，**自然法爾**などの教えを説いた。彼によれば，人間は誰もが罪深く，自力では悟りを得られない。その自己の弱さと向き合い，阿弥陀仏にすべてをゆだねると来世での極楽往生にあずかる。親鸞の説く**自然**とは，「おのずからそのようにあらしめる」ということであり，それは**阿弥陀仏のはからい**であり，**本願**である。極楽往生も念仏行もすべては阿弥陀仏のはからいであり，人間に「さかしき」ことは必要なく，そこに「**他力**」の意味がある。

①　「本当に必要なのかと疑念を抱くことで極楽浄土とは異なるところへ往生するのは，最も嘆かわしいことである」が不適当である。

②　「ただ阿弥陀仏のお心の深さに対して常にほれぼれとした気持ちを思い出すべきである」が不適当である。

③　「本当に救われるのかと疑念を抱かなくても極楽浄土とは異なるところへ往生するのは，最も嘆かわしいことである」が不適当である。

13　正解は①。

①　鎌倉新仏教はそれまでの仏教よりも個人の救済や悟りを強調し，念仏や坐禅など身体的な修行を強調する。そのなかにあって，**日蓮**は信仰心と信仰心を具体化する行の実践を特色とする。日蓮は自ら「**法華経の行者**」と称し，『法華経』に絶対的帰依し，「**南無妙法蓮華経**」と題目を唱えること（**唱題**）を説いた。彼によれば，題目を唱えて『法華経』の真理にあずかることで個人も成仏し，国家も安泰となる。『開目抄』には，日蓮が法華経の教えを広めるために，日本の柱にならん，日本の眼目にならん，日本の大船にならんという誓いを立てたことが述べられている。

　資料文にある「善につけ悪につけ，『法華経』を捨てることは地獄の業となるであろう」，「たとえ，日本国の王位を譲るから…」，「念仏を称えなければ父母の頸をはねると脅されたとしても」，「…誓った大願は決して破ってはいけない」から導き出せる。

② 「…『観無量寿経』などに記された念仏も必要とあれば受け入れる。」が不適当である。

③ 「『法華経』を捨てて，他の教典に帰依せよという勧めは，智者とされる人が思うところではない。」は資料文から読み取れない。

④ 「『法華経』を捨てて，後生で極楽浄土に生まれるという勧めは，智者とされる人の思うところではない。」は資料文からは読み取れない。「『観無量寿経』の説く教えは自分が日本の支えとなるための教え」も不適当である。

14 正解は③。

③ 『政談』は荻生徂徠が政治や社会制度について述べた著書である。彼は，**古学**の一つである**古文辞学**を打ち立てて，中国古典を直接読み，治国と礼楽の道を求めた。その中で，国を治める道は，朱子学が説く天地自然に備わっているものではなく，中国古代の聖人たちが先王として天下を安んじることを目的に人為的に作り出したもの（**安天下の道**）だと説いた。これを**先王の道**と呼び，儀礼・音楽・刑罰・政治（**礼楽刑政**）以外に安天下の道はないとし，世を治めて民を救う（**経世済民**）ための具体策を説き，幕政にも影響を与えた。

資料では，聡明と叡智を備え，天の命を受けて王となった聖人は，人間の天性について論じておらず，老子・荘子以降に論じるようになったとし，本来学問する者にとって人間の天性は問題ではないから，孔子やその後を継いだ思想家の説いているところは，どれも絶対不変の道理はないと述べている。

① 「その言葉にしたがって性善説と性悪説を説いた」，「聖人の真意にかかわらずその時代を匡正しようとした」が不適当である。

② 「孔子は…天性を磨くことを説いた」「この思想を継いだ者たちは聖人の『道』を明らかにするために諸説を唱えた」が不適当である。

④ 「孔子は…天性を磨き，匡正することを説いた」，「子思・孟子・荀子たちは，聖人が天性について言及していたことを根拠に自説を唱えた」が不適当である。

15 正解は③。

③ **安藤昌益**は，当時の社会の現実を厳しく見つめた思想家である。昌益は，人間がつくりだした法律や制度による社会（**法世**）が，身分と差別を生み，欲望を助長して，社会の不正や混乱を引き起こして

いると批判した。世界にあるすべてのものは，見かけ上相反するものであっても実は一体したものであり，差別のない平等な社会（**自然世**）である。したがって，身分にかかわらずすべての人々が農業に従事し，自給自足すること（**万人直耕**）こそが本来の社会のあり方であると説いた。資料文の「すべては互性で，両者間に差別はない。」と「他人から貪らずに自ら生産して喰うのが礼である。」「天地とともに同じ行いをするのが真の礼敬であり」が選択肢文と符合する。

① 「人間は自然のままに生きることはできない。」「礼とは生活も季節や自然の営みに応じながらも他者に依存して，生産することである。」が不適当である。

② 「人間は自然のままに生きることはできない。」「自然の移り変わりに応じて生活の営みが異なるのは人間が生産力を持つからであり，人為的な礼や礼敬に過ぎない」が不適当である。

④ 「自然の移り変わりに応じて生活の営みが異なるのは人間が生産力を持つからであり，人為的な礼や礼敬に過ぎない」が不適当である。

16 正解は④。

④ **夏目漱石**は，欧米が自然的に近代化した**内発的開化**であるのに対して，日本の近代化は**外発的開化**だとした。資料によれば，彼自身も西洋文化に対して追随しがちな自己に苦しんでいた。その中で，真の**個人主義**とは何か，そこで確立されるべき自己とは何なのかを問い続けたのである。

① 「**自己本位**」という言葉が自分に与えたものについての表記は適当であるが，「人間性解放を自己の内面にある想世界」は北村透谷の用語である。**北村透谷**はロマン主義文学の中心人物で『文学界』を創刊。現実世界（**実世界**）からはなれ，自我がもつ内部生命の欲求を内面的世界（**想世界**）において実現しようとする**内部生命論**を説き，愛・幸福・信仰を重視した。

② 「自分は西洋人よりも精神的に未熟であることを痛感した」は資料からは読み取れない。また，「自己と社会との葛藤に対しては意志を貫くことだけを考えずに，立場を踏まえて状況を受け入れること」は森鷗外の諦念についての説明である。

③「自己本位という言葉により，自分は強くなり他者に関わりなく自己を主張すること」は資料からは

読み取れない。また「楽天的かつ人道的に自己の個性の成長を通じて人類の意志を実現すべきである」は人道主義を唱えた武者小路実篤，志賀直哉，有島武郎を中心とする白樺派の立場についての説明である。

17 正解は④。

高村光太郎は日本を代表する彫刻家，画家であり，白樺派に属し，詩人としての評価も高く，美の表現者としてだけではなく，人間としての生き方の探究者として評価された。また，妻智恵子の臨終にあたって記した『レモン哀歌』には，哀切と悲傷を超えた魂の救済が描かれている。

④ 資料文の「真に大なるものは一個人的の領域から脱出して殆ど無所属的公共物となる」という文意と同義であり，正しい。

① 「その作者の存在を強く意識させる」が誤り。

② 「その作品もいずれは消滅することを予感させる」が誤り。

③ 「人々の心の中に浸透していくこともない」が誤り。

18 正解は②。

② 西田幾多郎は，主著『善の研究』で，近代西洋哲学が基礎におく物体と精神，主観と客観との二元論的思考を批判し，主客未分（主観と客観とが区別されない状態）にある具体的・直接的経験である純粋経験において真の自己を知り得たならば，自己の中にある能力や要求を真摯に追い求めて人格の向上を果たすことができ，それこそが善であると説いた。このような思想の根底には，禅体験における無我の境地がある。

資料文の前半にある「内よりみれば，真摯なる要求の満足すなわち意識統一」，「極には自他相主客相没する」，後半にある「善を学問的に説明すれば，…すなわち真の自己を知るということにつきている」，「しかして真の自己を知り神と合する方はただ主客合一の力を自得するにあるのみである」に符合する。

① 「善とは，…究極には自他や主客が自覚された状態である」，「学問的に説明すれば…そのためには人類一般の意志を否定するしかない」が不適当である。

③ 外に現れた事実としてみれば，「小なる個人性を捨てて宇宙の本体へと進むことで頂点に達するも

の」とは説明されていない。また，「真の自己を知ることであり，主客合一の力によってのみ実現する」は学問的説明ではない。

④ 「善とは，外に現れた事実としてみれば，個人から人類一般の統一的発達にいたって完成するものである」は正しい。また，学問的説明での「宇宙の本体との融合」も正しいが，「そのためには人類一般の意志を否定するしかない」が不適当である。

19 正解は①（誤り）。

① 「個々人の良心を政治や経済の諸問題から切り離すことで，信仰の純粋さを守る役割を果たした」が誤り。資料文には「ルターの言葉……は，信仰においてのみならず，政治的にも，経済的にも，また知的な意味でも，自ら現実に向き合おうと決意し，その決意に自分のアイデンティティを見いだそうとした人々にとって，新たなよりどころとなった。」と記述されている。

エリクソンは，ルターの思想が単なる宗教上の問題ではなく，政治的・経済的・知的に現実に向き合う人々にとって自己のアイデンティティ（自我同一性）形成に資するものであったと考える。

20 正解は②。

② パスカルは17世紀フランスのモラリストで，数学者・物理学者としても有名である。主著『パンセ』のなかで，「人間は考える葦である」と述べ，宇宙のなかで最も弱く孤独で無力である人間は自分の悲惨な存在について考えることにおいて偉大な存在であり，宇宙を包み込むことができるとした。資料の「人間はひとくきの葦にすぎない。自然のなかで最も弱いものである。だが，それは考える葦である。」「われわれの尊厳のすべては，考えることのなかにある。われわれはそこから立ち上がらなければならないのであって…」が合致する。

① 「われわれが立ち上がるところは宇宙の空間と時間にほかならない。」が不適当である。

③ 「われわれが考えるべきことはわれわれを包み込む宇宙そのものにほかならない。」が不適当である。

④ 「神的存在である宇宙を知ることが道徳の原理にほかならない。」が不適当である。

21 正解は①。

① ロックによれば，人民は各人の生命・自由・財産の所有という自然権を維持するため，その権利を

政府に**信託**し，政府が信託に反して個人の自然権を保障しない場合は政府を解任する権利（**抵抗権・革命権**）をもつ。資料にある「自然の状態においては人々の財産に混乱をもたらすので，それを避けるためにこそ結合して社会をつくる」「人々が生来もつ権利のすべてを自分たちが入る社会へ委ね，…適当と思う人の手に立法権を委ねる」が選択肢文に当てはまる。

② 「平和や安全や財産の所有をめぐっての自然状態における混乱を避けるために，人々は生来もつすべての権利を為政者に委ね」は読みとれるが，「神から授かった強大な権力にしたがわなければならない」は読みとれない。これはイギリスのフィルマーやフランスのボシュエらによる**王権神授説**である。

③ 「平和や安全や財産の所有に関して自然状態においては，それぞれの所有の限界を定める恒久的な法があるから」とは記されていない。また，「人々は法支配の下に公共の福祉を志向する意志に従う」はルソーの思想である。**ルソー**は，国民主権を根幹とする社会契約を説き，各人の自然権を保障し，国家の平和と人民の安全を守るために，人民と政府がしたがうべき最高原理は**自由**と**平等**，公共の福祉を志向する共通の意志であると説き，それを**一般意志**とよんだ。

④ 「平和や安全や財産の所有に関して自然状態においては，人は害悪や犯罪から身を守ることができない」は読みとれるが，「絶対的な権力をもつ為政者に立法権を委ねる」とは記されていない。これはホッブズの思想である。**ホッブズ**は，各人がそれぞれ自己の欲求を充足し利益を追求する自然権を行使した場合，自然状態は「**万人の万人に対する戦い**」であり，「人間は人間に対してオオカミ」となるとした。そこで，自然状態から平和と安全を得るために，人民は統治者（国家・主権者）にすべての権利を譲渡することにより，自然権が守られ，生命と安全が保障されると説いた。

22 正解は④。

④ 「苦境にあえぐ人たちの存在を知って良心が痛んだ」という人間の感情（**良心**）を**ルソー**は**憐れみ**と呼び，他者の不幸に目を向け，一般意志を形成する心的動機として重視した。リード文の，「良心は，誰にも相手にされなくなって意欲をなくし，何も語らなくなり，応答しなくなる」という記述は，

本文の「彼らのことを軽視する風潮に流されているうちに，その痛みを感じなくなってしまう」という説明と一致するので内容上正しい。

① 「嘘が必要な場合もあるという社会の通念」という説明が誤り。ルソーが述べる社会の通念は「彼らのことを軽視する風潮に流されているうちに，その痛みを感じなくなってしまう」ということ，すなわち他者の不幸に対して憐れみを感じなくなることを意味するからである。

② 「年長者の命令に従うのが社会の通念」であるとはルソーは述べていないので誤りである。ましてや「年長者の命令が不正なら，そうした命令に従う人は誰もいない」という指摘もルソーの主張には含まれていないので誤りである。

③ 「良心を生み出した世の中のモラル」として良心の呵責が生じるのではなく，ルソーが述べているのは良心が忘れられてしまうことを意味するので誤りである。ルソーが主張する良心はモラルではなく，他者の不幸への憐れみを意味する。

23 正解は②。

② 資料は**カント**の認識論についての主著『**純粋理性批判**』からの一説である。彼は「直観なき概念は空虚であり，概念なき直観は盲目である」と述べ，経験論と合理論を批判的に総合し，**批判主義（批判哲学）**を提唱した。カントによれば，認識とは，**感性**が受けとる素材が，**悟性**（素材を構成する概念の能力）に先天的にそなわっている概念によって秩序づけられることで成り立つ。これは「認識が対象に従う」という従来の考え方から「**対象が認識に従う**」という考え方への転回を意味し，このことを**コペルニクス的転回**とよんだ。また，人間の認識能力についてカントは，理性のはたらきを吟味することによって，限界を明らかにし人間が知ることができるのは，感覚によって認識できる事物の**現象**のみであり，事物そのものである**物自体**は知ることができないと説いた。

① 「認識とは外界にある何ものかを人間の感覚がありのままにとらえ」が不適当。

③ 「悟性よりも感覚の方がより基本的な認識の能力である」が不適当。

④ 「感覚よりも…悟性の方が重要」が不適当。

24 正解は②。

② **ヘーゲル**（1770〜1831）はカントが創始したド

イツ観念論を大成した人物である。彼は世界の本質と認識の源泉を精神に求め，人間の精神は**絶対精神**につながるとした。また，すべての存在や事象は**弁証法の原理（正―反―合）**の原理により展開するとし，歴史は絶対精神が自由を実現する場であり，**「理性的なものは現実的であり，現実的なものは理性的である。」**と述べ，現実は理性の自己展開の表れであると論じた。資料は『**精神現象学**』の一説であり，精神を**即自的存在**と**対自的存在**と**即自的・対自的存在**という３段階に分けて弁証法的に論じたものである。即自的存在とは他のものと関係なくそれ自体で存在していることで，弁証法では**正（テーゼ）**の段階に相当し，対自的存在とは，そのもの自身が内側に持っているものがやがて自覚化される段階のことで，弁証法では**反（アンチテーゼ）**の段階に相当する。さらに，即自的存在と対自的存在の対立が高次の次元で統一される段階を即自的・対自的存在であり，**弁証法では合（ジンテーゼ）**の段階を指す。

　資料には，「即自的存在はそれ自身においてあるもの」とあり，「対自的存在は特定の関係において規定され，他としてあり自分においてあるもの」と要約でき，「精神が現実的であるとは即自的であり，対自的である存在においてのことである」と記されている。

① 精神が現実的であるには即自的かつ対自的存在でなければならないから，「実在としてそれ自身である即自的存在においてのこと」は不適当である。

③ 「人間としての精神は特定の関係のなかに身をおき他としてあり自分に対してある即自的存在である」が不適当。即自的存在ではなく，対自的存在である。

④ 「精神的なものは現実的なものより崇高な概念ということ」は資料文からは読みとれない。また，「人間としての精神は自分自身の外にありながら内にとどまっている」のは即自的存在でなく，対自的存在であるから不適当である。

　なお，**即自的存在，対自的存在**という用語は実存主義（特に**サルトル**）でも用いられる。

25　正解は②。

② **ニーチェ**は，キリスト教の博愛と平等の教えは弱者の**怨恨（ルサンチマン）**がひそむ奴隷道徳であり，人類全体を画一化させ，生きる意味や価値観を

喪失したニヒリズムを生み出したとした。彼によれば，今こそ人間は本来もつ成長と発展への意欲である**権力への意志（力への意志）**によりニヒリズムを克服し，新しい価値を創造する**超人**をめざさなければならない。超人は同じことが永遠に何度も繰り返す**永劫回帰**を受け入れて生き（**運命愛**），**「神は死んだ」**という事実を受け止め，既成の道徳や価値観を破壊し，新しい価値を創造する存在である。

① 後半の**「愛の闘争」**はヤスパースの思想である。彼によれば，人間は誰もが死や争いなど自分の力では乗りこえられない**限界状況**に囲まれており，それに直面したときに真の自己（実存）を知る。実存を自覚した者は孤独と絶望に耐えながら，他者と人格的な交わり（**実存的交わり**）を結ぼうとするが，それは理性と愛をもって互いに自己を問いかけあう，「愛しながらの戦い」である。

③ 後半の「自己自身と向き合い，社会参加へ向けて自己を世界に投げ出して」は**サルトル**の思想である。サルトルは，人間は道具とは異なり，何であるかという本質ではなく，存在すること自体に意味があるとし，人間においては**「実存が本質に先立つ」**と述べた。さらに自己のあり方を選択することは，他者のあり方，さらに全人類のあり方を選ぶことであるとして，全人類に自己を参加させる**アンガージュマン**を唱えた。

④ 後半の「神の前にただ一人立つ絶対的な信仰心」はキルケゴールの思想である。彼によれば，人間（自分）は**不安**と**絶望**のなかで実存を自覚する。実存は，享楽を生きがいとする**美的実存**，日常生活のなかで，「あれかこれか」の選択のなかに自己のあるべき生き方を求める**倫理的実存**を経て，絶望のなかにある自分には神のほかすがるものはなく，**「神の前の単独者」**として生きる**宗教的実存**に至る。

26　正解は③。

③ **ハイデッガー**は『**存在と時間**』において，存在の意味への問いを提起し，存在の意味を了解している本来的なあり方である**現存在（ダ・ザイン）**を**「時間的存在」**としてとらえ，ひと（ダス・マン）は日常生活に没頭し，自己の存在を忘却する非本来的なあり方において存在するが，「死への存在」を自覚して，未来に自己を投企する現存在（人間の本来的なあり方）となると説いた。

　資料からは，死には「確実性と無確実性とが密着

している」ことと「人間の本来的なあり方である"現存在"の終わりは死によってもたらされる」ことが読みとれる。現存在は死の確実性と現存在自身の終わりが死であることのである。

① 「死は確かにやって来るが，当分にはまだやって来ない。」ということばによって"ひと"は死の確実性を否定している。そして，「死への思いは『みなさんのお考えのとおり』という具合に客観的なものである」とは読み取れない。死への思いは"ひと"が死の確実性を否定しているのは，死を回避しているからである。

② 「その解釈によって"ひと"は死が『必ずやってくる』ことを知るのである」は読み取れない。"ひと"は自己解釈によって死の無確実性に逃避している。

④ 「人間の本来的なあり方である"現存在"は死の確実性を回避し，存在の終わりを知る」は読みとれない。現存在は死の確実性を回避しない。

27 正解は③。

③ **ウィトゲンシュタイン**はオーストリアの哲学者・言語学者で，分析哲学を代表する人物。ことばとは何かを探究し，ことばによって思索する哲学そのものをとらえ直し，神や道徳などについて，**「語りえぬものについては，沈黙せねばならない」**と述べた。後年，彼はこの立場を自ら否定し，言語は事実を示すのではなく，日常生活における人々の関係や交渉にとり意味をもつものであり，日常会話はゲームに類似するとして，**「言語ゲーム」**という概念を用いた。「論理的考察の範囲外である神や道徳的価値について論じた近代哲学を批判する」，「後年は，言語そのものを再考し，私たちは言語が用いられる目的や意図を考えながら生きているとした」が

資料文と一致する。

① 「近代哲学言語で表すことのできない神や道徳的価値を言語を用いて論じてきた」ことは読みとれるが，「ゆえに，これからは言語を人間関係や目的性を基本とした言語ゲームに興じることが大切である」にはつながらない。

② 「近代哲学は言語で表すことのできない神や道徳的価値について論じてきたという特色をもつ」は読みとれるが，「これは人間知性の成果であり，存在と言語を分離する言語ゲームの視点からも正しいことである」とは述べていない。

④ 「言語に対応する実体のない神や道徳的価値について論じてきた近代哲学を継承し，」が不適当である。

28 正解は③。

ベルクソンはフランスの哲学者で，**「生の哲学」**を唱え，1928年にはノーベル文学賞を受賞している人物である。生を「持続」と「変化」の相の下にとらえ，生物進化を機械論的生命観でも目的論的生命観でもとらえず，自己を自ら創造する**「生命の飛躍（エラン・ヴィタール）」**からとらえた。資料文には，過去に現在を融合させて，新しい人格が創造されることが記されている。

① 「過去が刻々と変質するため，私たちは，これまでに知覚したことのない事柄をも想起できるようになる」が不適当である。

② 「これら残存する過去を投影することによって，自らの未来を見通すことができる」が不適当である。

④ 「手持ちの過去を適宜活用しつつ，今までにない芸術作品を創造することができる」が不適当である。